Liebe Leserin, lieber Leser!

Mit dem Kauf der gedruckten Ausgabe erhalten Sie die Möglichkeit, kostenlos eine digitale Version dieses Buches zu nutzen. Und so geht's:

1. Registrieren Sie sich unter http://www.opensourcepress.de/voucher

2. Geben Sie dort Ihren persönlichen Code ein:

> euree0AiR8

3. Nutzen Sie die E-Book-Ausgabe des Buches – wann immer und wo immer Sie möchten!

Damit wir diesen Service auch künftig anbieten können, bitten wir Sie um die Beachtung folgender Hinweise:

- Geben Sie Ihren persönlichen Code nicht an Dritte weiter.
- Die Online-Ausgabe unterliegt den gleichen urheberrechtlichen Bestimmungen wie das gedruckte Buch und ist ausschließlich für Ihre persönliche Nutzung bestimmt.
- Die Bereitstellung für Dritte z.B. über das Internet oder Intranets ist ausdrücklich untersagt.

Wir danken Ihnen für Ihr Verständnis und wünschen Ihnen eine interessante Lektüre – ob in gedruckter oder digitaler Form!

Ihr Team von Open Source Press

Dieter Thalmayr

RHCSA

Vorbereitung auf die Prüfung zum RedHat
Certified System Administrator

1. Auflage

Open Source Press

Alle in diesem Buch enthaltenen Programme, Darstellungen und Informationen wurden nach bestem Wissen erstellt. Dennoch sind Fehler nicht ganz auszuschließen. Aus diesem Grunde sind die in dem vorliegenden Buch enthaltenen Informationen mit keiner Verpflichtung oder Garantie irgendeiner Art verbunden. Autor(en), Herausgeber, Übersetzer und Verlag übernehmen infolgedessen keine Verantwortung und werden keine daraus folgende Haftung übernehmen, die auf irgendeine Art aus der Benutzung dieser Informationen – oder Teilen davon – entsteht, auch nicht für die Verletzung von Patentrechten, die daraus resultieren können. Ebenso wenig übernehmen Autor(en) und Verlag die Gewähr dafür, dass die beschriebenen Verfahren usw. frei von Schutzrechten Dritter sind.

Die in diesem Werk wiedergegebenen Gebrauchsnamen, Handelsnamen, Warenbezeichnungen usw. werden ohne Gewährleistung der freien Verwendbarkeit benutzt und können auch ohne besondere Kennzeichnung eingetragene Marken oder Warenzeichen sein und als solche den gesetzlichen Bestimmungen unterliegen.

Dieses Werk ist urheberrechtlich geschützt. Alle Rechte, auch die der Übersetzung, des Nachdrucks und der Vervielfältigung des Buches – oder Teilen daraus – vorbehalten. Kein Teil des Werkes darf ohne schriftliche Genehmigung des Verlags in irgendeiner Form (Druck, Fotokopie, Mikrofilm oder einem anderen Verfahren), auch nicht für Zwecke der Unterrichtsgestaltung, reproduziert oder unter Verwendung elektronischer Systeme verarbeitet, vervielfältigt oder verbreitet werden.

Bibliografische Information der Deutschen Nationalbibliothek

Die Deutsche Nationalbibliothek verzeichnet diese Publikation in der Deutschen Nationalbibliografie; detaillierte bibliografische Daten sind im Internet über http://dnb.d-nb.de abrufbar.

Copyright © 2014 Open Source Press, München
Gesamtlektorat: Dr. Markus Wirtz
Satz: Open Source Press & Thomas Schraitle (AsciiDoc/DocBook/XSL-FO/XEP)
Umschlaggestaltung: Olga Saborov, Open Source Press

ISBN: 9783955390846 (gedruckte Ausgabe)   http://www.opensourcepress.de

Inhaltsverzeichnis

Einführung		11
1 Installation		**19**
1.1	Leicht oder schwer?.	21
1.2	Installieren.	22
1.3	Automatisiert und schnell: Installieren mit Kickstart.	25
1.4	Prüfungsvorbereitung.	27
2 Arbeiten mit textorientierten Befehlen		**29**
2.1	Ausgabeumleitung.	31
2.2	Ersetzen der Eingabe.	32
2.3	Standardfehlerausgabe umleiten.	34
2.4	Gemeinsam umleiten.	35
2.5	Weiterleitung/Piping.	36
2.6	Reguläre Ausdrücke.	37
2.7	Zwei Lebensretter: grep und find.	37
	2.7.1 grep.	38
	2.7.2 find.	41
2.8	Arbeiten mit vi.	43
	2.8.1 Kommandomodus.	44
	2.8.2 Editiermodus.	45
	2.8.3 Ex-Modus.	45

2.9	Prüfungsvorbereitung.	46

3 Physischen Plattenplatz verwalten — 47

3.1	Festplatten und Partitionen.	47
3.2	Virtuelles Dateisystem.	50
3.3	Partitionen und Dateisysteme verwalten.	52
	3.3.1 Festplatten-Verwaltungstool.	52
3.4	Festplattenverwaltung textorientiert.	54
	3.4.1 Partitionen anlegen.	54
	3.4.2 Partitionen formatieren.	57
	3.4.3 Partitionen mounten.	58
3.5	Partitionen fest in den Dateibaum eintragen.	59
	3.5.1 UUID ermitteln und verwenden.	60
	3.5.2 Partition entfernen.	61
3.6	Swap-Partitionen erzeugen und verwenden.	61
3.7	Verschlüsselte Partitionen mit LUKS erzeugen.	63
	3.7.1 Partition für LUKS vorbereiten.	64
	3.7.2 LUKS-Partition benutzen.	64
	3.7.3 LUKS-Partition schließen.	65
	3.7.4 LUKS-Partition dauerhaft einbinden.	66
	3.7.5 Automatische Passworteingabe.	68
	3.7.6 Verschlüsselte Partition entfernen.	69
3.8	Prüfungsvorbereitung.	69

4 Logical Volume Manager — 71

4.1	Drei-Schichten-Modell.	72
4.2	Von der Partition zum Physical Volume.	73
4.3	Volume Groups.	76
4.4	Logical Volumes.	78
	4.4.1 Logical Volumes erzeugen.	78
	4.4.2 Größe eines Logical Volume verändern.	81

		4.4.3	Logical Volumes verkleinern.	82
	4.5		Snapshots.	85
	4.6		Prüfungsvorbereitung.	87
5	**Benutzer verwalten**			**89**
	5.1		Benutzer- und Gruppenkontendatenbanken.	90
	5.2		Benutzer erzeugen.	92
	5.3		Gruppen verwalten.	97
	5.4		Passwortalterung verwalten.	97
	5.5		Prüfungsvorbereitung.	98
6	**Dateisystemberechtigungen verwalten**			**99**
	6.1		Rechtekonzept.	100
	6.2		Rechte verändern.	101
		6.2.1	UGO-Schreibweise mit chmod.	102
		6.2.2	Rechtevergabe mit „Zahlenmystik".	103
		6.2.3	Standardrechte mit umask.	105
	6.3		Sonderrechte des Dateisystems.	106
		6.3.1	SUID.	107
		6.3.2	SGID.	109
		6.3.3	Sticky Bit.	111
	6.4		Posix-ACLs.	111
		6.4.1	ACL-Unterstützung aktivieren.	112
		6.4.2	Arbeiten mit ACLs.	113
		6.4.3	Beispiel für Multi-Gruppen-Zwang.	118
		6.4.4	In der Praxis.	119
	6.5		Prüfungsvorbereitung.	120
7	**Pakete installieren und verwalten**			**121**
	7.1		Installieren mit bunten Bildern.	123
	7.2		Textorientiert und mächtig: Yum.	124

		7.2.1	Software suchen.	126
		7.2.2	Pakete installieren und deinstallieren.	128
		7.2.3	Gruppenweise.	129
		7.2.4	Updates suchen und einspielen.	132
	7.3	Paketquellen einrichten.		133
		7.3.1	Repositories.	134
		7.3.2	Konfigurationsdateien.	134
		7.3.3	Repository einrichten.	136
		7.3.4	Zugriff auf das Repository.	137
	7.4	Arbeiten mit dem RPM-Paketsystem.		138
		7.4.1	Wichtige Schalter.	139
		7.4.2	Plugins.	141
		7.4.3	Fremde und noch nicht installierte Pakete.	143
	7.5	Zertifikatsbeschränkungen.		144
	7.6	Prüfungsvorbereitung.		145
8	**Dienste installieren und in Gang setzen**			**147**
	8.1	FTP-Server.		148
		8.1.1	Software suchen und installieren.	148
		8.1.2	Eine einfache Regel.	151
		8.1.3	Den Dienst starten und testen.	151
		8.1.4	Rebootfest machen.	153
	8.2	Unter Apachen.		153
		8.2.1	Dienst suchen und installieren.	154
		8.2.2	Dienst testen und aktivieren.	155
	8.3	Serverdienste und Runlevel.		155
	8.4	Weitere Dienste.		158
	8.5	Prüfungsvorbereitung.		162
9	**Bootvorgang**			**165**
	9.1	Vom BIOS zum Bootloader.		165

		9.1.1	Master Boot Record.	166
		9.1.2	Bootloader GRUB.	168
	9.2	Kernelphase und Hardwareerkennung.		169
	9.3	Upstart.		170
		9.3.1	Systeminitialisierungsphase.	171
		9.3.2	Runlevelphase.	171
	9.4	Bootvorgang steuern und diagnostizieren.		172
		9.4.1	Ziel-Runlevel ändern.	172
		9.4.2	Bootvorgang textorientiert anzeigen.	173
		9.4.3	GRUB beeinflussen und Bootprobleme lösen.	173
		9.4.4	In den Single-User-Modus wechseln.	178
	9.5	Prüfungsvorbereitung.		180
10	Netzwerk einrichten			183
	10.1	Mal eben das Netz ändern.		184
		10.1.1	IP-Adressen ändern.	184
		10.1.2	Warum nicht mehr ifconfig?.	185
		10.1.3	Routen ändern.	187
		10.1.4	Netzwerk und Interfaces neu starten.	187
		10.1.5	Link stoppen.	188
	10.2	NetworkManager.		188
	10.3	Statische Netzwerkkonfiguration.		191
		10.3.1	Netzkarten-Datei.	191
		10.3.2	Festgeschriebene Routen.	194
		10.3.3	/etc/sysconfig/network.	195
	10.4	Prüfungsvorbereitung.		195
11	Prozesse und Logs			197
	11.1	Prozessverwaltung.		197
		11.1.1	Prozesse aus der gleichen Shell.	198
		11.1.2	ps.	200

		11.1.3 kill.	202
		11.1.4 Priorität von Prozessen ändern.	204
		11.1.5 top.	205
	11.2	Syslog-Server.	207
	11.3	Überlaufen der Logdateien verhindern.	209
		11.3.1 Regelmäßige Routinen.	210
	11.4	Prüfungsvorbereitung.	212
12	**Kernelmodule und Einstellungen**		**213**
	12.1	Module anzeigen, laden und entladen.	213
	12.2	Kerneltuning.	216
	12.3	Prüfungsvorbereitung.	218
13	**Fernzugriff mit Secure Shell**		**219**
	13.1	SSH benutzen.	220
	13.2	Grafische Programme mit SSH.	222
	13.3	Gegenseitiges Vertrauen.	222
		13.3.1 Schlüsselpaar erstellen.	223
		13.3.2 Schlüssel installieren.	224
		13.3.3 Transparente Shell.	225
	13.4	Prüfungsvorbereitung.	226
14	**Zentralisierte Benutzerkontendatenbank**		**227**
	14.1	Wie es funktioniert.	228
	14.2	Wie es gemacht wird.	230
	14.3	Das Problem mit dem Heimatverzeichnis.	232
		14.3.1 Auto.master.	233
	14.4	Prüfungsvorbereitung.	236
15	**SELinux überprüfen und in Gang setzen**		**237**
	15.1	Zwanghaftes Zugriffssystem.	238
	15.2	SELinux anzeigen.	238

15.3	SELinux Verwaltungstool.	240
15.4	Kontexte wiederherstellen.	241
15.5	Ja oder Nein.	242
15.6	SELinux ein- und ausschalten.	243
15.7	Prüfungsvorbereitung.	245
16	**Firewalling mit dem RedHat Firewall Tool**	**247**
16.1	Schützen auf Layer 3.	248
16.2	iptables-Regeln schreiben.	251
16.3	Prüfungsvorbereitung.	256
17	**Neues in RHEL 7**	**257**
17.1	Systemd und seltsame Gerätenamen.	258
	17.1.1 Netzwerkgeräte.	258
	17.1.2 Startskripte und Logdateien.	259
17.2	GRUB 2.	262
Index		**263**

Einführung

Warum dieses Buch?

Dieses Buch bereitet Administratoren und solche, die es werden wollen, auf die RedHat-Prüfung zum *RedHat Certified System Administrator* (RHCSA) vor. Dabei hilft es auch Administratoren, die bereits einige Erfahrung mit anderen Linux-Distributionen und Unix-Derivaten gesammelt haben, den Umstieg auf RedHat Enterprise Linux zu meistern.

Wer die Prüfung zum RHCSA besteht, der beweist, dass er die grundlegenden Tätigkeiten eines Linux-Administrators bewältigen kann. Die Prüfung zu bestehen ist kein Hexenwerk, aber auch keine Sache, die man „mal eben nebenbei" erledigt. Selbst erfahrene Administratoren müssen bisweilen zu einem zweiten Anlauf erscheinen. Mit ein wenig Strategie und Vorbereitung, wie wir sie hier zeigen, stehen die Chancen aber deutlich besser.

Wer hier geheime Interna aus den RedHat-Prüfungen zu finden hofft, wird allerdings enttäuscht. Professionelle Prüfungen sollten nicht zu leicht und für alle Teilnehmer gleich sein, sonst sind sie wertlos. Aber Sie finden hier eine punktgenaue Vorbereitung auf die Prüfung. Wer mit diesem Buch arbeitet, hat keinen Nachteil gegenüber einem RedHat-Kurs.

Wer mit einem Vorbereitungsbuch arbeitet, legt selbst die Geschwindigkeit fest, in der es vorangehen soll. Sie können jede Übung und jede Technik beliebig oft wiederholen und vertiefen, ohne auf Kurskollegen oder das Tempo eines Trainers Rücksicht nehmen zu müssen. Dennoch ist dieses Buch auch dafür ausgelegt, eine sinnvolle Ergänzung oder sogar die Grundlage für einen Kurs zu sein. Sein Inhalt ist genau abgestimmt auf die Themenliste, die RedHat als Anforderungsprofil für seine RHCSA-Prüfung veröffentlicht. Wenn davon abgewichen wird, dann nur, weil verschiedene Themen in der Prüfungsrealität nur schwer abbildbar sind. RedHat verbindet mit seinen eigenen Kursen immer auch ein gewisses Sendungsbewusstsein, das sich nicht immer in einer konkreten Prüfungsfrage niederschlägt.

Weil das *Community ENTerprise Operating System* (CentOS) und *Scientific Linux* praktisch identisch mit RedHat Enterprise Linux sind (abzüglich der Zertifizierung für Oracle, SAP etc. – darum sind sie ja auch gratis), kann dieses Buch ebenso als Schulungsunterlage und Lehrbuch für CentOS und Scientific Linux dienen. Wer sich erst langsam an das Thema „RedHat-Zertifizierung" herantasten will, wählt dafür sogar besser eine Distribution wie CentOS zur Vorbereitung, weil dort keine 30-Tage-Limits drücken.

Die RedHat-Kurse

Wie wird man nun geprüfter RedHat-Linux-Profi? Seit es um die Linux-Konkurrenz aus Utah/Nürnberg deutlich ruhiger geworden ist, ist RedHat (neben dem momentan noch nicht marktwichtigen Oracle Linux) de facto zum Monopolisten für Enterprise Linux avanciert – soweit es um die von Oracle, SAP und IBM „zertifizierten" Linux-Betriebssysteme geht. Wie überall, muss man auch hier seine Kenntnisse in Prüfungen nachweisen.

Die Grundausstattung: RHCSA und RHCE

Für alle höheren RedHat-Zertifizierungen sind die beiden „Grund-Zertifizierungen" RHCSA (*RedHat Certified Systems Administrator*) und RHCE (*RedHat Certified Engineer*) Pflicht. Weiter unten erfahren Sie, wie Sie diese Weihen erlangen.

RedHat bietet eine Reihe von Kursen an, um den RHCSA und RHCE zu erreichen. Für die meisten Kursteilnehmer geht der Ausbildungsweg zuerst durch die beiden Systemadministrationskurse 1 und 2 (RH124 und RH134) und dann in die erste Prüfung namens EX200. Heißt der zweite Kurs RH135 (statt RH134), dann ist darin die Prüfung am Ende des viertägigen Kurses bereits im Kaufpreis inbegriffen. Dieses Buch deckt die Themen der Prüfung EX200 ab.

Wer den RHCE (mit der Prüfung EX300) ablegen will, muss zuerst die Prüfung EX200 bestanden haben, also RHCSA sein. Um den RHCSA schneller zu erreichen, gibt es einen auf vier Tage verkürzten „Fast Track" namens RH199, der Schwerpunktthemen aus RH124 und RH134 behandelt. Ist die Prüfung im Kaufpreis enthalten, bezeichnet RedHat den Kurs als RH200.

Ein einziger Aufbaukurs mit Namen „Systemadministration 3" (RH254) führt weiter zur RHCE-Prüfung. Dieser Kurs ist ebenfalls nur viertägig – inklusive Prüfung heißt er RH255.

An den Freitagvormittagen besteht die Möglichkeit, die Prüfung EX200 nachzuholen, sollte man beim ersten Mal durchgefallen sein – und das passiert relativ häufig. An den Freitagnachmittagen findet dann jeweils die Prüfung EX300 zum RHCE statt. Auch für den RHCE gibt es einen vier Tage kurzen „Rapid Track": Er hat die Nummer RH299 (bzw. RH300 inklusive Prüfungen). Im Anschluss daran legen die Teilnehmer beide Prüfungen (EX200 mit 2,5 Stunden und die EX300 mit 2 Stunden) an einem Tag ab. Das ist ein Kurs für Leute, die schon recht erfahren mit Linux sind und sich zu den Themen den „RedHat Way" erzählen lassen wollen.

Eine verkürzte (dreitägige) Veranstaltung mit dem Namen RH290 soll jenen den Weg zu RHCSA ebnen, die auf Solaris ausgebildet wurden. Auch diesen Kurs gibt es virtualisiert (s.u.); dann dauert er vier Tage.

Wege zur Prüfung

Die meisten Prüflinge kommen im Anschluss an eine Schulung zur Prüfung. Der Besuch eines RedHat-Kurses ist jedoch nicht Pflicht – weder für die, die eine Prüfung wiederholen müssen, noch für jemand, der das erste Mal erscheint. Jede Prüfung lässt sich auf der RedHat-Webseite auch separat buchen. Man kann das notwendige Wissen ja auch anderweitig erworben haben – zum Beispiel über die Lektüre dieses Buches, Schulungsangebote Dritter, die dazu passenden Manpages und die RedHat-System-Dokumentation. Das hier dokumentierte Wissen liegt schließlich auch jedem offiziellen RedHat-Kurs zugrunde.

Statt einen Kurs persönlich oder virtuell zu besuchen, kann sich ein Prüfungswilliger also auch mit einem Buch vorbereiten. Die bekanntesten Publikationen zum Thema sind die von RedHat Press herausgegebenen roten Vorbereitungsbücher, die u.a. Fragesimulatoren und virtuelle Maschinen für die Fragesimulatoren enthalten; und es gibt Bücher, die die geprüften Themen sogar erklären – aber leider sind sie fast alle englisch geschrieben. Nicht zuletzt diese Lücke zur Vorbereitung in deutscher Sprache möchte das vorliegende Buch schließen.

Den von RedHat herausgegebenen Fragesimulatoren kann man entnehmen, dass die Prüfungen in virtuellen Maschinen abgelegt werden, die auf Trägermaschinen laufen. Das ist eine wirklich sinnvolle Konfiguration, denn sie macht die Prüfungen weltweit identisch verfügbar und fair. Niemand kann sich beschweren, ein anderer habe bessere oder er/sie selbst weniger kompatible Hardware zur Prüfung gehabt. Dadurch, dass die Prüfungen auf lokalen Maschinen stattfinden, ist die Umgebung viel performanter als die Novell-Prüfungen, deren virtuelle Maschinen in Utah stehen und die weltweit angemeldeten Prüflinge mit unglaublichen Tastatur- und Mausverzögerungen manchmal zur Verzweiflung treiben. Und sie sind wesentlich praxisnäher als die Prüfungen des *Linux Professional Institute* (LPI), die zwar mit Distributionsunabhängigkeit punkten, aber als Multiple-Choice- und Ausfüll-Fragebögen letztlich doch nur auswendig gelerntes Wissen abrufen können. In den RedHat-Prüfungen kann der Admin sein analytisches Denken und das Wissen um die lokalen Hilfsmittel voll ausspielen.

Höhere Weihen

Auf der Trainings-Webseite von RedHat finden Sie einer Liste aller derzeit angebotenen Zertifizierungen.[1] Je nach Schwerpunkt der Admin-Tätigkeit kann sich ein RHCE auch zum RHCA (*RedHat Certified Architect*) weiterbilden, wenn er weitere Kurse bzw. Prüfungen zu Deployment, Clustering und Sicherheit ablegt.

Der *RedHat Certified Datacenter Specialist* (RHCDS) legt hingegen Wert auf Deployment und Clustering, aber auch zentralisierte Anmeldung.

Ein RHCSS (*RedHat Certified Security Specialist*) wiederum hat Prüfungen zur Sicherheit, Serverhärtung und SELinux bestanden.

Daneben entsteht gerade eine ganze Reihe von Zertifikaten im Umfeld von JBoss und Virtualisierung.

Mensch oder Maschine?

Virtuelle Wolken und „Cluster Pixies"

Neben den klassischen Präsenztrainings bietet RedHat eine Auswahl der Kurse — für das gleiche Geld — auch als *Virtual Training* an. Diese Kurse sind in der Angebotsliste auf der RedHat-Webseite an dem der Kursnummer angehängten „VT" zu erkennen, also z. B. RH124VT, RH299VT etc. RedHat bietet für diese Kurse eine beeindruckende Cloud-Architektur und Internetgestützte Rechenleistung auf. Die Kurse leiden aber an den gleichen Strukturfehlern, die auch anderen Anbietern „virtueller" Kurse zu schaffen machen. Außerdem kann man innerhalb der VT-Umgebungen keine Prüfungen ablegen. Deshalb dauern — wenigstens im Moment noch — die sonst viertägigen Kurse wie RH135 und RH199 als VT fünf Tage, und die Prüfung geht extra.

---

[1] http://de.redhat.com/training/certifications/#tab2

Technisch beeindruckend ist es schon, wenn in solchen Kursen z.T. welt- oder doch europaweit mehr als ein Dutzend Teilnehmer in einer Konferenz zu einem gemeinsamen Kurs zusammengeschaltet werden. Jeder Teilnehmer bekommt über eine Webadresse, die ihm mit der Anmeldebestätigung zugeht, einen Zugang auf einen virtuellen „Classroom". Mittels Cloud-Technologie steht ihm dort eine gewisse Anzahl virtueller Maschinen zur Verfügung, auf denen praktisch jede beliebige Netzwerksituation nachzuvollziehen ist. Die Tonverbindung kann über Telefonkonferenzen oder Internet-Chatsoftware wie *Teamspeak* hergestellt werden, wie Internet Gamer sie gerne verwenden.

Das ist aber auch schon das Hauptproblem: Seit die Urväter des modernen Administrators am Lagerfeuer zusammensaßen und sich über Jagd, Märchen und Sagen unterhielten, waren Mimik und Gestik des Vortragenden wichtige Zutaten der Rede. Und die Werkzeuge, die man in der Frühzeit bedienen musste, während der Oberschamane über Dämonen und Mammuts referierte, waren überschaubar und der praktischen Intelligenz des lauschenden Jägers und Sammlers zugänglich. In der virtuellen Welt sitzt man dagegen mit seinem Headset immer allein irgendwo — und sieht gar nichts.

Immerhin sind die Geschichten, derer man in solch einer komplexen Umgebung teilhaftig wird, kaum weniger phantastisch. Die virtuellen Maschinen in einem Virtual Training, das ich besuchte, wollten partout nicht das tun, was sie sollten. Nach einer Mittagspause ging's plötzlich. Auf die Frage, was das Cloud Team denn jetzt gemacht habe, antwortete der Trainer: „Nichts". Die Erklärung für das unerwartete Funktionieren? „Cluster Pixies". Da soll noch einer sagen, das Zeitalter der Mythen sei vorbei!

Die Kommunikation in einer Chatgruppe bildet sich anders aus als bei Menschen, die im selben Raum sitzen. Der Trainer erkennt an Haltung und Gesichtsausdruck sofort, wenn etwas nicht stimmt. Gleichzeitig gewinnen die Teilnehmer Vertrauen, wenn sie die Mimik und Gestik des Dozenten sehen und einschätzen können — sofern der Trainer sein Geld wert ist. Kommunikation ist demnach nicht, wenn alle Leute mit einem Telefon zusammengeschaltet sind oder sich die Rechner im Internet „sehen". Ohne die soziale Rückkopplung ist es gerade zu Beginn sehr unangenehm, Fragen zu stellen, selbst wenn sie berechtigt sind, denn es ist nicht möglich, die eigene (soziale) Position in der Gruppe zu definieren, ohne die anderen Teilnehmer zu sehen: „Ist meine Frage eine dumme? Halte ich den Kurs auf oder leiste ich gerade einen wertvollen Beitrag mit meiner Unwissenheit? Lachen die anderen über mich oder rollen sie mit den Augen?" Auch die anderen Mitglieder der von mir besuchten Gruppe kämpften mit Problemen der Sprache, der Tastaturbelegung auf dem Desktop, mit der Kommunikationssprache Englisch über den Chatkanal — und schließlich noch mit dem eigentlichen Thema. All diese Faktoren gaben der Veranstaltung einen erhöhten Stressfaktor und machten das Lernen meist weniger produktiv.

Dabei sammelte ich meine ersten Erfahrungen mit VT-Kursen sogar als Trainer, und auch hier stieß ich immer wieder an Grenzen des Mediums: Ich kann meinen Teilnehmern nicht einfach eine Skizze aus dem Handgelenk an die Tafel zeichnen oder schnell um einen Tisch herumgehen, um einem abgehängten Teilnehmer wieder zurück aufs Gleis zu helfen. Bis hier die Rückkopplung zwischen Trainer und Teilnehmer funktioniert, muss ein Anbieter sehr viel Geld in Telekommunikationsequipment stecken; das geht sicher auch nicht von zu Hause aus. Eine virtuelle Lernumgebung nach dem beschriebenen Muster bietet nur Nachteile, kostet aber das gleiche Geld.

Webinare und Lehrfilme

Allem Unken zum Trotz hat sich in der YouTube-Welt eine ganze Generation von Lehrern und Schülern herausgebildet, die zum Nulltarif in meist recht begrenzten Feldern Wissen vermitteln. Das ist insofern interessant, als dieser Trend zwei Phänomenen Rechnung trägt, die gerne belächelt und anschließend vergessen werden: Die kurze Aufmerksamkeitsspanne der „Generation Facebook" und die Bedeutung bewegter Bilder. Für begrenzte Themenfelder sind solche Filme mit oder ohne „Lehrer" auf der Mattscheibe sicher gut geeignet. Ein Präsenztraining ersetzen können sie nicht. In Kursen erklärt ein guter Trainer eine Sache oft auf mehrere Arten, um allen Zuhörern gerecht zu werden. Das ist bei Lehrfilmen unmöglich, ohne sie unnötig aufzublähen. Was also all diesen technik-basierten Lehrmethoden fehlt, ist soziale Interaktion. Selbst die Lektionen eines alten Knochens, den man nicht leiden konnte, bleiben in der Regel besser im Gedächtnis als ein lauwarmer Sermon per Internet.

Genau wie Bücher haben Filme aber den Vorteil, dass Lernende das gewünschte Thema in der gewünschten Reihenfolge und im geeigneten Tempo erarbeiten können. Einen derart individuellen Zugang kann auch ein Trainer kaum bieten.

Das auf diese Weise aufbereitete Angebot von RedHat finden Sie in einem eigenen YouTube Channel.[2]

---

[2] http://www.youtube.com/user/RedHatVideos

ROLE: Selbststudium Revisited

Der Gedanke ist verlockend: Man gebe Interessierten per Internet Zugriff auf eine hochwertige virtualisierte Serverumgebung und ausführliche Schulungsunterlagen und spare damit auch noch den Trainer ein, der in VTs ohnehin nicht so effizient agieren kann. Das ist wohl das Konzept des *RedHat Online Learning Environment* (ROLE). Die Kursgebühr liegt rund 350 Euro unter der des Präsenztrainings; dafür bekommt der Teilnehmer drei Monate lang Zugriff auf eine Handvoll virtualisierte Rechner. Auch hier muss man die Prüfung separat ablegen und extra bezahlen.

Zwar entspricht diese Lernmethode oftmals dem Admin-Alltag: Praxisbewältigung ohne kompetente Ansprache — das Problem einer solchen Veranstaltung ist aber, dass es eben keine ist.

Letztlich wird aber der Erfolg (oder Misserfolg) zeigen, wie gut dieses Konzept ist.

Prüfen bei Big Brother

Ob die Probanden sich selbst vorbereitet oder ein Seminar besucht, ob sie ein VT durchgestanden oder den inneren Schweinehund in einem ROLE überwunden hatten — zuletzt trafen sie sich alle in einer von einem RHCX durchgeführten Prüfung wieder. Das muss heute nicht mehr sein, denn es gibt jetzt auch Einzelprüfungen, die man in einem sog. „Kiosk" ablegt. Bilder der Anlage gibt es auf der RedHat-Webseite[3] und auf YouTube.[4]

Abbildung 1: Vollständig überwacht am Einzelplatz-Prüfungsrechner

---

[3] http://de.redhat.com/training/certifications/exam-kiosk/ Dies ist auch die Quelle für Abbildung 1.
[4] http://www.youtube.com/watch?feature=player_embedded&v=6uwl-w9vSc8

Der Kiosk ist ein spezieller Rechner in einem hermetischen Gehäuse, der in einem separaten Raum stehen muss. Der Monitor ist mit einer speziellen Blickschutzfolie beschichtet, die — wie in Banken — das seitliche Einspähen verhindert. Das Spektakulärste aber ist ein „Galgen", der oben aus der Apparatur herausragt. Hier sind mehrere Kameras eingearbeitet, die den Prüfling nicht nur zum Zweck der Identitätsfeststellung filmen, sondern während der gesamten Prüfung! Diese Aufnahmen werden von RedHat archiviert — so die „Terms and Conditions".[5]

Um sich auf einer solchen Maschine prüfen zu lassen, muss man sich zuvor auf der RedHat-Webseite anmelden. Der Test heißt EX200K — übrigens stehen noch nicht alle RedHat-Examen zur Auswahl. Wie einem „Frequently Asked Questions"-Dokument zu entnehmen, kosten die Kiosk-Prüfungen genauso viel wie die Schulungsraum-Prüfungen (derzeit 450 Euro für eine EX200).[6]

Diese Einrichtung ist so neu, dass Ende 2013 in Europa nur an den Standorten München, London, Mailand, Utrecht, Stockholm und Wien ein solcher Apparat steht. Genaueres und Aktuelleres verrät die Webseite.[7]

Danke!

Bevor es nun (endlich!) technisch wird: Meinen Dank möchte ich aussprechen meinem Geschäftspartner und Freund Dieter Jäger — nicht zuletzt wegen der Beispiele zu den regulären Ausdrücken. Olaf Radicke, dem bekannten Fedora-Blogger, der dieses Buch als Fachgutachter gelesen hat, natürlich Dr. Markus Wirtz, Olga Saborov und Gerlinde Regensburger von Open Source Press für eine hervorragende Arbeit. Meiner Frau Eva für unerschütterlichen Support. DASEQ in Stuttgart für die RedHat-Seminare, auf die sie mich gebucht haben. Und nicht zuletzt RedHat und NIIT. Hätten die einen kein Schulungskonzept aufgebaut, gäbe es das Buchthema nicht, und ich könnte kein Certified Instructor sein. Und hätte mich NIIT als Kursplaner nicht so großzügig freigestellt, hätte ich gar keine Zeit gehabt, dieses Buch zu schreiben.

Ihnen, liebe Leserinnen und Leser, wünsche ich viel Erfolg bei der Prüfungsvorbereitung!

Dieter Thalmayr, Januar 2014

---

[5] http://de.redhat.com/resourcelibrary/articles/individual-exam-sessions-terms-and-conditions
[6] http://de.redhat.com/training/certifications/exam-kiosk/europe.html und http://de.redhat.com/resourcelibrary/articles/individual-exam-sessions-faq
[7] http://de.redhat.com/training/certifications/exam-kiosk/europe.html

1 Kapitel

Installation

Zu einem Einsteigerseminar über Linux gehört traditionell eine Installation. Die ist sehr einfach, wenn man ein RedHat-Installationsmedium besitzt. Bei freien Distributionen wie Fedora oder CentOS stehen ISO-Dateien zum kostenlosen Download bereit; die jeweiligen Adressen finden Sie leicht per Suchmaschine. Weil es so viele Server gibt, von denen man diese Image-Dateien herunterladen kann, findet man oft nur eine sogenannte *Mirrorlist*, also eine Liste von URLs, aus der man sich einen Server in der geografischen Nähe aussuchen kann.[1]

Bei einer kommerziellen Distribution wie RedHat kann man ebenfalls einen CD-Satz oder die Installations-DVD kostenlos herunterladen, allerdings muss man vorher in einem Dialog seine persönlichen Daten eingeben. Nach einer angemessenen Zeit wird sich dann der RedHat-Vertrieb melden. Wer die Installationsmedien von RedHat Enterprise Linux heruntergeladen

---

[1] `http://wiki.centos.org/Download` bzw. `http://fedoraproject.org/de/get-fedora-all`

hat, genießt sogar 30 Tage lang Support. Eine genaue Anleitung, wie man das Medium von RedHat bezieht, finden Sie im kostenlos herunterladbaren RedHat Installationshandbuch.[2]

Weder die Installationsmedien noch die RedHat-Server-Installation werden ungültig oder hören auf zu funktionieren, wenn diese 30 Tage verstrichen sind. Die Maschine läuft unverändert weiter, lediglich der Anspruch auf die RedHat Hotline verfällt. Es ist auch nicht mehr möglich, nach dieser Zeit Updates von RedHat zu ziehen. Wer seine Server-Installation danach noch weiter betreiben will, muss eine Lizenz kaufen und erhält dann die Zugangsdaten, um sich ein Konto auf dem RedHat Network anzulegen oder das bestehende zu verlängern.

> **TIPP** **Soll ich RedHat oder CentOS installieren?**
> Die entscheidende Frage, die Sie sich stellen sollten: Beabsichtigen Sie sich in den nächsten 30 Tagen zu einer RedHat-Zertifizierung anzumelden? Wenn ja, dann holen Sie sich die originalen RedHat-Installationsmedien. Kann es bis zur Prüfung länger dauern, dann entscheiden Sie sich besser für eine aktuelle CentOS- oder Fedora-DVD. Warum? Wenn nach 30 Tagen die Update-Berechtigung ausläuft, stellen Sie bei der Vorbereitung plötzlich fest, dass Sie keine neue Software mehr installieren können, und suchen den Fehler womöglich stundenlang bei sich – dabei ist nur die Lizenz abgelaufen. Solche Fehler passieren nicht, wenn Sie zu Hause mit den freien Varianten arbeiten. Wenn Sie sich am Arbeitsplatz mit einer Voll-Lizenz von RHEL vorbereiten können, haben Sie dieses Problem freilich nicht.
>
> Stehen zum Download mehrere Ausgaben zur Auswahl (das tun sie immer), wählen Sie im Falle von CentOS die 6-er Variante, wenn die 7-er noch nicht zur Verfügung steht. Fedora? Wenn Sie lange genug suchen, werden Sie auch davon ältere Versionen finden. Die neuesten Versionen, die immer zuerst angeboten werden, sind oft so neu, dass bestimmte Übungen nicht mehr genauso durchgeführt werden können, wie in der RedHat-Agenda vorgesehen: Programme sind vielleicht verschwunden und wurden gegen neuere ausgetauscht – so ist das nun einmal bei Distributionen, die sich ständig weiterentwickeln.

Was kann man beim Download der Installationsmedien falsch machen? Manche laden versehentlich die 64-Bit-Version der Software herunter, obwohl ihr Rechner nur eine 32-Bit-CPU hat. Dann wehrt sich der Rechner bei der Installation. Wer die 32-Bit-Version herunterlädt und auf einem

---

[2] https://access.redhat.com/downloads

64-Bit-Rechner installiert, stellt fest, dass das prächtig funktioniert. Bestimmte Dinge wie die Virtualisierung mit KVM sind damit aber nicht möglich. Bis Sie herausgefunden haben, dass es an der falschen Version liegt, haben Sie in der Regel schon viele Stunden gesucht und gelitten. Wie man herausfindet, welche Version man besitzt, ist in Kapitel 2 beschrieben.

Prüfen Sie das heruntergeladene Medium, bevor Sie es verwenden. Auf allen Download-Seiten finden Sie Hinweise auf sogenannte MD5SUM, SHA1SUM oder SHA256SUM und eine Anleitung, wie man die ISO-Datei prüft, auch unter Windows. Bei einem Datei-Download mit http und ftp, vor allem bei so großen Dateien, passieren sehr häufig Fehler. Die Checksummenprüfung gibt Ihnen Gewissheit, dass der Fehlerteufel sich nicht schon beim Download eingeschlichen hat. Sie werden aus einer fehlerhaften ISO-Datei kein gesundes Installationsmedium brennen können — und Sie werden den Fehler, der später im Umgang mit Linux bei Ihnen auftaucht, bei sich selbst suchen, nicht bei einem kaputten Installationsmedium. Besser ist der Download mit Bittorrent. Das ist schonender für die Serverlandschaft, von der Sie die Image-Dateien holen; zudem werden die Dateien schon während des Downloads geprüft und Fehler korrigiert. Nachteil: Man muss in der lokalen Firewall evtl. zusätzliche Ports freischalten.

Im Seminar ist es am einfachsten: Da liegt ein Image zur Installation bereits auf einem Webserver und steht in der Regel mit PXE-Boot zur Verfügung. Vertrauen Sie Ihrem Trainer.

1.1 Leicht oder schwer?

Wer sich das Leben schwer machen will, kann das gesamte, knapp 600 Seiten starke Installationskompendium von RedHat holen. Es steht in mehreren Formaten (unter anderem HTML, PDF und epub) und Sprachen (auch Deutsch) zur Verfügung.[3] Sie werden darin vieles entdecken, an das Sie noch nie gedacht hatten.

Ab Seite 30 finden Sie die wichtigsten Hinweise zur Installation auf einer normalen Intel- oder AMD-basierten Maschine. Die eigentliche Installation wird ab Seite 50 beschrieben. Bis die wichtigsten Schritte abgeschlossen sind, befindet man sich bereits auf Seite 478.

Für alle, die sich nur auf die Prüfung vorbereiten wollen, kann das Leben aber herrlich leicht sein. Führen Sie zuerst eine einfache Installation durch,

---

[3] `https://access.redhat.com/site/documentation/de-DE/Red_Hat_Enterprise_Linux/6/pdf/Installation_Guide/Red_Hat_Enterprise_Linux-6-Installation_Guide-de-DE.pdf`

bei der Sie vorwiegend die Standardeinstellungen bestätigen und nur einen Hostnamen und ein Passwort für den Benutzer root vergeben. Dann löschen Sie die Maschine wieder und wiederholen zur Übung den Vorgang noch ein paar Mal. Dazu müssen Sie niemanden um Erlaubnis bitten und sich weder „registrieren" noch das System „aktivieren".

1.2 Installieren

Im Wesentlichen geht die Installation in drei Schritten vor sich, die sich optisch leicht voneinander unterscheiden lassen. Sorgen Sie dafür, dass der Rechner von der DVD bootet (oder im Fall eines Installationsservers über das Netz mit PXE). Das ist in der Regel mit einem Tastendruck während der BIOS-Phase steuerbar, sonst im BIOS-Menü-System. Startet der Rechner vom Installationsmedium, erscheint ein Dialog, der verschiedene Installationsmodi und das Rettungssystem anbietet.[4]

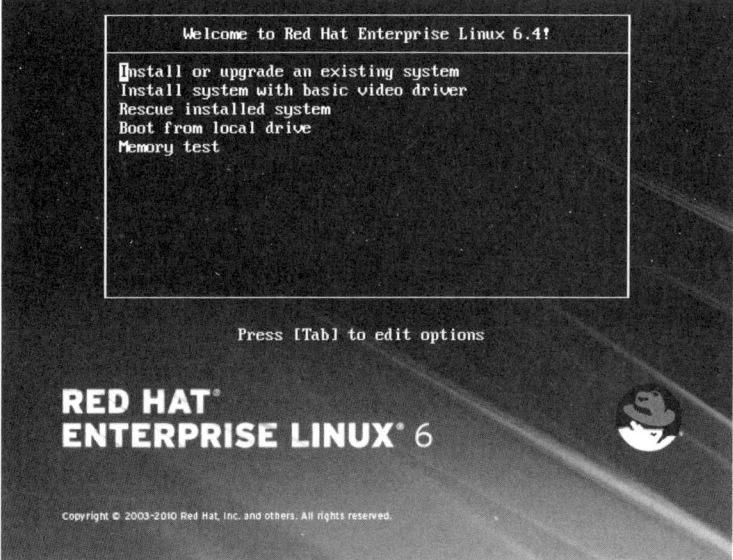

Abbildung 1.1: Das Installationsmenü der Red-Hat-DVD

Wählen Sie Install or upgrade..., danach geschieht Folgendes:

- Hardware-Erkennung

- im Idealfall eine grafische Installation, bei der Sie die notwendigsten Einstellungen vornehmen

---

[4] In der Version RHEL 7 wurde das Installationssystem optisch deutlich aufgewertet.

1.2 Installieren

- „Firstboot" nach dem ersten Neustart des Systems

Zunächst startet die Hardware-Erkennung namens *Anaconda*. Hier gibt es auch die Möglichkeit, das Installationsmedium zu prüfen. Das sollten Sie tun, wenn Sie die DVD nicht vorher schon beim Brennen auf ihre Checksumme geprüft haben. Wenn aber doch, überspringen Sie diesen Schritt. Mit ⇥ können sie auf Skip springen, ↵ bestätigt Ihren Wunsch.

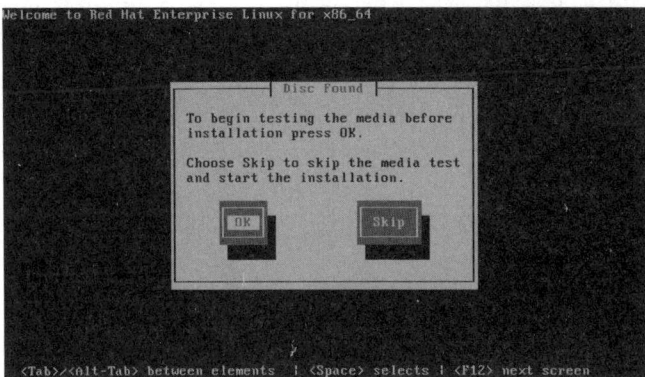

Abbildung 1.2: Textorientierter Einstieg: Testen oder Überspringen und Installieren

Dieser Vorgang und die nächsten Schritte können textorientiert sein. Mag die Hardware nicht so, wie es vorgesehen ist (es gibt ein langes Kapitel zu diesem Thema im Installationshandbuch), kann das schnell zu einer größeren Aktion werden. Wenn nichts Unvorhergesehenes passiert und Sie nicht bei der Installation ausgewählt haben, dass Sie eine rein textorientierte Installation haben wollen, startet *Anaconda* jetzt die grafische Installationsumgebung.

Abbildung 1.3: Grafisch weiterinstallieren

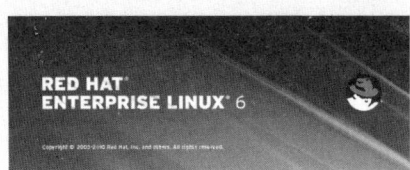

In den folgenden Dialogen, die Sie mit dem Button Weiter (bzw. Next) erreichen, fragt Anaconda nach Systemsprache und Zeitzone, in der sich der Rechner befindet. Das war es auch schon! Wählen Sie mit der Maus (oder textorientiert mit den Pfeiltasten) das Passende (Europa/Berlin, Wien oder Zürich) an. Textorientiert springen Sie mit ⇥ weiter, bis der Fokus schließlich auf OK steht und Sie dort ⏎ drücken. Findet sich Anaconda mit Ihrer Hardware nicht ganz zurecht, kann sogar die ganze Installation textorientiert ablaufen. Das bedeutet nicht, dass Sie hinterher kein grafisches System haben! Die Installationsumgebung ist immer ein wenig einfacher als das fertige System.

Abbildung 1.4: Zeitzone einstellen mit Weltkarte

Immer wieder ein Quell der Freude: die Tastaturbelegung. Deutsch bedeutet nicht bei jeder Distribution, dass Sie auch Ä, Ü und die Tilde da haben, wo Sie sie erwarten. Wenn es angeboten wird, bedeutet Deutsch Latin1, dass zwar Ä, Ö und Ü an der richtigen Stelle sind, Sie aber zweimal drücken müssen, damit die Tilde oder Akzentzeichen auf dem Bildschirm erscheinen. Die meisten Benutzer wollen Deutsch, aber ohne die „toten Tasten".

Die Installation findet in der Regel fast vollständig im Grafikmodus statt, und alle wichtigen Einstellungen werden dort vorgenommen (Bildschirmausgaben langsam und sorgfältig lesen!). Eine der ersten Fragen lautet, ob auf „normalen" oder „speziellen" Medien installiert werden soll. Wenn man sich nicht sicher sei, dann solle man die erste Einstellung belassen. Das ist eine sinnvolle Voreinstellung, wie praktisch alle anderen, die während der Installation vorgegeben sind.

In der Prüfungsvorbereitung für den RHCSA würden Sie normalerweise nicht schon bei der Installation iSCSI- oder Fiberchannel-Festplattenplätze einsetzen. Darum ist die Voreinstellung gerade richtig, die von „normalen" Festplatten ausgeht, sogar dann, wenn es virtuelle Maschinen (wie in VMWare, VirtualBox oder KVM) wären.

Sie werden aufgefordert, den Rechnernamen einzugeben, den die Maschine tragen soll. Alle anderen Einstellungen können Sie in den Standardeinstellungen belassen. Es soll ja eine einfache Installation werden. Wichtig ist allerdings, das Passwort für den Benutzer root anzugeben. Abschließend wird der Bootloader auf die Festplatte geschrieben.

Wenn der Bootloader seine Arbeit tut, startet das System neu und durchläuft das Fragensystem des „Firstboot". Akzeptieren Sie die Lizenzabfrage, die Registrierung bei RedHat Network überspringen Sie elegant. Jetzt legen Sie einen normalen Benutzer an (häufig Sie selbst, oder einen Benutzer „student", wenn Sie wollen). Die Dialoge zu Datum und Zeit (kann man später noch einstellen) und *kdump* klicken Sie einfach durch. Fertig.

Nach der Installation ist es möglich, sich sofort mit dem neu angelegten Benutzer oder als root anzumelden.

Einfaches Partitionierungsschema **TIPP**
Wenn Sie die Kapitel durcharbeiten wollen, in denen neue Partitionen und logische Laufwerke angelegt werden, sollten Sie eine Partitionierung versuchen, die für / etwa fünf bis sieben GB vorsieht und den Rest der Festplatte leer lässt. Die swap-Partition kann von wenigen hundert MB bis ca. ein GB groß sein. Abhängig vom Arbeitsspeicher Ihrer Maschine wird er vermutlich nie benutzt werden. Auf jeden Fall wird dann genügend Platz vorhanden sein, weitere Partitionen anzulegen. Diese können dann normale Dateisysteme tragen oder als Swap Devices oder Physical Volumes eingesetzt werden.

1.3 Automatisiert und schnell: Installieren mit Kickstart

Bis zum Erreichen der RHCE-Prüfung treffen Sie noch mehrfach auf die Installation, dann als gesteuerte automatisierte Installation mit einer *Kickstart-Datei*. Das klingt komplizierter als es tatsächlich ist; eine Kickstart-Datei enthält im Wesentlichen die Antworten, die der Installierende während der Installation in den Dialogen ausgewählt hätte. Das große Glück: Schon während der ersten Installation, die noch ganz „von Hand" durchgeführt wurde, legt Anaconda eine solche Kickstart-Datei an. Sie liegt im Verzeichnis /root und trägt den Namen anaconda-ks.cfg

```
[root@trainer ~]# ll
insgesamt 492
-rw-------. 1 root root  16729 17. Sep 18:57 anaconda-ks.cfg
...
```

Für die einfachsten Anpassungen an einer Kickstart-Datei gibt es ein grafisches Tool mit dem Namen *Kickstart Konfigurator* (textorientiert als system-config-kickstart aufzurufen), das im Zweifelsfalle nachinstalliert werden muss. Im gegenwärtigen Entwicklungszustand schreibt Anaconda alle Angaben (inklusive root-Passwort als Hash-Wert) der Installation in die anaconda-ks.cfg — mit Ausnahme der Partitionierung der Festplatte. Angaben darüber, wie die Festplatte partitioniert und formatiert wurde, stehen wohl in der Datei, aber sie sind auskommentiert. Das Plattenangebot ist doch eine sehr individuelle, rechnerabhängige Größe, die man sinnvollerweise bearbeiten sollte.

Leider kann system-config-kickstart pfiffigere Setups, wie *Logical Volume Management* oder *Software RAID*, nicht erzeugen. Sollte das notwendig sein, kann man es bei einer Installation aufzeichnen und anschließend mit einem Texteditor die Kommentarzeichen entfernen. Besser ist es allerdings, die RedHat-Dokumentation zu Rate zu ziehen.[5]

Nicht einmal die offiziellen RedHat-Trainer und -Prüfer wissen genau, welche Aufgaben bei einer Prüfung gestellt werden. Wie bei allen professionellen Prüfungen ändern sich die Anforderungen auch laufend, wenn vielleicht auch oft nur in Kleinigkeiten. Die automatisierte Installation ist nun ein Thema, das in der Server-Umgebung nicht wegzudenken ist. Wer über geeignete Kickstart-Templates verfügt, kann in Minuten eine neue Maschine mit einem ganz speziellen Layout und hochspezialisierter Ausstattung anlegen. Das funktioniert in virtualisierten Umgebungen ebenso wie bei echter Hardware. Muss ein Prüfling allerdings innerhalb der kurzen Prüfungszeit eine Kickstart-Datei neu anlegen oder anpassen, dazu noch für die fehlerfreie Installation sorgen, stellt sich die Frage, wie realistisch ein solches Szenario wäre. Auch bei Geübten stellt sich der Erfolg nicht sofort ein. Für mehrere Versuche reicht aber vermutlich die Zeit nicht. Um eine Installation auf einer neu erzeugten virtuellen Maschine während der

---

[5] Das RedHat-Installationshandbuch (das im Kursumfang auf der Trainermaschine und womöglich auch während der Prüfung zur Verfügung steht) schildert in den Kapiteln 32 und 33, welche Kickstart-Optionen zur Verfügung stehen und wie der Kickstart Konfigurator zu bedienen ist (https://access.redhat.com/site/documentation/de-DE/Red_Hat _Enterprise_Linux/6/pdf/Installation_Guide/Red_Hat_Enterprise_Linux-6 -Installation_Guide-de-DE.pdf bzw. https://access.redhat.com/site/documentation/ Red_Hat_Enterprise_Linux/?locale=de-DE für andere Download-Formate wie html und epub)

Prüfung durchzuführen, wären root-Rechte auf der Prüfungsmaschine notwendig, weil nicht-privilegierte Benutzer keine virtuellen Maschinen anlegen dürfen. Kurz: Aktuell erscheint dieses Prüfungsszenario nicht besonders plausibel, obwohl das Thema „automatisierte Installation" praktisch in jedem Kurs der RHCSA- und RHCE-Reihe auf der Agenda steht. Änderungen sind aber jederzeit möglich.

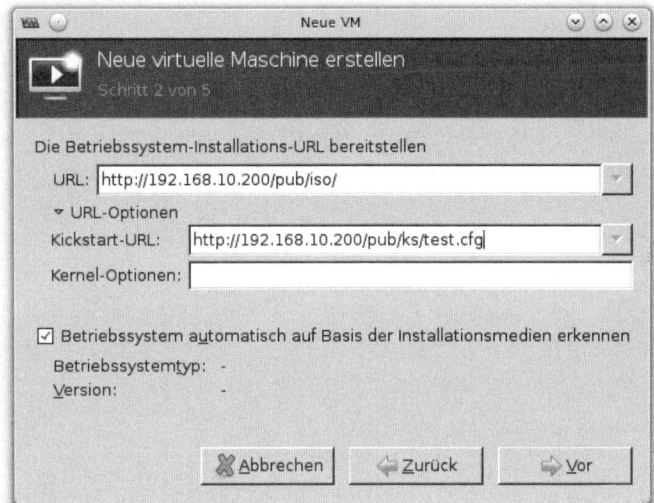

Abbildung 1.5: Virtuelle Maschine mit Kickstart-Datei erstellen

1.4 Prüfungsvorbereitung

Installieren Sie nicht *einmal eine* Maschine — installieren Sie ein halbes Dutzend Mal! Versuchen Sie verschiedene Partitionierungsmuster. Was passiert, wenn man /boot bei / lässt und das System nicht auf LVM-Volumes legt, sondern in normale Partitionen installiert? Legen Sie mit dem Installationstool extra Partitionen und logische Laufwerke an.

Um eine Installation wirklich misslingen zu lassen, muss man heutzutage einigen Aufwand betreiben. Und wenn tatsächlich alles schief läuft, installieren Sie eben noch einmal und haben etwas gelernt. Vielleicht ist in der Prüfung gar keine Installation gefragt. Dennoch gewinnt man Sicherheit im Umgang mit Linux, wenn man es mit ruhiger Hand in kurzer Zeit installieren kann.

Arbeiten mit textorientierten Befehlen

Die meisten Windows-Migranten empfinden die Befehlszeile als Computerwerkzeug unangenehm bis gruselig. Mit der Maus elegant über den Monitor zu segeln und wie ein Habicht auf leichte Beute hinabzustoßen, gibt dem Ungeübten das Gefühl von Macht und Kontrolle. Völlig zu Unrecht! Grafische Oberflächen leben davon, dem Benutzer Fakten vorzuenthalten, damit das Gefühl von Kontrolle überhaupt entsteht. Selbst unter Windows benutzen erfahrene Administratoren das Befehlszeilen-Programm cmd.exe, um wesentliche Arbeiten auf dem Rechner zu erledigen. Dass verschiedene Dinge am einfachsten und effizientesten auf einer Befehlszeilen-Umgebung machbar sind, beweist u.A. die Einführung von *PowerShell* in die neueren Windows-Systeme.

Bei den gängigen grafischen Oberflächen unter Linux (*KDE* und *Gnome*) erreicht man eine Shell mit der Tastenkombination [Alt]+[F2]. Dann erscheint eine Eingabeaufforderung, die ähnlich dem „run"-Kommando auf Microsofts grafischer Oberfläche ein textorientiertes Kommando entgegennimmt. In der Gnome-Umgebung von RedHat und CentOS wären das gnome-terminal oder, für Puristen, xterm. Der Shell-Kommandointerpreter ist praktisch unsichtbar, als Benutzer sieht man nur eine Eingabeaufforderung, den sogenannten „Prompt". Weil bei einer grafischen Oberfläche aber jede Software einen Fensterrahmen haben muss, gibt es die „Terminal-Emulationen". Sie spielen gewissermaßen „textorientierter Bildschirm" in einer hochauflösenden grafischen Umgebung.

Am Zeilenanfang befindet sich besagter Prompt, der meist Angaben darüber macht, wer auf welcher Maschine angemeldet ist und in welchem Verzeichnis er (oder sie) sich befindet. Bei textorientierten Umgebungen spricht man übrigens von *Verzeichnissen*, nicht von *Ordnern*. Die wären grafische Umsetzungen von Verzeichnissen. Wenn man das einmal verstanden hat, ist das Schlimmste schon geschafft.

Der „klassische" Befehl für den Einstieg (und bei RedHat und CentOS ist der auch notwendig) ist pwd. Dieses Kommando zeigt an, in welchem Verzeichnis der Benutzer gerade steht. Der Name pwd steht laut *Manpage* für *print (name of current) working directory*. Dem geübten Auge verrät die *Tilde* (~) am Ende des Prompts: Der Benutzer steht im Heimatverzeichnis, denn sie bedeutet immer „Heimatverzeichnis von". Hier ist es das Heimatverzeichnis des Benutzers student auf der Maschine flosse. Heimatverzeichnisse normaler Benutzer befinden sich üblicherweise im Verzeichnis /home und heißen so wie der Benutzer selbst. Notwendig ist das Kommando pwd bei RedHat und CentOS deshalb, weil diese Distributionen im Prompt immer nur das aktuelle Verzeichnis anzeigen, nicht aber den Pfad dorthin. So gewinnt die Shell Platz auf der Befehlszeile, aber der Benutzer verliert womöglich den Überblick, wo genau er sich gerade befindet. Andere Distributionen geben den vollständigen Pfad im Prompt an, dafür bleibt bisweilen nicht viel von der ersten Zeile übrig.

```
[student@flosse ~]$ pwd
/home/student
[student@flosse ~]$ id
uid=500(student) gid=500(student) Gruppen=500(student),39(video)...
[student@flosse ~]$ whoami
student
[student@flosse ~]$
```

Die (hier verkürzte) Ausgabe des Kommandos id verrät den Namen des angemeldeten Benutzers sowie seine *Benutzer-ID* (uid) und die *Primary GroupID* oder Hauptgruppen-ID — wenn der Benutzer in weiteren *Hilfsgruppen* (oder *Supplementary Groups*) eingetragen ist, auch diese. Der Unterschied zwischen der Hauptgruppe und Hilfsgruppen ist einfach: Erzeugt der Benutzer eine Datei, so gehört diese Datei ihm (als Erzeuger) und seiner Hauptgruppe. In Hilfsgruppen eingetragen ist der Benutzer, damit er mit anderen Benutzern zusammengeschlossen werden kann. Diese Gruppen stehen in der Regel für Arbeitsgemeinschaften, in denen verschiedene Benutzer über einen Namen zusammengefasst sind. Die Hilfsgruppen erhalten in der Regel Zugriffsrechte auf Verzeichnisse, über die die Mitglieder z. B. Dateien austauschen können. Auch Ausführungsrechte auf Programme für Gruppenmitglieder sind möglich. Mehr dazu in Kapitel 5 und Kapitel 6.

Damit der Tradition Genüge getan ist, muss man als Einsteiger wenigstens ein ls eintippen und die Dateiliste ansehen. Mit dem Schalter ls -l kommt die lange Dateiliste, mit dem Schalter ls -a werden auch die Dateien mit einem Punkt vor dem Dateinamen angezeigt. Die Kombination beider Schalter als ls -la oder -al zeigt die lange Dateianzeige, inklusive aller Dateien und Verzeichnisse, deren Name mit einem Punkt beginnt.

Es gibt zwei Kommandos, mit denen Sie herausfinden, welches RedHat Linux auf der Maschine installiert ist: uname -a erzählt alles, was es über den laufenden Kernel zu wissen gibt, inklusive Rechnername und Architektur (x86_64). „Nur" die aktuelle Version des Kernels verrät uname -r. Der Inhalt der Datei /etc/redhat-release enthält immer die aktuelle Version des RedHat Enterprise Linux.

```
[root@flosse ~]# uname -a
Linux flosse.beispiel.loc 2.6.32-358.el6.x86_64 #1 SMP Tue Jan 29 11:47:41 EST 2013 x86_64 x86_64 x86_64 GNU/Linux
[root@flosse ~]# uname -r
2.6.32-358.el6.x86_64
[root@flosse ~]# cat /etc/redhat-release
Red Hat Enterprise Linux Server release 6.4 (Santiago)
[root@flosse ~]#
```

Wenn das System laufend aktualisiert wird, wechselt die Release-Nummer automatisch mit: Dies geschieht über sogenannte Paket-Abhängigkeiten. Die Kernel-Release-Nummer ändert sich bei jedem Kernel-Update.

2.1 Ausgabeumleitung

Üblicherweise erscheinen die Buchstaben, die per Tastatur eingetippt werden, auf dem Monitor, ebenso wie die Ausgabe des Kommandos. Das ist aber nur scheinbar sehr einfach. Die Shell kennt drei *Kanäle*, über die sie Datenströme entgegennimmt und ausgibt: *STDIN*, *STDOUT* und *STDERR*, also Standard-Eingabe, -Ausgabe und -Fehlerausgabe. Diesen Kanälen sind feste Nummern zugewiesen: Standardeingabe ist 0, Standard-Ausgabe ist 1, Standard-Fehlerausgabe ist 2. Darüber hinaus gibt es für jeden dieser Kanäle eine *Gerätedatei*: /dev/stdin, /dev/stdout und /dev/stderr. Die

Kanäle scheinen zunächst nur eine Nebensächlichkeit zu sein. Die folgenden Beispiele zeigen aber, dass das nicht so ist ...

Sehr einfach ist die Standardausgabe gezeigt, und auch umgelenkt:

```
[student@flosse ~]$ echo hallo
hallo
[student@flosse ~]$ echo hallo > hallo.txt
[student@flosse ~]$ cat hallo.txt
hallo
[student@flosse ~]$
```

Eine schließende spitze Klammer (*Cast*) leitet die Standardausgabe (wie ein „Pfeil nach rechts") in eine Datei um. Gibt es die Datei noch nicht, entsteht sie dadurch. Gab es die Datei schon, wird ihr Inhalt durch den neuen ersetzt.

Schreibt man *zwei* schließende spitze Klammern, hängt die Shell die Ausgabe an das Ende der Datei an.

```
[student@flosse ~]$ echo leute > hallo.txt
[student@flosse ~]$ cat hallo.txt
leute
[student@flosse ~]$ echo hallo > hallo.txt
[student@flosse ~]$ cat hallo.txt
hallo
[student@flosse ~]$ echo leute >> hallo.txt
[student@flosse ~]$ cat hallo.txt
hallo
leute
[student@flosse ~]$
```

2.2 Ersetzen der Eingabe

Kann man die spitze Klammer auch umdrehen, so dass die Standardeingabe ersetzt wird? Aber ja! Die Shell betrachtet eine Textdatei im Prinzip als „gefrorenen Zeichenfluss". Befehle schmelzen diesen und geben dem so entstehenden Strom eine Richtung.

Das folgende Beispiel spielt mit dem Umleiten bzw. Gießen (*Cast*) der Ströme in Dateien. Dabei arbeitet wirklich in erster Linie die Shell: `gunzip` erwartet eine bestimmte Dateinamen-Endung, sonst reagiert es nicht. Der Shell sind die Datei-Endungen dagegen egal, sie castet und „schmilzt", wie es ihr aufgetragen wird.

Schritt eins: `rpm -qa` wird benutzt, um eine größere Textdatei (ca. 35000 Zeichen) zu erzeugen. Ihr Inhalt wird mit `head` überprüft: Sie enthält eine Liste von Paketnamen.

```
[student@flosse ~]$ rpm -qa > paketliste.txt
[student@flosse ~]$ ll paketliste.txt
-rw-rw-r--. 1 student student 35162 21. Aug 14:19 paketliste.txt
[student@flosse ~]$ head -n 5 paketliste.txt
xorg-x11-drv-apm-1.2.5-5.el6.x86_64
perl-Parse-CPAN-Meta-1.40-129.el6.x86_64
xorg-x11-drv-ati-firmware-6.99.99-1.el6.noarch
libXcursor-1.1.13-2.el6.x86_64
iso-codes-3.16-2.el6.noarch
```

Schritt zwei: `gzip paketliste.txt` packt die Datei zwar und hängt die Endung `.gz` an, aber leider ist das Original anschließend verschwunden, so dass es mit einem `gunzip paketliste.txt.gz` wiederhergestellt werden muss.

```
[student@flosse ~]$ gzip paketliste.txt
[student@flosse ~]$ ll paket*
-rw-rw-r--. 1 student student 10814 21. Aug 14:19 paketliste.txt.gz
[student@flosse ~]$ gunzip paketliste.txt.gz
```

In Schritt drei hilft die Shell mit den spitzen Klammern zur Umleitung der Daten: Sie löst die Datei in einen Buchstabenstrom auf, den sie dem Programm `gzip` übergibt. Die Ausgabe des Programms übergibt die Shell dann an die Datei `paketliste.zipped`. Diese ist sogar noch 15 Zeichen kleiner als die von `gzip` direkt gezippte Datei.

```
[student@flosse ~]$ gzip < paketliste.txt > paketliste.zipped
[student@flosse ~]$ ll paket*
-rw-rw-r--. 1 student student 35162 21. Aug 14:19 paketliste.txt
-rw-rw-r--. 1 student student 10799 21. Aug 14:21 paketliste.zipped
```

Nun stellt sich heraus, dass `gunzip` Dateien mit der Endung `.zipped` gar nicht lesen mag. Allerdings hilft die Shell erneut: `paketliste.zipped` wird dem Kommando `gunzip` übergeben, die Ausgabe umgelenkt auf die Datei `paketliste.unzipped`. Diese ist genau so groß wie das Original, und der Inhalt identisch.

```
[student@flosse ~]$ gunzip paketliste.zipped
gzip: paketliste.zipped: unknown suffix -- ignored
[student@flosse ~]$ gunzip < paketliste.zipped > paketliste.unzipped
[student@flosse ~]$ ll paket*
-rw-rw-r--. 1 student student 35162 21. Aug 14:19 paketliste.txt
-rw-rw-r--. 1 student student 35162 21. Aug 14:22 paketliste.unzipped
-rw-rw-r--. 1 student student 10799 21. Aug 14:21 paketliste.zipped
[student@flosse ~]$
```

Umleitungen der Standardeingabe mit zwei spitzen Klammern bezeichnet die Manpage der bash als „Here-Dokument". Damit vermag die Shell Erstaunliches: Das Kommando `sort` im folgenden Beispiel wartet auf den String `GERONIMO` — bis dahin nimmt es Eingaben entgegen und gibt diese sortiert aus, sobald `GERONIMO` erscheint. Der Name ist beliebig; statt des

Indianerhelden findet man üblicherweise den String EOF („end of file"). EOF hat aber für die Shell ebenso wenig Bedeutung wie GERONIMO. Es ist nur eine Zeichenfolge, die das Listen-Ende markiert und dafür sorgt, dass das Kommando überhaupt starten kann.

```
[student@flosse ~]$ sort << GERONIMO
> kirschen
> birnen
> orangen
> bananen
> kiwi
> aepfel
> GERONIMO
aepfel
bananen
birnen
kirschen
kiwi
orangen
[student@flosse ~]$
```

Diese skurril anmutende Eigenschaft der Shell kommt in Shellskripten oft zum Einsatz, z. B. wenn Hilfetexte ausgegeben werden. Auf diese Weise spart man sich etliche echo-Zeilen.

2.3 Standardfehlerausgabe umleiten

Lange Zeit kann man das Vorhandensein der *Standardfehlerausgabe* völlig übersehen, bis seltsame Phänomene auftreten. Soll in einer Kommandozeile z. B. die Dateiliste zweier Verzeichnisse ausgegeben werden, dann funktioniert dies prima. Sollen die beiden Listen aber in eine Datei umgelenkt werden, macht man möglicherweise eine interessante Erfahrung, denn die Shell meldet: „Keine Berechtigung" — und die erzeugte Datei ausgabe enthält nur die Namen der Dateien und Verzeichnisse des aktuellen Verzeichnisses.

```
[student@flosse ~]$ ls . /root
.:
aaatest  Desktop    Downloads      hallo.txt   Musik       osp
paketliste.unzipped  skript.sh   Videos
Bilder   Dokumente  einfachedatei  moneypenny  Öffentlich  paketliste.txt
paketliste.zipped    umaskdatei  Vorlagen
ls: Öffnen von Verzeichnis /root nicht möglich: Keine Berechtigung
[student@flosse ~]$[student@flosse ~]$ ls . /root > ausgabe
ls: Öffnen von Verzeichnis /root nicht möglich: Keine Berechtigung
[student@flosse ~]$ cat ausgabe
.:
aaatest
ausgabe
...
```

```
Vorlagen
[student@flosse ~]$
```

Offenbar unterscheidet die Shell die Ergebnisse *erfolgreicher* von denen *nicht erfolgreicher* Kommandos und schickt deren Ausgaben durch verschiedene Ausgabekanäle. Die Standardausgabe kann mit einer einfachen spitzen Klammer umgelenkt werden. Die *Standardfehlerausgabe* (STDERR) lieferte die Meldung, dass Benutzer student im Heimatverzeichnis von root nichts verloren hat. Soll STDERR umgelenkt werden, setzen Sie die 2 vor die spitze Klammer. Dies macht man sich z. B. zunutze, wenn in einem Verzeichnis nach Dateiinhalten gesucht werden soll. Ein normaler Benutzer bekommt etwa im Verzeichnis /etc deutlich mehr Fehlerausgaben, als das ungeübte Auge verträgt. Dass man unter bisweilen Hunderten von Fehlermeldungen die eine Nutzzeile völlig übersieht, liegt in der Natur der Dinge.

```
[student@flosse etc]$ grep -r 192.168.150.144 *
grep: audisp: Keine Berechtigung
grep: audit: Keine Berechtigung
...
grep: gshadow-: Keine Berechtigung
hosts:192.168.150.144   flosse.beispiel.loc flosse
grep: httpd/logs: Keine Berechtigung
...
grep: wpa_supplicant/wpa_supplicant.conf: Keine Berechtigung
[student@flosse etc]$
```

Hilfreicher ist das Ergebnis, wenn die Fehlermeldungen mit 2> /dev/null ausgefiltert werden. Das Gerät /dev/null ist der große Schredder: alle Daten, die dorthin gehen, verschwinden unwiederbringlich im Nichts.

```
[student@flosse etc]$ grep -r 192.168.150.144 * 2> /dev/null
hosts:192.168.150.144   flosse.beispiel.loc flosse
[student@flosse etc]$
```

2.4 Gemeinsam umleiten

Bisweilen sollen die Ausgaben sowohl von STDOUT als auch von STDERR in dieselbe Datei gelenkt werden. Angenommen, ein Skript soll sowohl die erfolgreichen als auch die gescheiterten Versuche einer Aktion in eine Datei protokollieren — dann kommt der „Ausgabe-Verdoppler" & zum Einsatz. Im folgenden Beispiel kopiert die Shell die Ausgabe von STDERR in den Kanal, den STDOUT benutzt hat. Beide Datenströme landen schließlich in der Datei ausgabe.

```
[student@flosse ~]$ ls . /root > ausgabe 2>&1
[student@flosse ~]$ cat ausgabe
.:
aaatest
```

```
ausgabe
...
Vorlagen
ls: Öffnen von Verzeichnis /root nicht möglich: Keine Berechtigung
[student@flosse ~]$
```

Für diese Vorgehensweise gibt es auch eine Kurzform: Sowohl &> als auch >& lenken beide Kanäle (STDOUT und STDERR) in dasselbe Ziel um. Diese Zeile hätte also kurz auch so lauten können:

```
[student@flosse ~]$ ls . /root &> ausgabe
```

Und zu guter Letzt: Soll eine Ausgabe, sogar die Standardausgabe, explizit nach STDERR geleitet werden, gibt es immer noch die Möglichkeit, direkt auf /dev/stderr zu schreiben:

```
[student@flosse ~]$ echo dies ist kein Fehler > /dev/stderr
```

2.5 Weiterleitung/Piping

Häufig kommt die Ausgabe eines Kommandos nicht genau in der gewünschten Form heraus; dafür wurden die *Pipes* geschaffen. Das vorher verwendete Kommando rpm -qa sortiert das Ergebnis nicht, sondern listet auf, wie die Einträge in der Datenbank stehen. Kein Problem, dann schickt man die Ausgabe eben vorher noch nach sort. Das Ergebnis rpm -qa | sort liefert dann genau das gesuchte Ergebnis. Die Sortierung soll umgedreht sein, also mit Z beginnen? rpm -qa | sort -r.

Im Prinzip ist jede Kombination textorientierter Kommandos für dieses Zusammenspiel geeignet. An verschiedenen Stellen im Buch wird aus der kompletten Prozessliste nur die Liste der gerade relevanten Treffer herausgefiltert: ps ax | grep httpd filtert z. B. alle Apache-Prozesse heraus. Ein rpm -qa | grep samba zeigt an, welche der installierten Pakete den String samba im Namen tragen. Selbstverständlich können die Ausgaben von Kommandos beliebig oft als Eingabe für andere Kommandos verwendet werden. Ein Beispiel, um aus dem Kommando ip die (einzige) IP-Adresse herauszufiltern: Versuchen Sie es selbst! Schreiben Sie dabei jeweils das erste Kommando bis zur Pipe (|), und dann den jeweils nächsten Befehl dazu, um auch die Zwischenschritte zu sehen.

```
ip a s dev eth0 | grep "inet " | tr -s " " | cut -d " " -f3 | cut -d "/" -f1
```

2.6 Reguläre Ausdrücke

Die einfachsten *Regulären Ausdrücke* (*Regex*) wie * („kein oder beliebig viele Zeichen") oder ? („genau ein beliebiges Zeichen") kennt wohl jeder und nutzt sie z. B. für die Ausgabe von Dateilisten mit ls. Diese Zeichen werden verwendet, um Suchmuster auszudrücken.

Aber selbst gute alte Bekannte haben bei genauerem Hinsehen eventuell andere Bedeutungen, als man bei flüchtigem Hinsehen über Jahre hinweg kannte. Und die Shell interpretiert manche Regex anders als z. B. grep.[1]

Einstellige Zeichenklassen kann man mit den eckigen Klammern ausdrücken. Die geschweiften Klammern wirken wie ein impliziter Loop:

```
[student@flosse ~]$ mkdir uebung
[student@flosse ~]$ cd uebung/
[student@flosse uebung]$ touch datei{1..4}{a..f}
[student@flosse uebung]$ ls
datei1a datei1d datei2a datei2d datei3a datei3d datei4a datei4d
datei1b datei1e datei2b datei2e datei3b datei3e datei4b datei4e
datei1c datei1f datei2c datei2f datei3c datei3f datei4c datei4f
[student@flosse uebung]$ ls datei[23][df]
datei2d  datei2f  datei3d  datei3f
[student@flosse uebung]$
```

Hier werden alle Dateien erzeugt, deren Name mit datei beginnt und dem dann zunächst eine der Zahlen 1 bis 4 und dann einer der Buchstaben a bis f folgen.

Die eckigen Klammern im Listen-Befehl mit ls filtern aus diesen Zahlen bzw. Buchstaben Teilmengen heraus.

Weitere Beispiele für einfache Reguläre Ausdrücke finden sich am Ende des nächsten Abschnitts.

2.7 Zwei Lebensretter: grep und find

Im Laufe der Zeit kristallisieren sich kleine, aber feine Programme als echte Rettungsanker und buchstäbliche „Büchsenöffner" heraus. grep und find stehen deshalb auch auf der Liste der prüfungsrelevanten Programme.

---

[1] http://tille.garrels.be/training/bash/ch04.html; eine schöne Zusammenstellung liefern http://www.danielfett.de/internet-und-opensource,artikel,regulaere-ausdruecke und David Mertz auf http://gnosis.cx/publish/programming/regular_expressions.html

2.7.1 grep

Verschiedene Programme erzeugen furchtbar lange Listen als Ausgabe, bisweilen stehen lange Texte in vielen Dateien, aber den Admin interessieren nur ein paar Zeilen dieser Textflut — da hilft grep, laut „Drews grep tutorial" die Abkürzung für „Global Regular Expression Print".[2] Daraus entstanden sind die Ableger egrep und fgrep. Aus Kompatibilitätsgründen gibt es diese auf den meisten Systemen immer noch als eigenständige Programme, dabei kann grep die Funktionalität beider Programme mit den Schaltern -E und -F ebenfalls darstellen.

Um aus einer Dateiliste ein Suchwort oder einen Teilstring herauszufiltern, können Sie grep wie in Abschnitt 2.5 nutzen. Existieren die Dateien mit den zu durchsuchenden Inhalten schon, ist es noch einfacher:

```
[student@flosse ~]$ rpm -qa > paketliste.txt
[student@flosse ~]$ grep samba paketliste.txt
samba-common-3.6.9-151.el6.x86_64
samba4-libs-4.0.0-55.el6.rc4.x86_64
samba-winbind-3.6.9-151.el6.x86_64
samba-client-3.6.9-151.el6.x86_64
samba-winbind-clients-3.6.9-151.el6.x86_64
[student@flosse ~]$
```

Mit der Option -n wird die Ausgabe sogar durchnummeriert, -c liefert keine zeilenweise Ausgabe für die Fundstellen, sondern nur die Anzahl der Fundstellen — hier würde also eine 5 ausgeben. Der Schalter -l listet nur die Dateinamen der Dateien auf, die Fundstellen enthalten: Offenbar gibt es im aktuellen Verzeichnis die beiden Dateien paketliste.txt und paketliste.unzipped, die diesem Kriterium entsprechen.

```
[student@flosse ~]$ grep -l samba *
paketliste.txt
paketliste.unzipped
[student@flosse ~]$
```

Ein weiterer leistungsfähiger Schalter ist -v (der hier ausnahmsweise weder die Versionsnummer ausgibt noch besonders wortreich wird); er liefert alle Fundstellen, die *nicht* dem Suchkriterium entsprechen.

Die egrep-Ausprägung von grep kann *Extended Regular Expressions* lesen; damit wird es möglich, auch eine Unterscheidung einzubauen. Um aus einer Konfigurationsdatei z. B. die Kommentarzeilen herauszufiltern, dient folgende Konstruktion: grep -v ^# /etc/sysconfig/selinux. Sie filtert alle Zeilen aus, an deren Anfang (^) das Kommentarzeichen (#) steht. Leider liefert die Ausgabe dieses Kommandos evtl. eine Menge Leerzeilen. Um diese zu unterdrücken, müsste man noch einmal „greppen":

---

[2] http://www.uccs.edu/~ahitchco/grep/

```
[student@flosse ~]$ grep -v ^# /etc/sysconfig/selinux | grep -v ^$
SELINUX=enforcing
SELINUXTYPE=targeted
```

Um wie viel einfacher ist da schon die Unterscheidung: „Am Anfang der Zeile entweder ein Kommentarzeichen oder ein Zeilenende-Zeichen". Statt dem hier verwendeten grep -Ev wäre auch die (überholte) Schreibweise egrep -v möglich.

```
[student@flosse ~]$ grep -Ev "^(#|$)" /etc/sysconfig/selinux
SELINUX=enforcing
SELINUXTYPE=targeted
[student@flosse ~]$
```

Schließlich gibt es noch fgrep bzw. grep -F, das für „fast grep" steht. Was es so schnell macht: grep -f wertet den übergebenen String nicht als Regular Expression aus, sondern als *literale* (also Buchstabe-für-Buchstabe) Zeichenfolge. Nicht einmal $-Zeichen werden als Variablen-Indikator verwendet. Mit fgrep kann man also auch eine Zeichenfolge wie broken$tuff finden, weil grep nicht versucht, das $tuff als den Inhalt der Variable tuff zu interpretieren.

Eine der für die Suche unangenehmen Eigenschaften der geschriebenen Sprache ist die Klein-/Großschreibung. Bisweilen ist ein gesuchtes Wort nicht in der Schreibweise hinterlegt, die man erwartete: Felix statt felix oder umgekehrt. Da hilft der Schalter -i, der Klein- wie Großbuchstabenschreibweise des gesuchten Begriffs anzeigt.

Und der wichtigste Schalter zuletzt: -r sucht rekursiv, also auch in allen Unterverzeichnissen. Besser wäre also gegenüber dem letzten Beispiel in Abschnitt 2.3 folgende Schreibweise:

```
[student@flosse etc]$ grep -ri 192.168.150.144 * 2> /dev/null
hosts:192.168.150.144   flosse.beispiel.loc flosse
sysconfig/network-scripts/ifcfg-eth0   IPADDR=192.168.150.144
[student@flosse etc]$
```

Nicht, dass IP-Adressen klein oder groß geschrieben würden — aber wer sich diese Schreibweise angewöhnt, macht später keine Leichtsinnsfehler.

Statt nur einfache Zeichenfolgen kann grep auch Reguläre Ausdrücke finden. Ein einfacher Punkt bedeutet hier (anders als bei der bash!) „ein beliebiges Zeichen".

Während ein grep root /etc/passwd nur root und den operator zutage gebracht hätte (wegen ihres Heimatverzeichnisses /root), kommen im folgenden Beispiel auch rtkit und oprofile heraus, denn die haben roc und rof in der Zeile.

```
[student@flosse ~]$ grep 'ro.' /etc/passwd
root:x:0:0:root:/root:/bin/bash
```

```
operator:x:11:0:operator:/root:/sbin/nologin
rtkit:x:499:497:RealtimeKit:/proc:/sbin/nologin
oprofile:x:16:16:Special user account ... ↵
OProfile:/home/oprofile:/sbin/nologin
[student@flosse ~]$
```

Mit dem Schalter --colour zeigt sich die Trefferstelle, die die Regex .+ und .* beschreiben: „irgendein Zeichen, und davon keines oder beliebig viele". Beide sehen gleich aus, allerdings ist .+ kein „normaler" Regex, sondern ein *erweiterter*, der nur mit egrep bzw. grep -E funktioniert. Das Sternchen funktioniert dagegen auch mit dem normalen grep. Die Zeilen, die dem Suchmuster entsprechen, sind die gleichen wie vorher. Allerdings werden diesmal nicht nur die Zeichen „ro und das folgende" farblich abgesetzt, sondern auch der Rest der Zeile.

Auch die Zeichenklassen produzieren bei grep ein Ergebnis. Das folgende Beispiel sucht nicht nur nach „ro und noch eins", sondern „p oder r und dann noch eins". Deshalb passen hier nicht nur roo und rof, sondern auch poo wie in spool oder das pos in postfix.

```
[student@flosse ~]$ grep --colour '[pr]o.' /etc/passwd
root:x:0:0:root:/root:/bin/bash
lp:x:4:7:lp:/var/spool/lpd:/sbin/nologin
mail:x:8:12:mail:/var/spool/mail:/sbin/nologin
uucp:x:10:14:uucp:/var/spool/uucp:/sbin/nologin
operator:x:11:0:operator:/root:/sbin/nologin
rtkit:x:499:497:RealtimeKit:/proc:/sbin/nologin
postfix:x:89:89::/var/spool/postfix:/sbin/nologin
oprofile:x:16:16:Special user account to be used by
OProfile:/home/oprofile:/sbin/nologin
[student@flosse ~]$
```

Felder mit einer einstelligen Zahl darin findet das Muster :[0-9]:. Wenn es ein Buchstabe, aber keine Zahl sein soll, dann muss das Negierungszeichen ^ davor :[^0-9]:. Auch hier kann ein einzelner Stern oder die Zeichenfolge .* helfen, das Ganze etwas verwirrender zu gestalten. Der Stern (alleine) findet bei :[^0-9]*: alle Zeilen, die einen oder beliebig viele Buchstaben zwischen zwei Doppelpunkten stehen haben. Das ist bei allen Zeilen der Datei /etc/passwd der Bereich zwischen der Gruppen-ID und dem letzten Doppelpunkt vor dem Shell-Feld. Offenbar bedeutet der Stern alleine in diesem Konstrukt: „beliebig viele oder keines von der Sorte, die zuletzt angegeben wurden". Mit der Folge :[^0-9].*: findet grep hingegen alle Zeichenfolgen, die mit einem Buchstaben beginnen „und dann beliebig viele Zahlen und Zeichen enthalten, bis wieder ein Doppelpunkt erscheint". Der passende Bereich reicht hierbei vom „Shadow-x" bis zum letzten Doppelpunkt der Zeile – inklusive der User- und Gruppen-ID. Im Druck ist das nicht darstellbar, aber ein grep --colour stellt das auf dem Monitor sehr anschaulich dar:

```
[student@flosse ~]$ grep --colour ':[0-9]*:' /etc/passwd
root:x:0:0:root:/root:/bin/bash
...
nfsnobody:x:65534:65534:Anonymous NFS User:/var/lib/nfs:/sbin/nologin
...
[student@flosse ~]$ grep --colour ':[0-9].*:' /etc/passwd
root:x:0:0:root:/root:/bin/bash
bin:x:1:1:bin:/bin:/sbin/nologin
daemon:x:2:2:daemon:/sbin:/sbin/nologin
adm:x:3:4:adm:/var/adm:/sbin/nologin
...
```

Ein Beispiel, wie man nach Zeichenketten sucht, die am Anfang oder am Ende der Zeile stehen, befindet sich bereits weiter oben.

2.7.2 find

Anders als `grep` untersucht `find` nicht den *Inhalt* der gesuchten Dateien. Aber es kann buchstäblich jede *Eigenschaft* einer Datei als Suchkriterium entgegennehmen. Der erste Kontakt mit diesem unverzichtbaren Werkzeug ist meist die Suche nach einer Datei, deren Name bekannt ist, aber nicht ihr Aufenthaltsort. Häufig gemachter Fehler: `find` erwartet eine Angabe über den *Ausgangspunkt* der Suche; wird nichts angegeben, beginnt es die Suche im aktuellen Verzeichnis. Diese Automatik muss nicht bei jeder Distribution auf die gleiche Weise umgesetzt sein, `find . -name paketliste.txt` ist sauberer. Im folgenden Beispiel ist nicht bekannt, wo sich unterhalb von /usr die Datei `sysconfig.txt` befindet. Um die Zeile(n) mit der Fehlerausgabe „Keine Berechtigung" zu unterdrücken, wäre es sicher eine gute Idee gewesen, das Kommando um `2> /dev/null` zu erweitern.

```
[student@flosse ~]$ find /usr -name sysconfig.txt
/usr/share/doc/initscripts-9.03.38/sysconfig.txt
find: "/usr/lib64/audit": Keine Berechtigung
[student@flosse ~]$
```

Auch nach einem Eigentümer zu suchen, ist kein Problem. Benutzer root hat im Heimatverzeichnis von `student` eine mit einem Punkt „unsichtbar" gemachte Datei hinterlegt. Benutzer `student` will anschließend wissen, ob in seinem Heimatverzeichnis Dateien liegen, die root gehören.

```
[root@flosse ~]# echo ich war hier > /home/student/.geheimerootdatei
[root@flosse ~]# su - student
[student@flosse ~]$ find . -user root
./.geheimerootdatei
[student@flosse ~]$
```

Realistischer wäre in diesem Fall vielleicht eine negative Abfrage von Benutzer student: „Gibt es hier irgendwo eine Datei, die *nicht* mir gehört?"

```
[student@flosse ~]$ find . ! -user student
./.geheimerootdatei
[student@flosse ~]$
```

Die komplette Ausgabe der möglichen Kriterien listet in Kurzform `find --help`. Für eine genauere Analyse fehlt hier der Platz. Nur ein paar der Höhepunkte: `-nouser` sucht nach herrenlosen Dateien, die z.B. einem inzwischen gelöschten Benutzer gehörten. Auch Dateien, die aus `tar.gz`-Dateien aus dem Internet ausgepackt werden, haben bisweilen im System nicht bekannte User-IDs. Welche Dateien kürzlich angesehen wurden (im folgenden Beispiel *nach* der Datei `datei3c`), verrät der Schalter `-anewer dateiname`. Sobald `datei3a` mit `cat` „angefasst" wurde, ändert sich deren *Access Time* und die Datei ist — anders als vorher — jetzt ebenfalls mit in der Liste. Lässt man den Punkt zur Positionsbestimmung wie im vorherigen Beispiel weg, nimmt das Kommando das aktuelle Verzeichnis als Standard an.

```
[student@flosse uebung]$ find -anewer datei3c
./datei3b
./datei2
...
./datei4
[student@flosse uebung]$ cat datei3a
[student@flosse uebung]$ find -anewer datei3c
./datei3b
./datei2
...
./datei3a
./datei4
[student@flosse uebung]$
```

Gesucht werden kann auch ein bestimmtes Rechte-Muster oder einfach die Antwort auf die Frage „Ist hier eine Datei ausführbar?". Mit `-type` kann die Suche z.B. auf Dateien oder Verzeichnisse eingeschränkt werden, auf Blockdevices, auf symbolische Links etc. Allerdings ist eines zu beachten: Da die Shell Wildcards zuerst auflösen will, müssen alle Platzhalter mit Anführungszeichen (") geschützt werden. Die Anforderung „Suche alle Dateien, die auf `.txt` enden" muss also `find . -name "*.txt"` lauten.

Zuletzt können auch noch *Actions* hinterlegt werden: Was soll `find` mit den gefundenen Elementen anfangen? Die Standard-Aktion ist `-print`: Die Dateinamen werden einfach aufgelistet. Mit `-exec` kann aber auch eine spezielle Behandlung voreingestellt werden: Häufig sollen die gefundenen Dateien einfach alle gelöscht werden. Die Option `-v` für den folgenden `rm`-Befehl wurde gewählt, damit man auch etwas sieht. Wichtiger sind allerdings die letzten Komponenten des Kommandos: Die geschweiften Klammern sind notwendig, um den Dateinamen aufzunehmen, wenn das exec für jede Fundstelle ausgeführt wird. Und weil jedes exec (intern) mit einem Semikolon vom vorhergehenden getrennt wird, muss verhindert werden, dass die Shell zu früh versucht, dieses Zeichen zu interpretieren. Deshalb der Backslash vor dem Semikolon.

```
[student@flosse uebung]$ find -anewer datei3c -exec rm -v {} \;
rm: Entfernen von „." nicht möglich: Ist ein Verzeichnis
„./datei3b" entfernt
„./datei2" entfernt
„./datei5" entfernt
„./datei3" entfernt
„./datei1" entfernt
„./datei3a" entfernt
„./datei4" entfernt
[student@flosse uebung]$
```

2.8 Arbeiten mit vi

Welcher der hässlichste Editor unter Linux ist, wird gerne diskutiert. Es gibt mehrere Aspiranten für diesen Titel. Der zweithässlichste aber, da sind sich praktisch alle einig, muss der vi sein. Tatsächlich arbeitet heute praktisch keine Distribution mehr mit dem aus den 70ern stammenden vi. Heute ist überall vim, der „vi improved", installiert. Einzig die Debianartigen installieren vorab einen „vim-tiny", der fast so spartanisch und freudlos zu bedienen ist wie die Uralt-Versionen aus längst vergangener Zeit.

„Vi hat zwei Modi, in einem piept er immer, und in dem anderen frisst er alle Buchstaben" — las man als erheiternde Signatur unter den Beiträgen eines Benutzers in einem Forum. Das ist falsch: vi hat *drei* Modi. Das macht ihn für Windows-Migranten anfangs so außerordentlich schwierig.

Mit vi öffnet man nicht einfach eine Datei, und los geht's. Der Grund dafür ist einfach: Schon eine kleine Änderung in einer Konfigurationsdatei kann drastische Folgen haben. Vor allem in solchen Dateien, die so kryptisch sind, dass man leicht übersieht, wenn an einer Stelle etwas fehlt oder zuviel ist. Die Datei /etc/sendmail.cf wäre da nur ein Beispiel für solch eine Datei. Darum ist die Ergonomie von *vi* eine andere. Doch nach einer Einarbeitungszeit stellt sich heraus, dass diese sehr sinnvoll ist.

Zuerst befindet sich der vi immer im *Kommandomodus* — ob man einen Dateinamen angegeben hat oder nicht. Das ist die Grundstellung, in die man aus jeder Situation heraus mit [Esc] zurückkehren kann. Darauf ist Verlass — auch wenn man bei manchen Distributionen einen vi mit einer weniger opulenten Bildschirmdarstellung bekommt.

2.8.1 Kommandomodus

Im Kommandomodus besitzt der vi einen Cursor, um Textstellen anzusteuern. Meist führt [Strg] mit den Pfeiltasten zusammen dazu, dass der Cursor wortweise nach links und rechts springt. Eine Reihe von Kommandos können jetzt schon mächtige Manipulationen am Text vornehmen. Noch einmal: Selbst klein erscheinende Änderungen an den Statements, wie z. B. das Löschen eines Kommentarzeichens am Anfang einer Zeile, können bereits massive Veränderungen auslösen, wenn der Dienst mit dieser neuen Einstellung startet. Genauso das Auskommentieren einer Option, die beim Neustart des Dienstes nicht mehr aktiv ist.

Solange die Datei noch unverändert ist, zeigt vi am linken unteren Rand üblicherweise den Dateinamen an, daneben die Cursorposition in Zeilen- und Spaltenangabe. Häufig findet sich auch eine Angabe, ob die Datei ganz angezeigt wird. Wenn ja, finden sich oft Tilden (~) am linken Zeilenrand. Die zeigen an, dass dort nichts (mehr) ist.

Oft sollen nur Kommentarzeilen entkommentiert werden. Der Cursor wird auf das zu entfernende Kommentarzeichen gesetzt, ein x gedrückt — schon kann die Datei wieder abgespeichert werden; das ist mit zz möglich oder über den Ex-Modus (s. u.). Eine Zeile (die, in der der Cursor steht) löscht dd; sollen es vier Zeilen sein, drückt man noch eine 4 vor dem dd. Das x kann ebenfalls mit einem vorangestellten Multiplikator „beschleunigt" werden. Das ist bei Weitem noch nicht alles...[3]

Tabelle 2.1: Wichtige Befehle im Kommandomodus

Taste	Funktion
u	macht einen Bearbeitungsschritt rückgängig
U	stellt eine Zeile wieder in den Ursprungszustand zurück
p	(put) fügt mit dd Gelöschtes (= den Inhalt des Löschpuffers) hinter dem Cursor wieder ein
P	fügt den Inhalt des Löschpuffers vor dem Cursor (z. B. in der Zeile oben) wieder ein
o	fügt unten eine neue Zeile ein und wechselt in den Editiermodus
O	fügt oben eine neue Zeile ein und wechselt in den Editiermodus
J	holt die Zeile unten hoch und fügt sie an die aktuelle Zeile an (join)

[3] http://www.linux-fuer-alle.de/doc_show.php?docid=29 oder http://www.debianroot.de/server/editor-vi-befehle-1008.html; ziemlich gut ist auch http://st23.org/misc/sysadmin//downloads/referenzkarte-vi.pdf. Und wenn Sie ein Buch bevorzugen: „vi und Vim — kurz & gut" von Arnold Robbins, O'Reilly 2011.

Taste	Funktion
a	springt ans Wortende und wechselt in den Editiermodus
Y	(yank) kopiert die aktuelle Zeile in den Löschpuffer, von wo aus sie mit p und P wieder herausgeholt werden kann
v	zieht mit den Pfeiltasten einen block-markierten Bereich auf. Jeder weitere Befehl bezieht sich auf diesen Bereich: meist d für delete, y für yank (kopieren)
V	markiert zeilenweise
Strg-V	markiert nicht buchstabenweise, sondern kann einen rechteckigen Bereich markieren, der dann auf die übliche Weise gelöscht, kopiert oder (anschließend) wieder eingefügt werden kann
Strg-r	macht zuviel rückgängig Gemachtes wieder rückgängig

Diese Liste erhebt keinen Anspruch auf Vollständigkeit! Sie enthält lediglich ein paar der am häufigsten gebrauchten Tastenkombinationen des Alltagsgebrauchs.

2.8.2 Editiermodus

Mit einem Druck auf die i-Taste oder [Einf] wechselt der vi in den *Editiermodus*. Da verhält sich der Editor im Wesentlichen so, wie man es von einem *edit.com* oder *notepad* erwartet hätte — Text kann eingegeben, mit [←] oder [Entf] entfernt werden. Strg-Pfeiltasten springen wortweise nach links oder rechts. Den Editiermodus verlässt man mit der Taste [Esc].

2.8.3 Ex-Modus

Völlig überraschend für viele Neulinge hat vi überdies auch noch einen *Befehlszeilen-Modus*, der vielerorts auch *Ex-Modus* genannt wird. Er wird über [:] aktiviert. Der Cursor springt dann in die Befehlszeile am unteren Bildschirmrand, um dort Kommandos entgegenzunehmen.

Taste	Funktion
w	für write
q	für quit
wq	bzw. x für write und quit

Tabelle 2.2: Die wichtigsten Kommandos im Ex-Modus

Taste	Funktion
w!	für erzwungenes Schreiben (funktioniert nur bei den eigenen Dateien, bzw. wenn root der Editor ist)
q!	beenden, ohne zu speichern
r <Dateiname>	eine Datei nach der Cursorposition einfügen
! <Kommando>	ein Shell-Kommando ausführen

Häufiger wird auch ein Suchen/Ersetzen-Kommando benötigt. Dazu springt man zuerst in den Ex-Modus. Hier einige Beispiele für dann dort mögliche Kommandos:

Ersetze in den Zeilen 1 bis 19 das Wort hallo durch goodbye:

1,19s/hallo/goodbye

Ersetze von Zeile 15 bis zum Ende der Datei das Wort krieg durch frieden:

15,$s/krieg/frieden

Kommentiere die Zeilen 15 bis 27 aus (= ersetze den Zeilenanfang gegen ein Kommentarzeichen):

15,27s/^/#

Ersetze in den Zeilen 17 bis 27 alle Vorkommen von aa durch bb, egal wie viele es pro Zeile sind (sonst ersetzt vi nur einmal pro Zeile):

17,27s/aa/bb/g

2.9 Prüfungsvorbereitung

Vergessen Sie nicht, dass es für praktisch alle textorientierten Kommandos eine Manpage gibt. Für die anderen gibt es eine Infopage. Diese Informationen stehen Ihnen jederzeit zur Verfügung. Darüber hinaus ist fast jede Konfigurationsdatei als Manpage dokumentiert. Dies ist eine Hilfestellung, die einen Internetzugriff unnötig macht. Alles, was man für diese Prüfung benötigt, ist in der normalen Systemdokumentation enthalten, die Sie an Bord vorfinden.

Bisweilen gibt es darüber hinausgehende Informationen, die sich in Dokumentationsverzeichnissen unterhalb von /usr/share/doc befinden. Ein Beispiel dafür wäre z.B. die andernorts schon angegebene sysconfig.txt in /usr/share/doc/initscripts.

Physischen Plattenplatz verwalten

Was immer ein Linux-System macht, es braucht dazu irgendwo Plattenplatz. Das System selbst liegt — genau wie die verwalteten Daten — auf Festplatten, die in Partitionen aufgeteilt und mit einem Dateisystem formatiert sind. Die Festplatten können in weit entfernten Servern eingebaut sein, aber am einfachsten ist die Sache vorstellbar, wenn man an die Festplatten denkt, die im lokalen Rechnergehäuse eingebaut sind.

3.1 Festplatten und Partitionen

Die Regeln, nach denen Festplatten aufgeteilt werden, stammen noch aus den 80er Jahren. Geändert hat sich freilich deren Größe: Während die Gehäuse immer kleiner wurden, wurde die Datenmenge, die man in diesen Gehäusen speichern konnt, immer größer. Dennoch: Eine Festplatte kann in maximal vier *primäre* Partitionen aufgeteilt werden. Legt man genau eine davon als sogenannte *extended* oder *erweiterte* Partition an, können darin weitere, sogar mehr als vier *logische* Partitionen angelegt werden. Die erweiterte Partition ist nur ein Behälter. Die Betriebssysteme machen zwischen logischen und primären Partitionen keinen Unterschied. Eine feste größte Anzahl, wie viele logische Partitionen angelegt werden können, nennt zumindest die Wikipedia nicht. Die gängigen Linux-Systeme sind darauf ausgelegt, dass innerhalb einer Festplatte nicht mehr als 15 Partitionen angelegt sind.[1]

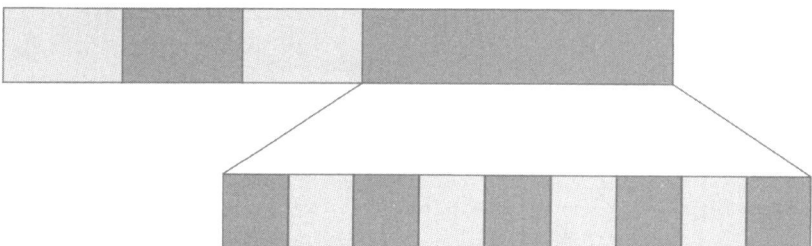

Abbildung 3.1: Maximal vier primäre Partitionen — in einer extended Partition können logische Partitionen angelegt werden

Da hört es mit den Gemeinsamkeiten zwischen Linux und DOS oder Windows aber auch schon auf. Sowohl DOS als auch Windows stellen Partitionen, primäre oder logische, als *virtuelle Laufwerke* dar. Beginnend mit C:, bezeichnet Windows die Partitionen mit Laufwerksbuchstaben (D:, E:, F: usw.), als wäre jede einzelne Partition eine ganze Festplatte. Das ist historisch so gewachsen und einfach, hat aber einen Nachteil: Das Alphabet hat nur eine beschränkte Anzahl Buchstaben. Da auch Netzwerkressourcen als Laufwerksbuchstaben dargestellt werden, gehen in komplexeren Firmen-Netzwerken schon einmal die Buchstaben zur Neige.

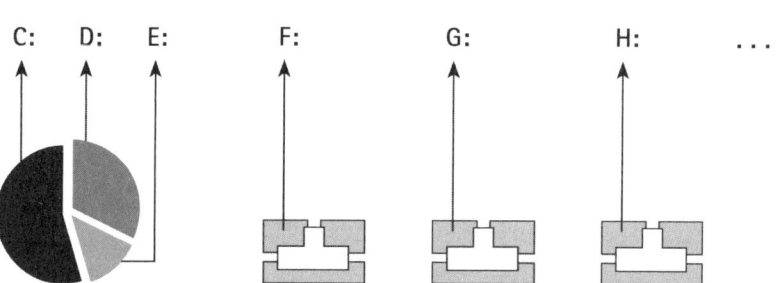

Abbildung 3.2: Partitionen werden als ganze Laufwerke dargestellt

Weniger einfach, aber deutlich erweiterbarer ist das Bezeichnungsschema, das seit vielen Jahren bei Linux verwendet wird: Dort sind Festplatten (und die Partitionen darauf) als sogenannte *Devices* oder *Gerätedateien* repräsen-

---

[1] Der Grund dafür sind 15 Gerätenamen-Nummern, die für eine Festplatte vorgesehen sind.

tiert. Diese Dateien finden sich alle im Unterverzeichnis /dev. Die Festplatten heißen dort in der Regel /dev/sda, /dev/sdb, /dev/sdc für die erste, zwei, dritte Festplatte des Systems. Die Partitionen auf der einzelnen Festplatte werden durchnummeriert. Sie heißen demnach /dev/sda1, /dev/sda2, /dev/sda3 usw. Ein Beispiel für ein Notebook, dessen Festplatte in sieben Partitionen aufgeteilt ist:

```
student@rango:~> ls -l /dev/sd*
brw-rw---- 1 root disk 8, 0  7. Jul 12:59 /dev/sda
brw-rw---- 1 root disk 8, 1  7. Jul 12:59 /dev/sda1
brw-rw---- 1 root disk 8, 2  7. Jul 12:59 /dev/sda2
brw-rw---- 1 root disk 8, 3  7. Jul 12:59 /dev/sda3
brw-rw---- 1 root disk 8, 5  7. Jul 12:59 /dev/sda5
brw-rw---- 1 root disk 8, 6  7. Jul 12:59 /dev/sda6
brw-rw---- 1 root disk 8, 7  7. Jul 12:59 /dev/sda7
brw-rw---- 1 root disk 8, 8  7. Jul 12:59 /dev/sda8
student@rango:~>
```

Sehr schön zu sehen ist, dass in der Liste die Partition /dev/sda4 fehlt. Offenbar ist /dev/sda3 eine erweiterte Partition, und /dev/sda5 ist die erste logische Partition darin. Theoretisch könnte auf der Festplatte nur eine einzige erweiterte Partition liegen und ausschließlich logische Partitionen. Dann gäbe es /dev/sda1, und jede weitere Partition besäße die Nummer 5 und darüber.

Als Linux seine ersten Gehversuche machte, benannte Linus Torvalds die erste Festplatte /dev/hda für „hard disk a", die zweite /dev/hdb usw. Das hatte den Vorteil, dass man schon am Namen erkennen konnte, ob das fragliche Gerät a) eine IDE-Festplatte war (SCSI Platten ließen sda) und b) die Master-Platte, denn die Slave-Platten waren immer hdb, hdd, hdf etc.

Mit dem Aufkommen von USB-Platten und -Sticks sowie den SATA-Festplatten, die ebenfalls SCSI-Charakteristika haben, einigte sich die Linux-Entwicklerschaft in den vergangenen Jahren darauf, dass alle physischen Festplatten heute /dev/sda, sdb, sdc etc. heißen. Das ist zwar eine Vereinfachung, verbirgt aber die Information, ob das Gerät nun eine IDE-, USB- oder SATA-Platte ist, oder ob sie am Master- oder Slave-Anschluss eines IDE-Controllers hängt.[2]

TIPP **Keine Regel ohne Ausnahme**
SHDC-Speicherkärtchen, wie in Fotoapparaten und Handys, werden als /dev/mmcblk0, /dev/mmcblk1 usw. bezeichnet, die erste Partition darauf dann z.B. /dev/mmcblk0p1. Virtuelle Laufwerke, wie sie in KVM-virtuali-

---

[2] http://www.tldp.org/HOWTO/Partition-Mass-Storage-Definitions-Naming-HOWTO/x99.html

sierten Installationen auftauchen, erscheinen als /dev/vda, /dev/vdb. Und Xen-virtualisierte Maschinen haben Laufwerksbezeichnungen wie /dev/xvda usw.

Und was passiert, wenn es mehr als 23 Festplatten gibt, so dass das Alphabet keine Buchstaben mehr hergibt? Dann geht es weiter mit /dev/sdaa.

3.2 Virtuelles Dateisystem

Noch ungewöhnlicher für den Windows-Migranten ist aber das, was die Linux- und Unix-Leute mit diesen Gerätedateien anstellen: Sie schrauben daraus einen Dateibaum zusammen. Natürlich befinden sich die wichtigen Dateien, die zum Starten des Rechners benötigt werden, ebenfalls auf einer dieser Partitionen. Die Partition taucht später aber nicht mehr wie ein „Laufwerk C:" als Einzel-Element auf, sondern ist Teil eines großen Dateibaums. Dieser Dateibaum hat auf jedem Rechner seinen Startpunkt im obersten Verzeichnis namens / (Slash); die Dateien finden sich in Unterverzeichnissen darunter. Dieses oberste Verzeichnis wird auch als *Root* bezeichnet.

Wie bei anderen Betriebssystemen ist es auch bei Linux keine gute Idee, alle Daten auf nur eine einzige Partition zu legen. Gerne ausgelagert: die Heimatverzeichnisse der Benutzer. Das hat den Vorteil, dass der Administrator z.B. das Betriebssystem modifizieren oder sogar austauschen kann, ohne die Benutzerdaten in Gefahr zu bringen. Für den Benutzer ist das alles unsichtbar: Er wechselt einfach mit einem Dateimanager oder dem Kommando cd in sein Heimatverzeichnis. Dass er beim Absteigen in das Verzeichnis /home/benutzername das „Laufwerk wechselt", bemerkt er gar nicht. Sogar der Wechsel auf die Ressource eines entfernten Rechners erscheint unter Linux und Unix nur als Betreten eines Unterverzeichnisses.

Ebenfalls gerne auf eine eigene Partition gelegt werden die Verzeichnisse /tmp und /var. In /tmp legt das Betriebssystem „temporäre" Daten der Benutzer ab, die z.B. bei deren Arbeit dem Textverarbeitungsprogramm oder dem Webbrowser anfallen. Auch heruntergeladene und zwischengelagerte PDF-Dateien oder Hilfsdateien der grafischen Oberfläche befinden sich in /tmp.

In /var lagern temporäre Dateien, die Dienste (auch *Services* genannt) ablegen. Wenn der Rechner einen Mailserver oder Druckerserver beherbergt, wenn der Netzwerkdienst sich eine IP-Adresse holt, um am Rechnernetzwerk teilzunehmen, sogar die Informationen für den cron-Dienst, der zeitgesteuerte Befehle ausführt (*Scheduler*) liegen in Unterverzeichnissen von /var. Warum legt man sie auf eigene Partitionen? Wenn z.B. ein Dienstprogramm fehlerhaft wäre oder ein Angriff auf den Rechner dazu führen würde, dass viele Millionen Dateien angelegt oder viele Gigabyte Daten zwischengespeichert würden, könnte es den Linux-Rechner in Schwierigkeiten bringen, wenn all diese Daten dieselbe Partition nutzen würden wie das Root-Verzeichnis / und diese Partition dann vollliefe. Liegen diese Verzeichnisse auf eigenen Partitionen, dann kann höchstens die einzelne Partition volllaufen und zu kleineren Verzögerungen führen — das System als Ganzes würde aber weiterlaufen.

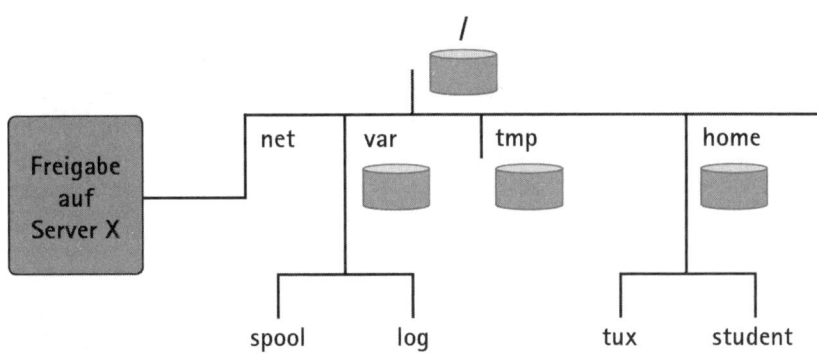

Abbildung 3.3: Partitionen mit Dateisystemen als ein einziger großer Dateibaum

Fehlt noch eine weitere Partition, die für ein Linux-System sogar unverzichtbar ist: Der *Swap*-Bereich. Das ist ein Speicherbereich, in den das System Informationen aus dem Arbeitsspeicher (RAM) auslagern kann. Darum spricht man auch vom *Auslagerungsbereich*. Bei Linux war das traditionell immer schon eine eigene *Partition*, obwohl Linux diese Daten (wie etwa Windows) auch in eine *Datei* schreiben könnte. Alle modernen und leistungsfähigen Betriebssysteme lagern aus, wenn der Arbeitsspeicher zu eng wird. Informationen, die gerade nicht benötigt werden, landen so vorübergehend auf der Platte und werden wieder zurückgeladen, wenn das notwendig wird. Anders als die vorher geschilderten Partitionen, taucht der Swap-Bereich nach dem Start des Systems nicht mehr im Dateibaum auf. Aber man sieht ihn, wenn man sich den zur Verfügung stehenden Speicher (z.B. mit free) anzeigen lässt.

Linux-Installationen als Desktop-Maschine für normale Benutzer oder einfache Server für Testzwecke kommen in der Regel mit drei Partitionen aus: /, /home und *Swap*. Mehr Standsicherheit bekommen Linux-Installationen (mit statischen Partitionen), wenn man außerdem Partitionen für die Verzeichnisse /tmp und /var anlegt und in den Dateibaum einbaut.

3.3 Partitionen und Dateisysteme verwalten

In Einsteigerkursen zeigen viele Distributoren grafische Programme für die Festplattenverwaltung. Diese haben in der Regel alle den gleichen Vorteil: Sie legen Partitionen an, formatieren diese mit einem Dateisystem und hängen die neuen Partitionen auch gleich fest in den Dateibaum ein. Der Nachteil: Fast jede Linux-Distribution hat dafür ihre eigenen (oft selbst entwickelten) Tools und Prográmmchen, und wenn mehrere Distributionen in einem Haus im Einsatz sind, dann wird es schwierig. Aller grafischen Pracht zum Trotz sind diese Tools auch nicht immer so übersichtlich oder gar benutzerfreundlich, wie man es in einer idealen Welt gerne hätte. Nicht wenige Administratoren können auf ihre Linux-Server darüber hinaus nur textorientiert zugreifen, z. B. von einer Windows-Maschine aus mit putty. Grafische Programme können so oft gar nicht dargestellt werden. Und nicht wenige Administratoren verweigern ihren Linux-Servern auch Sicherheitsgründen gar eine grafische Oberfläche – die grafischen Tools sind dann gar nicht installiert.

3.3.1 Festplatten-Verwaltungstool

Sowohl CentOS als auch RedHat Linux, sei es der Enterprise Server oder Fedora, benutzen ein Festplattenverwaltungstool mit dem unglaublichen Namen *Palimpsest*. Auf der grafischen Oberfläche findet sich dieses Programm unter Anwendungen ▸ Systemwerkzeuge ▸ Laufwerksverwaltung; es lässt sich allerdings vom Terminal aus auch mit palimpsest starten. Die Oberfläche dieser Software erschließt sich nicht von selbst: Bevor der Dialog etwas Verwertbares anzeigt, gilt es, eines der Festplattenelemente auf der linken Seite des Dialogs anzuklicken. Am besten ist es, gleich die größte der angezeigten Speichereinheiten auszuwählen. Das ist dann eine Festplatte, und Palimpsest zeigt die darin liegenden Partitionen und (soweit das möglich ist) auch ihre Verwendung.

In dieser Ansicht lässt sich der unpartitionierte Bereich der Festplatte (der rechte Bereich der Darstellung) mit der Maus anklicken. Daraufhin verändert sich der untere Teil des Dialogs und zeigt jetzt einen Button, um eine Partition anzulegen.

Palimpsest lässt sich auch als unberechtigter Benutzer aufrufen, die Aufteilung der Festplatte ist schließlich kein Geheimnis. Um die Partitionierung der Festplatte zu verändern, sind allerdings root-Berechtigungen notwendig. Palimpsest verlangt die Eingabe des Root-Passworts immer dann, wenn ein solcher Arbeitsschritt angeklickt wurde.

3.3 Partitionen und Dateisysteme verwalten

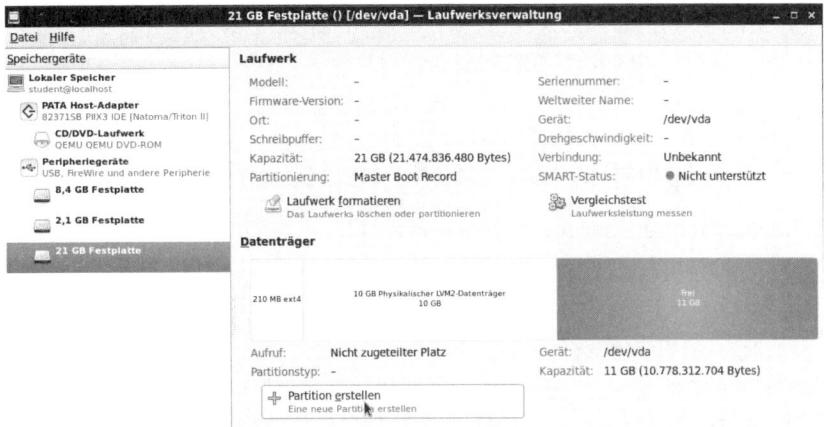

Abbildung 3.4:
Palimpsest ist der Name eines leistungsfähigen Festplattenverwaltungstools

Der Dialog Partition auf »« erstellen hat je nach Version noch den ein oder anderen Übersetzungsfehler (wie auch andere Stellen der Software), aber er lässt zuverlässig eine Partition in der gewählten Größe entstehen, sofern man den Namen-Eintrag unten entweder leer macht (Abbildung 3.5) oder einen kurzen Namen wählt. Eine Partition mit dem deutschsprachigen Standard-Eintrag Neuer Datenträger zu erstellen scheiterte mit dem Hinweis, dieser Eintrag überschreite die maximale Länge von 16 Zeichen. Ohne Namenseintrag funktioniert es bestens.

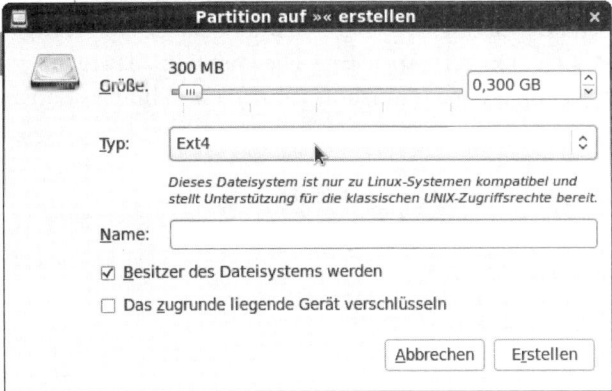

Abbildung 3.5:
Partition erstellen mit Palimpsest

Zwar ist es möglich, die neu erstellte Partition per Mausklick gleich ins System mounten zu lassen, aber das Verzeichnis, an dem die Partition dann (vorübergehend) gemountet wird (*Mountpunkt*) trägt einen wenig hübschen Namen: /media/<langeziffernfolge>. Die lange Ziffernfolge ergibt sich aus der sogenannten *UUID*, der einzigartigen Bezeichnungsnummer des Dateisystems auf der neuen Partition. Soll als Mountpunkt nicht eine kryptische Nummer verwendet werden, muss der gewünschte Ort in die Datei `/etc/fstab` eingetragen werden. Dazu später.

3.4 Festplattenverwaltung textorientiert

Schnell, mächtig, aber nicht eben selbsterklärend sind die textorientierten Werkzeuge, mit denen Festplatten verwaltet werden. Der Vorteil: Diese Werkzeuge sind auch in der UNIX-Welt schon seit Jahrzehnten im Einsatz, und Umsteiger finden sich in der Regel sofort zurecht.

3.4.1 Partitionen anlegen

Der Urvater dieser Partitionierungswerkzeuge ist `fdisk`. Er ist auf jedem Unix- und Linux-System vorhanden, und überall gleich hässlich. Auf physikalischen Systemen genügt es, z.B. `fdisk /dev/sda` aufzurufen, um ihn zu starten. Bei virtualisierten Systemen ist das nicht ganz so einfach, weil die Festplattengeometrie ja ebenfalls virtualisiert ist. Einfach gesagt: Die virtuelle Festplatte hat keine Zylinder. Oft genug ist die virtuelle Festplatte nur eine Datei. Die beiden Zusatzschalter `-cu` schalten die DOS-Kompatibilität ab und ändern die Anzeige der Festplatte in Sektoren statt Zylinder.

Einen Überblick über die bereits existierenden Partitionen gibt der Schalter `-l`. Das folgende Listing zeigt die Partitionstabelle der ersten Festplatte einer KVM-virtualisierten Maschine. Die Partition `/dev/vda3` wurde während der Aufnahme der Screenshots (oben) mit Palimpsest angelegt.

```
[root@flosse ~]# fdisk -cul /dev/vda

Platte /dev/vda: 21.5 GByte, 21474836480 Byte
16 Köpfe, 63 Sektoren/Spur, 41610 Zylinder, zusammen 41943040 Sektoren
Einheiten = Sektoren von 1 × 512 = 512 Bytes
Sector size (logical/physical): 512 bytes / 512 bytes
I/O size (minimum/optimal): 512 bytes / 512 bytes
Disk identifier: 0x0001ee90

   Gerät  boot.      Anfang         Ende      Blöcke   Id  System
/dev/vda1   *          2048       411647      204800   83  Linux
/dev/vda2            411648     20891647    10240000   8e  Linux LVM
/dev/vda3          20891808     21477455      292824   83  Linux
[root@flosse ~]#
```

`fdisk`, ohne den Schalter `-l` aufgerufen, führt den Benutzer auf eine Kommandozeile. Die bietet nur den Hinweis, dass man mit m (wie „menu") die Liste aller `fdisk`-Kommandos auflistet. Der Tastenanschlag p („print") (danach jeweils ⏎) listet z.B. die aktuell angelegten Partitionen auf. Damit kann man nachprüfen, ob die eingegebenen Kommandos erfolgreich waren.

Mit n lassen sich neue Partitionen anlegen, mit d löschen. Legt man eine neue Partition an, fragt fdisk nach der Nummer der neuen Partition, ob es eine primäre oder erweiterte Partition werden soll sowie nach Start- und End-Zylinder (oder mit dem Schalter -cu nach Start- und Endsektor) der neuen Partition. Bestehen schon Partitionen auf der Festplatte, schlägt fdisk immer die nächste freie Einheit (den nächsten freien Zylinder bzw. Sektor) vor. Der Vorschlag für den Endzylinder oder -sektor ist immer der letzte verfügbare. Soll die neue Partition nicht bis zum Ende der Festplatte reichen, kann man die Größe der neuen Partition auch am Prompt eingeben. Eine Partition mit 300 MB Größe gibt man mit +300M an. Zuletzt kommt der wichtigste aller Schalter: w wie „write". Damit werden die Veränderungen dauerhaft auf die Festplatte geschrieben! Ein q beendet fdisk, *ohne* die Änderungen zu übernehmen. Man kann also das Programm ausprobieren, ohne Schaden anzurichten.

Um die Partition /dev/vda3 vom letzten Abschnitt textorientiert zu erzeugen, sind nur wenige Eingaben notwendig.

n

    neue Partition anlegen

p

    primäre Partition (in der Unter-Abfrage)

3

    Partition Nummer 3

⏎

    Vorauswahl für den nächsten freien Sektor akzeptieren

+300M

    Größe der neuen Partition festzulegen

p

    Ergebnis anzeigen lassen

w

    speichern

Die Bildschirmausgaben sehen so aus:

```
[root@flosse ~]# fdisk -cu /dev/vda

Befehl (m für Hilfe): p

Platte /dev/vda: 21.5 GByte, 21474836480 Byte
```

3 Physischen Plattenplatz verwalten

```
16 Köpfe, 63 Sektoren/Spur, 41610 Zylinder, zusammen 41943040 Sektoren
Einheiten = Sektoren von 1 × 512 = 512 Bytes
Sector size (logical/physical): 512 bytes / 512 bytes
I/O size (minimum/optimal): 512 bytes / 512 bytes
Disk identifier: 0x0001ee90

   Gerät   boot.     Anfang         Ende       Blöcke   Id  System
/dev/vda1    *         2048       411647       204800   83  Linux
/dev/vda2            411648     20891647     10240000   8e  Linux LVM

Befehl (m für Hilfe): n
Befehl  Aktion
    e      Erweiterte
    p      Primäre Partition (1-4)
p
Partitionsnummer (1-4): 3
Erster Sektor (20891648-41943039, Vorgabe: 20891648):
Benutze den Standardwert 20891648
Last Sektor, +Sektoren or +size{K,M,G} (20891648-41943039, Vorgabe: 41943039):
+300M

Befehl (m für Hilfe): p

Platte /dev/vda: 21.5 GByte, 21474836480 Byte
16 Köpfe, 63 Sektoren/Spur, 41610 Zylinder, zusammen 41943040 Sektoren
Einheiten = Sektoren von 1 × 512 = 512 Bytes
Sector size (logical/physical): 512 bytes / 512 bytes
I/O size (minimum/optimal): 512 bytes / 512 bytes
Disk identifier: 0x0001ee90

   Gerät   boot.     Anfang         Ende       Blöcke   Id  System
/dev/vda1    *         2048       411647       204800   83  Linux
/dev/vda2            411648     20891647     10240000   8e  Linux LVM
/dev/vda3          20891648     21506047       307200   83  Linux

Befehl (m für Hilfe): w
Die Partitionstabelle wurde verändert!

Rufe ioctl() um Partitionstabelle neu einzulesen.

WARNING: Re-reading the partition table failed with error 16: Das Gerät oder
die Ressource ist belegt.
The kernel still uses the old table. The new table will be used at
the next reboot or after you run partprobe(8) or kpartx(8)
Synchronisiere Platten.
[root@flosse ~]#
```

Wird die Partitionstabelle auf der Festplatte verändert, von der das Betriebssystem gebootet ist, kann Linux im laufenden Betrieb die neuen Daten nicht einfach neu einlesen (siehe die Meldung: `Re-Reading the partition table failed...` in der Ausgabe von `fdisk`). Dieses Manko, das nur bei der Boot-Festplatte auftaucht, kann der Administrator bei physikalischen Maschinen mit dem Kommando `partprobe` oder `kpartx` ausgleichen. Bei virtualisierten Maschinen funktioniert das in der Regel aber nicht. Eins zu Null für Palimpsest: Dort stehen die Änderungen sofort zur Verfügung, auch bei der Boot-Platte einer virtualisierten Maschine. Bei einer zweiten oder dritten Festplatte taucht dieses Phänomen ohnehin nicht auf.

Sie können sofort überprüfen, ob das Betriebssystem die Veränderungen „sehen" kann, indem Sie cat /proc/partitions eingeben. Steht dort (in diesem Fall in der dritten Spalte der Zeile mit vda3) immer noch der alte Wert oder fehlt die Zeile (nachdem eine Partition neu angelegt wurde), dann ist ein Reboot fällig. Danach zeigt das Kommando das erwartete Ergebnis:

```
[root@flosse ~]# cat /proc/partitions
major minor  #blocks  name
  252     0  20971520 vda
  252     1    204800 vda1
  252     2  10240000 vda2
  252     3    307200 vda3
...
[root@flosse ~]#
```

TIPP **Frühzeitig booten**
Sollte in der Prüfung eine Veränderung der Partitionstabelle notwendig sein, ist es immer eine gute Idee, die Maschine gleich danach neu zu starten. Das dauert nur wenige Minuten, aber es stellt sich sofort heraus, ob die veränderte Maschine immer noch bootet oder hier schon eine Rettungsaktion vonnöten ist. Es ist keine gute Idee, mit dem ersten Reboot bis kurz vor Ende der Prüfung zu warten. Haben Sie mehrere „Showstopper" erzeugt, dann reicht die Zeit vermutlich nicht mehr, um alle Probleme zu lösen. Einen „Showstopper" frühzeitig zu reparieren kostet dagegen vielleicht Zeit, aber womöglich nicht die ganze Prüfung.

3.4.2 Partitionen formatieren

Nach dem Reboot kann die Partition formatiert werden. Dabei wird ein Dateisystem auf der Partition angelegt. Das Kommando lautet deshalb auch mkfs („make filesystem"); mit Schaltern können verschiedene Dateisysteme erzeugt werden. Das von RedHat bevorzugte ist „extended 4" (ext4). Um dieses Dateisystem zu erzeugen, gibt es auch das Kommando mkfs.ext4. Beide Kommandos erzielen das gleiche Ergebnis.

```
[root@flosse ~]# mkfs -t ext4 /dev/vda3
mke2fs 1.41.12 (17-May-2010)
```

```
Dateisystem-Label=
OS-Typ: Linux
Blockgröße=1024 (log=0)
Fragmentgröße=1024 (log=0)
Stride=0 Blöcke, Stripebreite=0 Blöcke
76912 Inodes, 307200 Blöcke
15360 Blöcke (5.00%) reserviert für den Superuser
Erster Datenblock=1
Maximale Dateisystem-Blöcke=67633152
38 Blockgruppen
8192 Blöcke pro Gruppe, 8192 Fragmente pro Gruppe
2024 Inodes pro Gruppe
Superblock-Sicherungskopien gespeichert in den Blöcken:
        8193, 24577, 40961, 57345, 73729, 204801, 221185

Schreibe Inode-Tabellen: erledigt
Erstelle Journal (8192 Blöcke): erledigt
Schreibe Superblöcke und Dateisystem-Accountinginformationen: erledigt

Das Dateisystem wird automatisch nach jeweils 23 Einhäng-Vorgängen bzw.
alle 180 Tage überprüft, je nachdem, was zuerst eintritt. Dies kann durch
tune2fs -c oder -i geändert werden.
Sie haben neue Post in /var/spool/mail/root.
[root@flosse ~]#
```

Unnötig zu erwähnen, dass mkfs -t ext3 oder mkfs -t ext2 die anderen Dateisysteme erzeugt. Der wesentliche Unterschied zwischen den dreien liegt darin, dass ext2 noch kein *Journaling* unterstützt, also das Führen eines Logs über die Dateiänderungen. Mit Journal können Dateiverluste bei einem Absturz vermieden werden, wobei sich der Dateisystemcheck enorm beschleunigt. Ext3 ist nichts anderes als ext2 mit einem Journal. Mit dem Kommando tune2fs ist es möglich, ein bestehendes ext2-Dateisystem in ein ext3 zu verwandeln. Das wesentlich neuere ext4-Dateisystem unterstützt darüber hinaus Dateien bis 1 Exabyte (statt 16 Tera wie ext3) — und noch immer können die älteren Systeme in das neuere überführt werden.[3]

3.4.3 Partitionen mounten

Um das neu erzeugte Dateisystem in den Dateibaum einzufügen, erzeugt man am besten ein neues Unterverzeichnis, in unserem Beispiel /test. Mit dem Kommando mount /dev/vda3 /test bindet ein Administrator (normale Benutzer dürfen üblicherweise kein *vollständiges* Kommando mount eingeben) die neue Partition mit Dateisystem als Erweiterung des Linux-Systems

---

[3] Zu mkfs siehe die Manpages man mkfs und man fsck. Zu ext4: http://www.heise.de/open/artikel/Das-Linux-Dateisystem-Ext4-221262.html

ein. Ob die Aktion erfolgreich war, ist leicht mit dem Kommando `df -h` überprüfbar.

```
[root@flosse ~]# mkdir /test
[root@flosse ~]# mount /dev/vda3 /test
[root@flosse ~]# df -h
Dateisystem         Size  Used Avail Use% Eingehängt auf
...
/dev/vda3           291M   11M  266M   4% /test
[root@flosse ~]#
```

3.5 Partitionen fest in den Dateibaum eintragen

Unabhängig davon, ob eine Partition und das Dateisystem darauf textorientiert oder mit Palimpsest erzeugt wurden, nach einem Reboot wird sie noch nicht automatisch wieder in das System eingebunden. Das geschieht nur mit Partitionen, die in die Datei /etc/fstab eingetragen sind.

Die Struktur der /etc/fstab ist vergleichsweise simpel. Sie ist in Spalten eingeteilt, jede Zeile entspricht einer Mount-Regel. Um die Partition /dev/vda3 nach /test zu mounten, würde der Eintrag in etwa so aussehen:

```
# Gerätename  Mountpunkt   Dateisystem   Optionen    dump Reihenfolge
/dev/vda3     /test        ext4          defaults    1    2
```

Dem Gerätenamen folgt, von Leerzeichen getrennt, der Mountpunkt. Die dritte Spalte legt das Dateisystem fest; wenn keine besonderen Regeln (z. B. read-only) festgelegt sind, wie die Partition eingebunden werden soll, steht in der Optionen-Spalte `defaults`. Würde man das System mit dem antiken Sicherungsprogramm `dump` sichern (und entspricht die Zeile einer normalen Festplatten-Partition), steht in der vorletzten Spalte eine 1. Bei allen virtuellen Partitionen und Spezial-Dateisystemen (siehe den folgenden Absatz) steht eine 0.

Von allen Zeilen in der Datei /etc/fstab steht in der letzten Spalte nur in einer eine 1: Das ist die Zeile, die die Regeln für die Partition mit dem Root-Dateisystem festlegt. Diese Partition muss beim Booten zuerst geprüft (*File System Check*) werden. Spezial-Dateisysteme wie /dev, /sys oder /proc werden vom Kernel selbst erzeugt und verwaltet, deshalb steht bei deren Zeilen an dieser Stelle immer eine 0. Bei allen anderen (normalen) Partitionen steht dort eine 2.

Wie ermittelt man, ob die Partition beim Booten eingehängt würde, ohne neu zu starten? Das Kommando `mount -a` fordert das Betriebssystem auf, alle noch nicht eingehängten Dateisysteme jetzt zu mounten. Wichtig ist freilich, die entsprechende Partition vorher auszuhängen: `umount /dev/vda3` oder `umount /test` sind gleich gut: Es spielt keine Rolle, ob der Name des

Geräts oder des Mountpunkts eingegeben wird. Mit `df -h` lässt sich einfach überprüfen, ob die Partition noch als gemountet aufgelistet wird oder nicht. Sollen nur die ext4-Dateisysteme angezeigt werden, bietet sich auch ein `mount -t ext4` an. Bringt das Kommando `mount -a` das gewünschte Ergebnis, ist ein Reboot zu diesem Zeitpunkt überflüssig. In einer Prüfungssituation würde man sich aber vielleicht eine Notiz machen, dies beim nächsten Neustart noch einmal zu überprüfen.

3.5.1 UUID ermitteln und verwenden

Vor etlichen Jahren hätte es genügt, den Gerätenamen einer Partition in die Datei `/etc/fstab` einzutragen. Allerdings gibt es mit den Linux-Gerätenamen ein Problem: Sie sind unter bestimmten Umständen nicht eindeutig. Würde eine Festplatte ausfallen, die normalerweise mit dem Namen `/dev/sdb` erkannt und eingebunden würde, kann es bei einem Neustart (oder einem Neu-Scan der Geräte) geschehen, dass plötzlich die nächste *funktionierende* Festplatte (die vorher `/dev/sdc` gewesen sein mag) jetzt mit dem Namen `/dev/sdb` einspringt. Die Folgen wären schwer absehbar. Deshalb ging die Linux-Gemeinde vor Jahren schon dazu über, eindeutigere Gerätenamen zu suchen. Zunächst wurden Partition-Label verwendet (z.B. `LABEL=/` statt `/dev/sda1`). Seit Kürzerem finden sich entweder Geräte-UIDs (die Angaben über den Festplatten-Hersteller, das Modell und dessen Seriennummer enthalten) oder UUIDs (*Universally Unique ID*). Letztere sind eindeutige Nummern, die *dem Dateisystem* auf einer Partition gehören. Das ist, was RedHat und CentOS verwenden. Selbst wenn zwei Festplatten genau gleich partitioniert wären, aber die Dateisysteme einzeln angelegt wurden, bemerkt das Linux-System den Unterschied. Es bemerkt aber z.B. nichts, wenn zwei Festplatten als RAID 1 gespiegelt werden.

Bei RedHat- und CentOS-Systemen findet man deshalb heute für reale Partitionen in der `/etc/fstab` solche Einträge:

```
# Gerätename                                Mountpunkt    Dateisystem   ...
UUID=0f0550be-c667-4899-8bd8-291d6ed13963   /boot         ext4          ...
```

Wie kann man diese seltsamen Werte herausbekommen? Die UUIDs von Partitionen bzw. deren Dateisystemen stehen im Verzeichnis `/dev/disk/by-uuid` als symbolische Links auf die wahren Partitionsnamen. Sie können auch einfach mit dem Kommando `blkid` abgerufen werden:

```
[root@flosse ~]# blkid /dev/vda1
/dev/vda1: UUID="0f0550be-c667-4899-8bd8-291d6ed13963" TYPE="ext4"
```

Und eine dritte Möglichkeit — die Ausgabe des Kommandos:

```
tune2fs -l /dev/vda1 | grep UUID
```

bringt den Beweis, dass die UUID tatsächlich eine Eigenschaft des Dateisystems ist, nicht der Partition oder der Festplatte.

3.5.2 Partition entfernen

Eine Partition aus dem System zu entfernen und den Plattenplatz anderweitig zu verwenden ist leicht. Wichtig ist nur, die /etc/fstab nicht zu vergessen!

- Den Eintrag der /etc/fstab löschen oder auskommentieren

- Die Partition ausmounten

- In einem der Partitionierungswerkzeuge die entsprechende Partition löschen

- Geschieht das auf der Boot-Platte und in einer virtualisierten Maschine, ist vermutlich ein Neustart fällig. Bei realer Hardware kann ein partprobe oder kpartx das Wiedereinlesen erzwingen.

TIPP **Versuchen Sie cfdisk**
Alle *nix-Systeme kennen fdisk als Partitionierungswerkzeug. Inzwischen ist allerdings im Rettungssystem fast jeder Distribution auch cfdisk enthalten. Dieses Werkzeug bietet am unteren Monitorrand eine Liste von Menüpunkten, die einfach mit den Pfeiltasten links und rechts angesteuert werden, während die Pfeiltasten nach oben und unten eine Lichtmarke bewegen, mit der man die gewünschte Partition bzw. leeren Plattenplatz auswählt. Das Besondere: cfdisk zeigt leeren bzw. unformatierten Platz an. Bei fdisk ist immer genaues Beobachten und eine gehörige Portion Kopfrechnen angesagt. Achtung: cfdisk verlangt immer den Namen der Festplatte. Der reine Programmaufruf ohne die Bezeichnung wie z. B. /dev/sda bringt einen Fehler.

3.6 Swap-Partitionen erzeugen und verwenden

Swap-Partitionen werden nicht „formatiert", sondern mit dem Kommando mkswap nur am Anfang der Partition markiert. Swapping und Paging sind lediglich das Auslagern von Rohdaten, dazu ist kein ausgeklügeltes Dateisystem vonnöten. Im folgenden Beispiel wird — wie bei RedHat und CentOS üblich — ein *Logical Volume* verwendet (siehe Kapitel 4), aber jede beliebige logische oder primäre Partition wäre ebenso geeignet. Das Logical Volume mit dem Namen /dev/tux/swap ist vorab schon angelegt worden und 500 MB groß. Wie viel Auslagerungsspeicher zur Verfügung steht, zeigt im einfachsten Falle das Kommando free. Wenn mehrere Swap-Partitionen im Spiel sind, ist swapon -s genauer.

```
[root@flosse ~]# free
              total       used       free     shared    buffers     cached
Mem:        1020588     417352     603236          0      21456     168312
-/+ buffers/cache:      227584     793004
Swap:       2047992          0    2047992
```

Rund 2 GB Swap-Bereich sind aktuell im Einsatz. Mit dem Kommando mkswap wird das Logical Volume /dev/tux/swap für die Verwendung als Swap-Bereich vorbereitet und mit swapon eingeschaltet. Ein weiteres free zeigt an, dass es schon wirkt:

```
[root@flosse ~]# mkswap /dev/tux/swap
mkswap: /dev/tux/swap: warning: don't erase bootbits sectors
        on whole disk. Use -f to force.
Setting up swapspace version 1, size = 524284 KiB
kein Label, UUID=100ffb33-26fa-4fc2-87dc-94a22b07afa2
[root@flosse ~]# swapon /dev/tux/swap
[root@flosse ~]# free
              total       used       free     shared    buffers     cached
Mem:        1020588     417748     602840          0      21496     168352
-/+ buffers/cache:      227900     792688
Swap:       2572272          0    2572272
[root@flosse ~]#
```

Sobald ein zweiter oder noch weitere Swap-Bereiche ins Spiel kommen, ist ein Diagnosewerkzeug vonnöten. Welche Bereiche wie viel Swap Space liefern, enthüllt das Kommando swapon -s.

```
[root@flosse ~]# swapon -s
Filename                Type            Size    Used    Priority
/dev/dm-1               partition       2047992 0       -1
/dev/dm-3               partition       524280  0       -2
[root@flosse ~]# swapoff /dev/tux/swap
[root@flosse ~]# swapon -s
Filename                Type            Size    Used    Priority
/dev/dm-1               partition       2047992 0       -1
```

Swap-Bereiche können offensichtlich im laufenden Betrieb an- und abgeschaltet werden. Damit ein Swap-Bereich automatisch zur Boot-Zeit aktiviert wird, muss er in der Datei /etc/fstab stehen. Wie bei RedHat und CentOS üblich, wird auch hier mit der UUID gearbeitet, wenn der Swap-Bereich auf einer primären oder logischen Partition liegt, bei Logical Volumes (die ihre eigenen UUIDs führen) ist der Gerätename des Logical Volume ausreichend. Um einen gültigen Swap-Eintrag in der /etc/fstab zu erzeugen, kann eine bestehende Zeile als Muster dienen. Kopieren, anpassen, fertig.

```
[root@flosse ~]# grep swap /etc/fstab
/dev/mapper/vg_flosse-lv_swap swap            swap    defaults 0 0
/dev/mapper/tux-swap          swap            swap    defaults 0 0
```

Auch hier dient der Test per -a der Funktionskontrolle, um sich einen Reboot zu sparen: Zuerst mit `swapoff` die Swap-Partition abschalten, deren `fstab`-Eintrag getestet werden soll. Dann muss ein `swapon -a` alle Swap-Partitionen einschalten, die in der `/etc/fstab` enthalten sind. Ist der Eintrag nach einem weiteren `swapon -s` zu sehen, hat alles funktioniert.

Wenig sinnvoll ist es, zwei Swap-Bereiche auf derselben Festplatte anzulegen — allenfalls in einem Test- oder Prüfungsszenario. Wenn das System schon Arbeitsspeicher auslagert, dann sollte dies auf die schnellstmögliche Weise geschehen: auf schnelle Platten, die an separaten Controllern hängen. Nur so kann der Datendurchsatz gesteigert und das System nicht zusätzlich ausgebremst werden.

3.7 Verschlüsselte Partitionen mit LUKS erzeugen

Sicherheitsrelevante Daten nicht unverschlüsselt auf dem Rechner herumliegen zu lassen, war schon ohne die jüngsten Überwachungsskandale eine gute Idee. Einfach und gut arbeitet LUKS, das *Linux Unified Key Setup*. „Einfach" bedeutet hier allerdings nicht „selbsterklärend". Damit die `cryptsetup`-Kommandos zur Verfügung stehen, müssen laut CentOS-Wiki drei Pakete installiert sein: `cryptsetup`, `device-mapper` und `util-linux`. Alle drei sind bei einer normalen Installation bereits auf der Platte, das lässt sich mit dem Kommando `yum list "cryptset*" "device-map*" "util-linux*"` verifizieren. Die Pakete heißen bei einer Standardinstallation von RedHat Enterprise Linux `cryptsetup-luks`, `device-mapper` und `util-linux-ng`. Auf der CentOS-Webseite verschlüsselt der Autor eine Crypto-Datei;[4] Wie eine Partition verschlüsselt werden kann, zeigt ein Beispiel auf agix.com.au.[5]

Damit LUKS mit der später verschlüsselten Partition etwas anfangen kann, muss sie zuerst für LUKS vorbereitet („formatiert") werden. Dabei vergibt man ein Passwort, mit dem die Partition später entschlüsselt werden kann. Und natürlich löscht man dabei auch alle Daten, die sich eventuell auf dieser Partition befunden hatten. Später, wenn die Partition entschlüsselt ist, kann sie mit einem Dateisystem formatiert werden und wieder lesbare

---

[4] http://wiki.centos.org/HowTos/EncryptedFilesystem
[5] http://agix.com.au/blog/?p=2758

Daten tragen. Fährt das System dann herunter, wird die Partition ausgemountet und wieder geschlossen – und dabei verschlüsselt. Ein Angreifer, der den Rechner bzw. die Festplatte in die Hände bekommt, kann die Daten darauf nicht lesen, wenn ihm das Passwort dafür nicht bekannt ist.

3.7.1 Partition für LUKS vorbereiten

Im ersten Schritt wird die Partition vom vorherigen Abschnitt für LUKS vorbereitet. Darum war es so wichtig, sich Gedanken darüber zu machen, wie eine Partition aus dem System entfernt wird. Stünde noch die unverschlüsselte /dev/vda3 in der Datei /etc/fstab, wäre schon beim nächsten Reboot mit Problemen zu rechnen, wenn das System eine Partition erwartet, aber nicht findet. Näheres dazu in Kapitel 9.

```
[root@flosse ~]# cryptsetup luksFormat /dev/vda3

WARNING!
========
Hiermit überschreiben Sie Daten auf /dev/vda3 unwiderruflich.

Are you sure? (Type uppercase yes): YES
LUKS-Passsatz eingeben: *geheim*
Verify passphrase: *geheim*
[root@flosse ~]#
```

Wichtig ist, YES in Großbuchstaben einzutippen, genau wie es das Kommando fordert. Danach fordern die beiden Eingabezeilen das Passwort an, mit dem die Partition später entschlüsselt wird. Dieses Passwort sollte man nicht vergessen!

3.7.2 LUKS-Partition benutzen

Der nächste Schritt ist ein wenig „tricky": Die entschlüsselte Partition kann ja nicht genauso heißen wie die verschlüsselte. Darum bekommt die geöffnete LUKS-Partition einen „nom de guerre", einen Deck- oder Arbeitsnamen. Nachdem die Partition geöffnet ist, gibt es einen Gerätenamen in /dev/mapper/arbeitsname.

```
[root@flosse ~]# cryptsetup luksOpen /dev/vda3 wideopen
Geben Sie den Passsatz für /dev/vda3 ein:
[root@flosse ~]# ls -ld /dev/mapper/wideopen
lrwxrwxrwx. 1 root root 7  8. Jul 19:00 /dev/mapper/wideopen -> ../dm-2
[root@flosse ~]#
```

Das Kommando luksOpen entschlüsselt die Partition und erzeugt einen Link /dev/mapper/wideopen, der auf eine neu entstandene Gerätedatei /dev/dm-2 zeigt. Das ist das Gerät, um das es geht. Nachdem /dev/mapper/wideopen formatiert ist, lässt es sich wie eine normale Partition mounten:

```
[root@flosse ~]# mkfs.ext4 /dev/mapper/wideopen
mke2fs 1.41.12 (17-May-2010)
Dateisystem-Label=
OS-Typ: Linux
Blockgröße=1024 (log=0)
Fragmentgröße=1024 (log=0)
Stride=0 Blöcke, Stripebreite=0 Blöcke
76304 Inodes, 305152 Blöcke
15257 Blöcke (5.00%) reserviert für den Superuser
Erster Datenblock=1
Maximale Dateisystem-Blöcke=67633152
38 Blockgruppen
8192 Blöcke pro Gruppe, 8192 Fragmente pro Gruppe
2008 Inodes pro Gruppe
Superblock-Sicherungskopien gespeichert in den Blöcken:
        8193, 24577, 40961, 57345, 73729, 204801, 221185

Schreibe Inode-Tabellen: erledigt
Erstelle Journal (8192 Blöcke): erledigt
Schreibe Superblöcke und Dateisystem-Accountinginformationen: erledigt

Das Dateisystem wird automatisch nach jeweils 20 Einhäng-Vorgängen bzw.
alle 180 Tage überprüft, je nachdem, was zuerst eintritt. Dies kann durch
tune2fs -c oder -i geändert werden.
[root@flosse ~]# mkdir /crypted
[root@flosse ~]# mount /dev/mapper/wideopen /crypted/
[root@flosse ~]# cp /etc/fstab /crypted/
[root@flosse ~]# ll /crypted/
insgesamt 14
-rw-r--r--. 1 root root   781  9. Jul 15:04 fstab
drwx------. 2 root root 12288  9. Jul 15:03 lost+found
[root@flosse ~]#
```

3.7.3 LUKS-Partition schließen

Um die Partition wieder zu verschlüsseln, muss sie zuerst umounted werden; danach wird sie mit dem Kommando `cryptsetup luksClose` unlesbar und es verschwindet auch der Link auf die Gerätedatei.

```
[root@flosse ~]# umount /crypted/
[root@flosse ~]# cryptsetup luksClose /dev/mapper/wideopen
[root@flosse ~]# ll /dev/mapper/wideopen
ls: Zugriff auf /dev/mapper/wideopen nicht möglich: Datei oder Verzeichnis
nicht gefunden
[root@flosse ~]#
```

3.7.4 LUKS-Partition dauerhaft einbinden

Ließe man die Partition /dev/vda3 in diesem Zustand, müsste man das luksOpen und den Mountbefehl bei jedem Systemstart ausführen. Das ist z.B. für den Umgang mit geheimen Kundendaten durchaus vorstellbar, wenn auch lästig. Damit das System schon beim Bootvorgang über die verschlüsselte Partition informiert ist und sie automatisch einbinden kann, benötigt Linux zwei Dinge: die Datei /etc/crypttab und einen Eintrag in /etc/fstab.

Anders als bei normalen Partitionen kann für verschlüsselte Partitionen in der Datei /etc/fstab nicht die UUID verwendet werden, denn sie kommt (als Teil des Dateisystems) ja erst nach dem Entschlüsseln zum Vorschein. Allerdings ist der frei gewählte Gerätename (wie z.B. wideopen) eine hinreichend genaue Bezeichnung. Welchen Namen welche verschlüsselte Partition hinterher bekommen soll, muss man dem System mitteilen. Das macht die Datei /etc/crypttab.

Jede Zeile der Datei /etc/crypttab beschreibt eine verschlüsselte Partition. Im ersten Feld steht der Name der entschlüsselten Ressource, wie er unter /dev/mapper auftaucht, hier wideopen. Das zweite Feld, durch Leerzeichen getrennt, enthält den Namen des ursprünglichen Geräts, hier /dev/vda3. Geben Sie in einem dritten Feld das Passwort an, mit dem das Crypto-Gerät entschlüsselt werden kann; dann wird schon klar, dass diese Datei mit Dateirechten hinreichend geschützt werden muss: Eigentümer root, chmod 600. Es ist trotzdem keine wirklich gute Idee. Für einen ersten Test genügt es, nur den „nom de guerre" und den Namen der ursprünglichen Gerätedatei anzugeben. Damit die Partition beim nächsten Start der Maschine eingebunden wird, muss sie einen Eintrag in /etc/fstab haben.[6]

Die /etc/crypttab sieht so aus:

```
[root@flosse etc]# cat /etc/crypttab
wideopen    /dev/vda3
```

Wer in dieser Phase entscheidet, dass er zunächst neu startet und nur überprüfen will, ob das verschlüsselte Gerät entschlüsselt wird, der weiß vielleicht folgendes Kommando nach dem Neustart zu schätzen:

```
[root@flosse etc]# cryptsetup -v status wideopen
/dev/mapper/wideopen is active.
  type:    LUKS1
  cipher:  aes-cbc-essiv:sha256
  keysize: 256 bits
  device:  /dev/vda3
  offset:  4096 sectors
```

---

[6] http://linux.die.net/man/5/crypttab und http://marcofalchi.blogspot.de/2013/05/redhat-64-encryption-lvm-logical-volume.html

```
    size:    610304 sectors
    mode:    read/write
Befehl erfolgreich.
[root@flosse ~]#
```

Man beachte, dass nur der „nom de guerre" verwendet wurde, nicht der ganze Pfad. Ein banales `ls -l /dev/mapper/wideopen` hätte es aber auch getan. Wenn das automatische Inbetriebsetzen nicht funktioniert hat, dann ist da kein Link dieses Namens.

Eine bestehende Zeile für eine normale Partition kann man in `/etc/fstab` einfach nach unten kopieren und anpassen (siehe Kapitel 2). In der ersten Spalte steht der Gerätename *der entschlüsselten Partition*, auf den sich die Regel bezieht. Der Rest der Zeile ist nichts Besonderes. Den Namen der darunterliegenden Partition einzutragen ist das einzige, was man falsch machen könnte.

```
[root@flosse etc]# grep wideopen /etc/fstab
/dev/mapper/wideopen       /crypted            ext4      defaults       1 2
```

Dann wird es Zeit für einen Reboot. Beim Neustart muss das System normal nach oben fahren, bis es kurz vor dem Zeitpunkt, an dem die Partitionen erkannt, geprüft und eingehängt werden, nach dem Entschlüsselungsgeheimnis für die verschlüsselte Partition fragt. Solange das nicht korrekt eingegeben wird, weigert sich die Maschine, weiter zu booten. Die Abfrage wird wieder und wieder präsentiert. Geschieht das bei einem entwendeten Notebook, ist das für einen unbedarften Dieb zumindest ärgerlich. Einen Dieb, der weiß, was er tut, hält ohnehin nichts auf.

HINWEIS

Passworteingabe funktioniert nicht

Im Seminar und bei der Recherche für dieses Buch funktionierte bisweilen die Eingabe des korrekten LUKS-Passworts nicht, und zwar immer dann, wenn der gesamte Pfad der Ressource in `/etc/crypttab` eingetragen war, nicht nur der „nom de guerre". Da LUKS dann nach der falschen Partition suchte, konnte folgerichtig das Passwort auch nicht stimmen.

Das Problem: Da jetzt die Partitionen nicht richtig eingebunden werden können, ist nun erst einmal Schluß. Der Rechner wird nicht mehr fertig booten. Diese Situation ist lösbar, wenn der Administrator weiß, was er tut – vor allem in einer Prüfungssituation. Es gilt, die problematische Zeile in `/etc/crypttab` auszukommentieren – und nicht die dazu passende Zeile in `/etc/fstab` vergessen! Danach startet das System wieder. Alternativ könnte auch der Eintrag in der `/etc/crypttab` repariert werden, und die automatische Passworteingabe funktioniert.

Um das zu bewerkstelligen, kann das Rettungssystem der Installations-DVD dienen. Ausserhalb einer Prüfung könnte wohl eine Knoppix-CD oder ein anderes Livesystem helfen. In der Prüfung könnte der „init=/bin/bash Hack" an der GRUB-Befehlzeile die Lösung sein, denn er unterbricht den Bootvogang schon vor dem Mounten (siehe Abschnitt 9.4.3); der *single* Runlevel hilft nicht, denn der unterbricht erst nach dem Mounten der Partitionen. Ihr wahrer Feind während der Prüfung aber sind Ihre Nerven.

3.7.5 Automatische Passworteingabe

Immer wieder kommt diese Diskussion auf: Kann man die Eingabe des Passworts für ein LUKS-Device nicht automatisch erledigen lassen? Man kann. Ist es sinnvoll, bei Abwesenheit einen Zettel an der Tür zu hinterlassen, wo der Hausschlüssel zu finden ist? Die PIN auf die Kreditkarte schreiben, damit wir sie nicht vergessen? Nicht alles, was möglich ist, ist auch sinnvoll.

LUKS-Devices können bis zu acht Schlüssel pro Device in sogenannten *Keyslots* aufnehmen. Das Unterkommando *luksAddKey* fügt weitere Schlüssel hinzu.[7]

Am besten ist es hier wohl, den Schlüssel in eine Datei zu legen, die mit entsprechenden Rechten geschützt ist. Das neue Passwort ist nicht das gleiche, das zum Anlegen (LUKS-Formatieren) der Partition verwendet wurde. Aber man benötigt es (das alte), um den neuen Schlüssel hinzuzufügen. Der neue Schlüssel ist anschließend ebenso geeignet, weitere Schlüssel anzufügen, als auch alte Schlüssel zu sperren oder aus einem Slot zu löschen. Genaueres weiß die Manpage von cryptsetup.

Statt ein Passwort als Klartext in /etc/crypttab einzutragen, kann ein beliebiges Passwort in einer Datei stehen, auf die in crypttab verwiesen wird. „Beliebig" meint genau das: Statt ein paar Buchstaben könnte dort ebensogut eine kleine Grafikdatei enthalten sein — oder Zufallswerte.

```
[root@flosse ~]# echo wahnsinniggeheimespasswort > /root/secret.password.key
[root@flosse ~]# cryptsetup luksOpen /dev/vda3 wideopen
Geben Sie den Passsatz für /dev/vda3 ein:
[root@flosse ~]# cryptsetup luksAddKey /dev/vda3 /root/secret.password.key
Geben Sie irgendeinen Passsatz ein: (hier kommt das erste Passwort)
[root@flosse ~]#
```

---

[7] http://code.google.com/p/cryptsetup/wiki/FrequentlyAskedQuestions

Jetzt gilt es, den neuen Schlüssel in /etc/crypttab einzutragen und die entsprechende Zeile in /etc/fstab zu überprüfen. Dann bringt ein Reboot die Wahrheit an den Tag.

```
[root@flosse etc]# cat /etc/crypttab
wideopen    /dev/vda3    /root/secret.password.key
```

3.7.6 Verschlüsselte Partition entfernen

Zwischen einer unverschlüsselten und einer verschlüsselten Partition besteht kein großer Unterschied, wenn destruktiv gearbeitet werden soll:

- Partition umounten

- Eintrag in /etc/fstab entfernen oder auskommentieren

- Eintrag in /etc/crypttab entfernen oder auskommentieren

- cryptsetup luksClose „nom de guerre"

- Partition in einem Partitionierungswerkzeug entfernen

- neu starten, wenn dies auf der Bootplatte geschehen ist

Das luksClose ist nicht notwendig, wenn man den Eintrag in /etc/crypttab entfernt hat und dann gleich rebootet. Allerdings muss das nach dem Entfernen der Partition womöglich noch einmal geschehen.

3.8 Prüfungsvorbereitung

Legen Sie mehrere Partitionen an und löschen Sie sie wieder. Formatieren Sie die frisch angelegten Partitionen und logischen Volumes und binden Sie sie in den Dateibaum ein. Nicht wenige Administratoren aus größeren Firmen, die in meinen Kursen saßen, hatten in ihrer Arbeit nicht mehr viel mit der Partitionierung von Festplatten zu tun. Kommt dieses Thema dann aber in der Prüfung vor, entwickelt sich diese eigentlich einfache Anforderungen rasch zur Katastrophe. Nach einem kurzen Moment der Unachtsamkeit stellt sich z.B. heraus, dass versehentlich nicht die neue, sondern eine der System-Partitionen formatiert wurde... Wenn dann z.B. das Prüfungssystem nicht mehr hochfährt, ist die Prüfung dann auch schon vorbei. Zwar kann man sich sein Prüfungssystem zurücksetzen lassen, aber alle Arbeit bis zu diesem Zeitpunkt ist dann verloren. Das sollten Sie vermeiden.

- Lesen Sie die Fragen genau durch: Welche Art von Partition(en) soll(en) erstellt werden? Eine primäre, erweiterte oder logische? Muss es ein logisches Volume werden?

- Lesen Sie die Fragen noch einmal genau durch: Würde ein weiteres logisches Volume auf einer bestehenden Volume Group die Lösung der Aufgaben erleichtern oder passen alle geforderten Partitionen auf den verbliebenen Plattenplatz?

- Welche Partitionen müssen wohin gemountet werden? Wie sieht der `fstab`-Eintrag dafür aus? Hilft die Manpage weiter? Welche wäre das?

- Alle Aufgaben, deren Lösung das System davon abhalten könnten, sauber zu booten, müssen Sie sofort nach der Umsetzung ausprobieren. Das bedeutet: Booten Sie die virtuelle Maschine – auch und gerade – dann, wenn Sie nur ein einzelnes Problem lösen müssen. Wenn Sie zu lange warten und am Schluss plötzlich alle Probleme zur Lösung anstehen, die Sie in den letzten beiden Stunden übriggelassen haben, reicht ziemlich sicher die Zeit nicht mehr. Es ist schlauer, „durch zu häufiges Booten" am Schluss eine Aufgabe nicht mehr lösen zu können als durch zu seltenes Neustarten am Schluss zu viele Probleme auf einmal lösen zu müssen und schließlich besiegt aus der Prüfung zu gehen.

Logical Volume Manager

In einer idealen Welt kennt der Administrator schon beim Einrichten eines Linux-Systems dessen Zustand am Ende der geplanten Laufzeit. Aber wenn es etwas gibt, auf das man sich in der realen EDV verlassen kann, dann ist es der Wandel. Das System wird immer wieder neue Rollen übernehmen müssen: Plötzlich soll es Log-, Mail- oder Druckserver für Hunderte von Benutzern sein. Oder der Server soll diesen Benutzern erlauben, direkt auf der Maschine zu arbeiten, Office und Webbrowser etc. müssen zur Verfügung gestellt werden. In der Folge reichen /var oder /tmp nicht mehr aus, weil bei Planung und Partitionierung niemand an diese Verwendung gedacht hatte. Nicht nur Server sind von unvorhergesehenen Entwicklungen betroffen: Bei einem Download auf das Notebook stellt sich heraus, dass die /home-Partition zu klein bemessen war. Bei all diesen Problemen kann der *Logical Volume Manager* (LVM) helfen — sofern überhaupt noch unbenutzter Plattenplatz zur Verfügung steht.

Bei statischer Partitionierung, wie in Kapitel 3 beschrieben, können die Partitionen nicht „wachsen". Sie sind zwischen anderen, fest eingeteilten Partitionen eingekeilt. Der Logical Volume Manager führt eine logische Schicht zwischen Festplatte und den sogenannten „Volumes" ein, die für eine dynamische Zuteilung von Festplattenplatz sorgt.[1]

4.1 Drei-Schichten-Modell

Grundlage aller Festplatten-Artistik ist immer real existierender Festplattenplatz: Mindestens eine Partition, bei größeren Installationen aber auch mehrere Festplatten (die ganz und gar verwendet werden können, sie brauchen dann nicht einmal eine Partitionstabelle) werden Teil eines Plattenpools: Das sind die *Physical Volumes*.

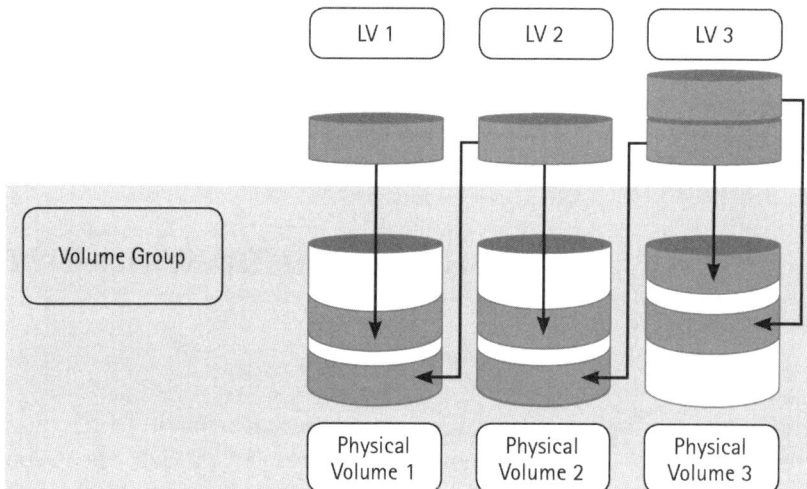

Abbildung 4.1: Elemente des Logical Volume Managers

Die Physical Volumes werden verwaltet von einer Schicht, die sich *Volume Group* nennt. Diese kann man sich ein bisschen wie eine Fuhrparkverwaltung vorstellen: Ein Administrator fordert Plattenplatz für Logical Volumes an, und die Volume Group findet Plattenplatz, auf dem das neue Logical Volume residieren wird. Wie bei der Fuhrparkverwaltung: Man fordert ein Auto an, aber woher der Wagen kommt, ist dem Fahrer egal. Er kann es sich aber auch nicht aussuchen, ob das Fahrzeug vom Hof geholt oder erst von einer anderen Garage beschafft werden musste. Ebenso kann der Plattenplatz für das Logische Volume auf nur einer Position einer Partition

---

[1] http://www.howtoforge.de/anleitung/lvm-anleitung-fur-anfanger/ und https://access.redhat.com/site/documentation/de-DE/Red_Hat_Enterprise_Linux/6/html/Logical_Volume_Manager_Administration/index.html

oder Festplatte liegen, oder verteilt auf mehrere. Die Volume Group findet ein Plätzchen für die Daten, solange noch genügend Plattenplatz auf den Physical Volumes vorhanden ist.

Die Volume Group verteilt die Daten normalerweise sequentiell, also immer zuerst auf ein Volume auf einer Festplatte, bis dieses voll ist, danach auf dem nächsten Volume. Allerdings beginnt da die Magie erst: Gibt es mehrere Physical Volumes, kann man die Volume Group auffordern, mehrere Festplatten zu verwenden und intern zu verteilen („stripen"), man kann *Snapshots* von Volumes anlegen und vieles mehr.

4.2 Von der Partition zum Physical Volume

Der erste Schritt ist, einen Ort auf den Festplatten zu finden, wo sich solch ein Physical Volume erzeugen lässt. Dies ist ein Fall für *Palimpsest* oder `fdisk`, noch schöner `cfdisk`. Mit diesen Werkzeugen legen Sie auf einem freien Stück Festplatte eine neue Partition an. Welche Rolle Partitionen spielen, ist in der Regel an ihrer *System ID* abzulesen. Unter Linux sind die bekanntesten System IDs die 83 (*Standard Linux Partition*) und 82 (*Swap Partition*). Die 83 ist in der Regel ein Hinweis darauf, dass diese Partition direkt mit einem Linux-Dateisystem formatiert ist. Palimpsest und cfdisk zeigen sogar an, mit *welchem* Dateisystem. Die System ID für LVM ist 8e. Eine solche Partition ist praktisch nie direkt formatiert, sondern nur ein Träger für ein Physical Volume. Partitionierungswerkzeuge ändern die System ID einer Partition und bieten eine Liste der verfügbaren Typen an.

Die System ID der Partition bewirkt für sich alleine eigentlich nichts, aber das Betriebssystem kann mit dieser Information schon sehr früh abschätzen, dass auf der betreffenden Partition z. B. wohl ein Teil eines LVM-Systems liegt, und dann bereits den passenden Treiber dafür laden. Hat eine Physical Volume Partition die Partitions-ID 83, findet das Betriebssystem das Physical Volume ebenfalls, aber erst viel später.

Einer der Vorteile von `cfdisk` ist, dass es freie Bereiche auf den Festplatten deutlicher anzeigt als z. B. `fdisk`. Mit den Pfeiltasten nach oben und unten wählt man den gewünschten Abschnitt der Festplatte aus, die Menüeinträge am unteren Rand des Bildschirms passen sich jeweils an, so dass immer sinnvolle Vorschläge zur Verfügung stehen.

LVM stellt mit seinen Volume Groups etwas bereit, das ein bisschen wie eine Extended Partition wirkt, nur dass die Partitionen in der Größe verändert werden können. Da schadet es nicht, den gesamten freien Platz auf der Festplatte für ein einziges Physical Volume zu verwenden. Abbildung 4.2 zeigt, dass RedHat und CentOS schon bei der Installation des Systems mit

LVM arbeiten; danach wurde noch ein zweites Physical Volume angelegt. Das hätte man tatsächlich der bereits bestehenden Volume Group des Betriebssystems zuschlagen können. Aber: Zwei Physical Volumes auf zwei Partitionen derselben Festplatte als Teil eines einzigen LVMs? Das sieht nach einer Seminar-Übung auf engen Raum aus! Außer für eine Prüfungsvorbereitung oder andere Testzwecke würde man so wohl nicht vorgehen.

Abbildung 4.2:
Das Partitionswerkzeug cfdisk

Es gibt (außer praktischen Erwägungen) keinen Grund, warum ein System nur eine Volume Group haben dürfte. In der LVM Version 1 durfte eine Volume Group 256 Physical Volumes haben. In Version 2 wurde diese Obergrenze aufgehoben. LVM ist ein sehr skalierbares System.

Ans Werk: Mit dem Schalter Neue legt man eine neue Partition an, Primäre macht aus der neu erstellten Partition eine primäre Partition. Da in diesem Physical Volume viele Logical Volumes entstehen können, muss man sich keine Gedanken machen, die Partitionen würden ausgehen. Physical Volumes können aber auch in einer logischen Partition liegen. Die vorgeschlagene Maximalgröße kann akzeptiert werden, der gesamte freie Bereich wird dann verwendet.

Wie alle anderen Partitionierungswerkzeuge legt cfdisk zuerst eine normale Linux-Partition (vom Typ 83) an. Damit die neue Partition die System ID 8e bekommt, wählt man bei cfdisk Typ aus oder drückt wie bei fdisk ein t. Müsste man bei fdisk noch l tippen, um die Liste der IDs angezeigt zu bekommen, springt cfdisk direkt in die Liste. Es spielt keine Rolle, ob das

4.2 Von der Partition zum Physical Volume

e für 8e als Klein- oder Großbuchstabe gedrückt wird, die Partition nennt sich nun Linux LVM. Wie bei fdisk muss unbedingt erst der Schreib-Befehl gegeben werden, bevor das Programm die Partitionstabelle verändert. Bei fdisk ist es w, bei der deutschen Variante von cfdisk Schreib. Bei fdisk ist die Sitzung dann beendet, bei cfdisk muss man noch Ende auswählen. Sollte bei der Prüfung eine amerikanische Version installiert sein, dann sind die Schaltflächen entsprechend anders beschriftet.

Wie bei jeder Änderung der Partitionstabelle ist auch hier ein Neustart angeraten, wenn sie sich auf der Boot-Platte (und in einem virtualisierten System) abgespielt hat. Nach dem Reboot „sieht" der Kernel die neue Partition (cat /proc/partitions), und ein fdisk -cul /dev/vda bestätigt, dass die neu angelegte Partition als LVM gekennzeichnet ist. Doch weder das Kommando pvs noch pvscan sehen die neue Partition als Physical Volume.

```
[root@flosse ~]# pvscan
  PV /dev/vda2   VG vg_flosse    lvm2 [9,75 GiB / 0    free]
  Total: 1 [9,75 GiB] / in use: 1 [9,75 GiB] / in no VG: 0 [0    ]
[root@flosse ~]# pvs
  PV          VG         Fmt  Attr PSize  PFree
  /dev/vda2   vg_flosse  lvm2 a--   9,75g     0
[root@flosse ~]#
```

Es muss also noch etwas geschehen, damit das System eine Partition als Physical Volume erkennt: Die Partition muss eine Signatur tragen. Das erledigt man z.B. mit Palimpsest; viel einfacher ist es allerdings mit pvcreate.

```
[root@flosse ~]# pvcreate -v /dev/vda3
  WARNING: LUKS signature detected on /dev/vda3. Wipe it? [y/n] y
  Wiping LUKS signature on /dev/vda3.
    Set up physical volume for "/dev/vda3" with 21051392 available sectors
    Zeroing start of device /dev/vda3
    Writing physical volume data to disk "/dev/vda3"
    Physical volume "/dev/vda3" successfully created
[root@flosse ~]# pvs
  PV          VG         Fmt  Attr PSize   PFree
  /dev/vda2   vg_flosse  lvm2 a--    9,75g      0
  /dev/vda3              lvm2 a--   10,04g 10,04g
[root@flosse ~]#
```

Dieses Kommando findet sogar eventuell von früheren Übungen übriggebliebene LUKS- oder Swap-Signaturen, und nach einer Nachfrage schreibt es seine Physical-Volume-Signatur an deren Stelle. Dann findet auch ein pvs die gesuchte Information: /dev/vda3 ist eine Partition mit Physical-Volume-Fähigkeiten, aber sie ist noch keiner Volume Group zugewiesen. Das andere Physical Volume auf /dev/vda2 ist Teil von vg_flosse. Diese

Volume Group entstand automatisch bei der Installation des Rechners „Flosse".

4.3 Volume Groups

Ein vg gefolgt von doppeltem ⇥ im Terminal listet alle Kommandos auf, die mit vg beginnen — das sind viele. Ein vgextend ließe die bestehende Volume Group um /dev/vda3 erweitern. Zunächst soll aber eine neue Volume Group angelegt werden. Da klingt vgcreate von allen Kommandos am erfolgversprechendsten.

```
[root@flosse ~]# vg[Tab][Tab]
vgcfgbackup    vgconvert     vgexport       vgmerge       vgrename
vgcfgrestore   vgcreate      vgextend       vgmknodes     vgs
vgchange       vgdb          vgimport       vgreduce      vgscan
vgck           vgdisplay     vgimportclone  vgremove      vgsplit
[root@flosse ~]#
```

Bevor man blind mit einem womöglich mächtigen Werkzeug auf den Rechner einschlägt, ist es immer eine gute Idee, das Kommando mit dem GNU-Standard-Hilfeschalter --help zu testen. Bringt das noch nicht die Erleuchtung, gibt es ja immer noch Manpages und Infoseiten. Im Fall der LVM-Kommados ist --help jedoch genau das Richtige.

```
[root@flosse ~]# vgcreate --help
  vgcreate: Create a volume group

vgcreate
        [-A|--autobackup {y|n}]
        [--addtag Tag]
        [--alloc AllocationPolicy]
        [-c|--clustered {y|n}]
        [-d|--dcbug]
        [-h|--help]
        [-l|--maxlogicalvolumes MaxLogicalVolumes]
        [-M|--metadatatype 1|2]
        [--[vg]metadatacopies #copies]
        [-p|--maxphysicalvolumes MaxPhysicalVolumes]
        [-s|--physicalextentsize PhysicalExtentSize[bBsSkKmMgGtTpPeE]]
        [-t|--test]
        [-v|--verbose]
        [--version]
        [ PHYSICAL DEVICE OPTIONS ]
        VolumeGroupName PhysicalDevicePath [PhysicalDevicePath...]

[root@flosse ~]#
```

Alle Optionen, die in der Ausgabe von --help in eckige Klammern gesetzt sind, sind wahlfrei. Das bedeutet: Womöglich muss man sie gar nicht setzen. Ausnahme: -v („verbosely") ist immer eine gute Idee. Wirklich verpflichtend ist nur, der neuen Volume Group einen Namen zu geben und wenigstens ein Physical Volume zu nennen, auf dem es „wohnt". Allerdings könnte man eine Volume Group auch gleich aus einem ganzen Schwarm Partitionen auf einmal erstellen. Ebenfalls von Bedeutung: Die Größe der *Physical Extents*. Die Manpage von vgcreate erklärt, Physical Extents könnten von 8 kB bis 16 GB groß sein, die Standardgröße sei 4 MB. Von diesen 4 MB ausgehend, können Extents immer verdoppelt oder halbiert werden. Die nächsten Größen wären also 8 MB, 16 MB, 32, 64, 128 MB usw. Aber was sind diese Physical Extents? Wie bei Lego-Bausteinen gibt es eine minimale Größe, um die ein Logical Volume vergrößert werden kann: der kleinste Nenner. Diese Größe hat nichts mit den Sektoren der Festplatte oder Dateisystemblöcken zu tun, sondern damit, wie groß das Logische Volume werden kann. Maximal rund 64.000 Extents könnten einem Logical Volume zugewiesen werden, heißt es in der Manpage. Abseits von aller Theorie ist es aber so: Wenn in der Prüfungsfrage steht, man solle 32 MB große Physical Extents verwenden und anschließend ein Logical Volume mit einer bestimmten Anzahl von Extents erzeugen, dann ist diese Angabe einerseits wichtig, andererseits eine Eigenschaft der *Volume Group*, nicht der *Logical Volumes*. Im schlimmsten Fall müsste man also vorher die Logical Volumes und die Volume Group löschen und mit der richtigen Größe neu anlegen.[2]

Nun aber zur Tat: Wir legen neue Volume Group mit dem Namen tux an, die Physical Extent Size ist 16 MB. Die spätere Folge: Wir können weder ein Logical Volume mit 50 MB anlegen, noch ein bestehendes um diesen Wert erweitern, denn 50 ist kein Vielfaches von 16.

```
[root@flosse ~]# vgcreate -v -s 16M tux /dev/vda3
    Wiping cache of LVM-capable devices
    Adding physical volume '/dev/vda3' to volume group 'tux'
    Archiving volume group "tux" metadata (seqno 0).
    Creating volume group backup "/etc/lvm/backup/tux" (seqno 1).
  Volume group "tux" successfully created
[root@flosse ~]#
```

Das war alles. Ein pvs oder vgs bringt es an den Tag:

```
[root@flosse ~]# pvs
  PV         VG        Fmt  Attr PSize  PFree
  /dev/vda2  vg_flosse lvm2 a--   9,75g     0
  /dev/vda3  tux       lvm2 a--  10,03g 10,03g
[root@flosse ~]# vgs
  VG        #PV #LV #SN Attr   VSize  VFree
  tux         1   0   0 wz--n- 10,03g 10,03g
  vg_flosse   1   2   0 wz--n-  9,75g     0
[root@flosse ~]#
```

---

[2] http://linux.about.com/library/cmd/blcmdl8_vgcreate.htm

4 Logical Volume Manager

Die erste Volume Group `vg_flosse` ist, wie bei Installationen üblich, vollständig mit Logical Volumes ausgefüllt. Darum steht bei den Spalten `PFree` und `VFree` auch jeweils eine Null. Diese Angaben sagen nichts über den Füllstand der einzelnen Volumes aus, sondern nur darüber, ob die bestehenden Logical Volumes noch weiter ausgedehnt werden können oder nicht. Die Volumes selbst könnten leer sein. In der Volume Group `vg_flosse` gibt es also keinen verfügbaren Platz mehr. Die Volume Group `tux` ist dagegen etwas mehr als 10 GB groß, und alles ist noch frei.

4.4 Logical Volumes

Im laufenden Betrieb bemerkt weder der Admin noch ein Benutzer irgendeinen Unterschied zwischen einer „richtigen" Partition und einem Logischen Volume. Die Namen unterscheiden sich allerdings: Hat man sich, wie in Kapitel 3 geschildert, einmal an Bezeichnungen wie `/dev/sda1`, `/dev/vda3` und „Platte" als gleichbedeutend mit Festplatte, Festplattenplatz und Partition gewöhnt, scheinen die Volume-Namen im ersten Moment fremd, zumal es zwei verschiedene Bezeichnungen für die gleichen Logical Volumes gibt und diese auch völlig wahlfrei bei verschiedenen Kommando-Ausgaben erscheinen. Das LVM-Kommando `lvscan` verwendet die ältere, „LVM1-Style"-Ausgabe, während `df -hP` (man beachte das `P`, damit zu lange Bezeichnungen für die „Partition" nicht zu einem Zeilenumbruch führen) die neuere LVM2-Schreibweise verwendet. Welche man benutzt, ist völlig egal — beide funktionieren.

```
[root@flosse ~]# lvscan
  ACTIVE            '/dev/vg_flosse/lv_root' [7,80 GiB] inherit
  ACTIVE            '/dev/vg_flosse/lv_swap' [1,95 GiB] inherit
[root@flosse ~]# df -hP
Dateisystem                  Size  Used Avail Use% Eingehängt auf
/dev/mapper/vg_flosse-lv_root 7,7G  2,6G  4,8G  36% /
tmpfs                         499M  228K  499M   1% /dev/shm
/dev/vda1                     194M   45M  140M  24% /boot
```

4.4.1 Logical Volumes erzeugen

Nachdem eine Volume Group angelegt ist, die (mindestens) ein Physical Volume verwaltet, können Logical Volumes erstellt werden. Das Kommando ist nicht viel umfangreicher als `vgcreate`, allerdings ist die Ausgabe von `lvcreate --help` ein wenig verwirrend, weil es zwei Arten von Logical Volumes gibt: Die eine enthält, wie von Partitionen gewohnt, Daten irgendwelcher Art. Die andere ist ein „Snapshot" der originalen Daten (vgl. Abschnitt 4.5).

Die erste Hälfte der Ausgabe von `lvcreate --help` listet alles, was es zum Erstellen eines Logical Volumes braucht, und dieser Katalog ist lang. Ein genauerer Blick zeigt erneut, dass nur wenige Schalter wirklich erforderlich sind.

```
[root@flosse ~]# lvcreate --help
  lvcreate: Create a logical volume

lvcreate
        [-A|--autobackup {y|n}]
        [-a|--activate [a|e|l]{y|n}]
        [--addtag Tag]
        [--alloc AllocationPolicy]
        [-C|--contiguous {y|n}]
        [-d|--debug]
        [-h|-?|--help]
        [--ignoremonitoring]
        [--monitor {y|n}]
        [-i|--stripes Stripes [-I|--stripesize StripeSize]]
        {-l|--extents LogicalExtentsNumber[%{VG|PVS|FREE}] |
         -L|--size LogicalVolumeSize[bBsSkKmMgGtTpPeE]}
        [-M|--persistent {y|n}] [--major major] [--minor minor]
        [-m|--mirrors Mirrors [--nosync] [{--mirrorlog
{disk|core|mirrored}|--corelog}]]
        [-n|--name LogicalVolumeName]
        [--noudevsync]
        [-p|--permission {r|rw}]
        [-r|--readahead ReadAheadSectors|auto|none]
        [-R|--regionsize MirrorLogRegionSize]
        [-T|--thin  [-c|--chunksize  ChunkSize]
          [--discards {ignore|nopassdown|passdown}]
          [--poolmetadatasize MetadataSize[bBsSkKmMgG]]]
        [--thinpool ThinPoolLogicalVolume{Name|Path}]
        [-t|--test]
        [--type VolumeType]
        [-v|--verbose]
        [-Z|--zero {y|n}]
        [--version]
        VolumeGroupName [PhysicalVolumePath...]

lvcreate
        { {-s|--snapshot} OriginalLogicalVolume[Path] |
          [-s|--snapshot] VolumeGroupName[Path] -V|--virtualsize VirtualSize}
          {-T|--thin} VolumeGroupName[Path][/PoolLogicalVolume]
                    -V|--virtualsize VirtualSize}
...
```

Was wird man benötigen, um einen Speicherort zu schaffen? Da wäre einmal die Volume Group, in der das Logical Volume verwaltet werden wird. An den geschweiften Klammern der Befehlsausgabe ist schon zu erkennen, dass die Größe des neuen Volumes angegeben sein will. Dringend zu empfehlen ist auch, einen Namen für das Logical Volume anzugeben und diesen Namen so zu wählen, dass man auch später mit einem Blick erkennt, was sich wohl darin befinden mag. Und -v ist bekanntlich immer gut...

```
[root@flosse ~]# lvcreate -v -n daten -L 300M tux
    Setting logging type to disk
    Finding volume group "tux"
  Rounding up size to full physical extent 304,00 MiB
    Archiving volume group "tux" metadata (seqno 1).
    Creating logical volume daten
    Creating volume group backup "/etc/lvm/backup/tux" (seqno 2).
    Found volume group "tux"
    activation/volume_list configuration setting not defined: Checking only host tags for tux/daten
    Creating tux-daten
    Loading tux-daten table (253:2)
    Resuming tux-daten (253:2)
    Clearing start of logical volume "daten"
    Creating volume group backup "/etc/lvm/backup/tux" (seqno 2).
  Logical volume "daten" created
[root@flosse ~]#
```

Dieses Kommando erzeugt ein Logical Volume mit dem Namen /dev/tux/daten mit der Größe von 300 MB. Da 300 kein ganzes Vielfaches von 16 (MB) ist, rundet LVM auf 304 MB auf. Beim Formatieren gibt es dann wieder Verluste, wenn das Dateisystem auf einen passenden Wert abrundet.

```
[root@flosse ~]# mkfs.ext4 /dev/tux/daten
...
[root@flosse ~]# mkdir /logical
[root@flosse ~]# mount /dev/tux/daten /logical/
[root@flosse ~]# df -h | grep daten
Dateisystem          Size  Used Avail Use% Eingehängt auf
...
/dev/mapper/tux-daten  295M   11M  270M   4% /logical
[root@flosse ~]#
```

Um das Logical Volume dauerhaft einzubinden, muss wieder ein Eintrag in die Datei /etc/fstab geschrieben werden. Als Vorbild dienen die beiden schon existierenden LVM-Partitionen:

```
[root@flosse ~]# cat /etc/fstab
...
/dev/mapper/vg_flosse-lv_root /                      ext4    defaults        1 1
UUID=0f0550be-c667-4899-8bd8-291d6ed13963 /boot      ext4    defaults        1 2
/dev/mapper/vg_flosse-lv_swap swap                   swap    defaults        0 0
/dev/mapper/tux-daten    /logical                    ext4    defaults        1 2
...
[root@flosse ~]#
```

4.4.2 Größe eines Logical Volume verändern

Bis hierher hat die Verwendung von LVM gegenüber „richtigen" Partitionen noch keine Vorteile gezeigt, im Gegenteil, alles ist ein wenig komplizierter, und die „Partitions"-Namen sind länger. Der Grund für die meisten Benutzer, LVM einzusetzen, ist: die Partitionsgröße ist im laufenden Betrieb veränderbar. Mit einem Kommando wird das rund 300 MB kleine Logical Volume auf 500 MB vergrößert. Der Schalter -L hat dabei zwei Arbeitsweisen: -L +200M vergrößert die Partition *um* 200 MB, -L 500M vergrößert *auf* 500 MB. Das Ergebnis wird auf ein paar MB das gleiche sein.

```
[root@flosse ~]# lvextend -v -L 500M /dev/tux/daten
    Finding volume group tux
  Rounding size to boundary between physical extents: 512,00 MiB
    Archiving volume group "tux" metadata (seqno 2).
  Extending logical volume daten to 512,00 MiB
    Found volume group "tux"
    Found volume group "tux"
    Loading tux-daten table (253:2)
    Suspending tux-daten (253:2) with device flush
    Found volume group "tux"
    Resuming tux-daten (253:2)
    Creating volume group backup "/etc/lvm/backup/tux" (seqno 3).
  Logical volume daten successfully resized
[root@flosse ~]#
```

Spannend: Die Ausgabe des Kommandos df -hP bleibt zunächst gleich. Dies bedeutet: Zwar wird durch lvextend der „Container" größer, das Dateisystem muss dagegen separat aufgeblasen werden. Dies erledigt das Kommando resize2fs.

```
[root@flosse ~]# df -hP | grep daten
Dateisystem         Size  Used Avail Use% Eingehängt auf
/dev/mapper/tux-daten  295M   11M  270M   4% /logical

[root@flosse ~]# resize2fs /dev/tux/daten
resize2fs 1.41.12 (17-May-2010)
Das Dateisystem auf /dev/tux/daten ist auf /logical eingehängt;
Online-Grössenveränderung nötig
old desc_blocks = 2, new_desc_blocks = 2
Führe eine Online-Grössenänderung von /dev/tux/daten auf 524288 (1k) Blöcke
durch.
Das Dateisystem auf /dev/tux/daten ist nun 524288 Blöcke groß.

[root@flosse ~]# df -hP | grep daten
Dateisystem         Size  Used Avail Use% Eingehängt auf
/dev/mapper/tux-daten  496M   11M  460M   3% /logical
```

Praktisch alle klassischen Linux-Dateisysteme unterstützen Online-Vergrößerung. Das trifft zu auf ext2, ext3, ext4, aber auch auf das nicht mehr oft verwendete reiserfs und das von Silicon Graphics entwickelte, sehr leistungsfähige xfs. Diese Dateisysteme lassen sich sogar noch vergrößern, wenn das Linux-System unter Volllast steht — und bei eingehängtem Dateisystem. Nicht vergrößert werden können FAT und vfat. Das Vergrößern eingehängter NTFS-Dateisysteme sollten Sie nicht einmal versuchen! Die Gefahr bei einem Fehler ist, dass auch Windows das zerstörte Dateisystem nicht mehr erkennt.

Auch LVM kann nicht zaubern. Wenn ein Logical Volume vergrößert wird, legt das System den neuen zugewiesenen Plattenplatz vielleicht am liebsten gleich neben den alten Bereich, der zu klein geworden ist. Aber auch hier gelten die Regeln der Physik: Da könnte schon ein anderer Bereich untergebracht sein. Also wird die Volume Group normalerweise den neu zugewiesenen Platz fernab der bisherigen Daten unterbringen, oft genug sogar auf eine anderen Festplatte. Das wäre „Fragmentierung auf hohem Niveau". Einen solchen Bereich nennt LVM ein *Segment*. Vergrößert der Admin unterschiedliche Logical Volumes immer um relativ kleine Portionen, so wird die Anzahl der Segmente, auf denen das Gesamt-Volume liegt, unnötig hoch, und die Zugriffszeiten werden natürlicherweise schlechter. Besser ist es, weniger häufig zu vergrößern und dann nicht geizig zu sein. Die Anzahl der Segmente, auf denen ein bestimmtes Logical Volume liegt, zeigt die Ausgabezeile Segments des Kommandos lvdisplay an.

4.4.3 Logical Volumes verkleinern

Dateisysteme zu verkleinern, ist nicht unbedingt eine gute Idee. Der Hintergrund: Moderne Dateisysteme arbeiten mit Metadaten, um herauszufinden, wo sich der größte freie Plattenplatz befindet, um die gewünschten Daten zusammenhängend schreiben zu können. Das ist nicht viel anders als in einem modernen Kino: Dort sieht der Kartenverkäufer ebenfalls im Sitzplan, wo ausreichend freie Plätze sind, um eine Fußballmannschaft nebeneinander sitzen zu lassen. Für Dateisysteme bedeutet das: Die Daten werden auf den Partitionen nicht zwangsläufig sequentiell vollgeschrieben. Noch deutlicher: Normalerweise wissen wir nicht, wo genau sich Daten auf der Partition/im Dateisystem befinden. Wird eine große Datei, die im ersten Drittel des Dateisystems abgespeichert war, gelöscht, dann meldet das Dateisystem (z.B. mit einem „df -h") brav zurück, es habe womöglich noch 30% frei. Schneidet man dann aber 25% vom hinteren Partitionsende ab, erwischt man vermutlich Daten. Ein „Defragmentierungsprogramm" wie in der Windowswelt wurde in der Unix- und Linuxwelt nie entwickelt. Dort hat man die Dateien zuerst gesichert, dann die ursprünglichen Informationen gelöscht, evtl. die Partition ebenfalls neu angelegt und die Daten dann wiederhergestellt. Dabei wurden sie wieder weitgehend sequentiell auf die Platte geschrieben, und voilà — als Nebeneffekt auch gleich defragmentiert.

Dennoch berichten viele Administratoren, sie hätten Partitionen erfolgreich verkleinert. Aus diesem Grunde werden hier zwei Methoden vorgestellt, wie man Partitionen verkleinert. Die erste ist die einfachere und sie geht davon aus, dass sich auf der Partition noch nicht viele Daten befinden und dass sie am Anfang der Partition liegen. Ist das nicht gewährleistet, hilft nur: Sichern, die Originale löschen, dazwischen die Partition verkleinern, Daten wiederherstellen.

Bei beiden Varianten ist es notwendig, sich darüber im Klaren zu sein, dass die Verkleinerung des Dateisystems und des „Containers", also des Logical Volumes, zwei verschiedene Vorgänge sind. Darum verkleinert man in der ersten Variante zuerst das Dateisystem, und zwar ein wenig kleiner, als später die Partition werden wird. Danach setzt man die Größe des Logical Volumes auf die gewünschte Größe und vergrößert das Dateisystem schließlich wieder auf die passende Größe des Logical Volumes.

Im ersten Schritt gilt es, das knapp 500 MB große Dateisystem auf knapp 400 MB zu verkleinern. Dabei stellt sich heraus, dass Online-Verkleinerung (mit eingehängtem Dateisystem) nicht unterstützt wird. Die Partition muss ausgehängt werden, bevor sie verkleinert werden kann. Diese Tätigkeit ist also nicht auf Partitionen anwendbar, die als /var, /tmp und / eingehängt sind, denn dort sind immer irgendwelche Dateien im Zugriff. Weil die Partition noch kein halbes Jahr existiert und weil sie noch nicht so oft gemountet und umountet wurde, dass der Filesystemcheck notwendig würde, muss dieser mit -f erzwungen werden. Danach ist es möglich, das Dateisystem auf den angegebenen Wert von 380 MB zu verkleinern.

```
[root@flosse ~]# df -hP | grep daten
Dateisystem         Size  Used Avail Use% Eingehängt auf
/dev/mapper/tux-daten  496M   11M  460M   3% /logical
[root@flosse ~]# resize2fs /dev/tux/daten 380M
resize2fs 1.41.12 (17-May-2010)
Das Dateisystem auf /dev/tux/daten ist auf /logical eingehängt;
Online-Grössenveränderung nötig
Die Online-Verkleinerung von 524288 auf 389120 wird nicht unterstützt.
[root@flosse ~]# umount /logical
[root@flosse ~]# fsck.ext4 -f /dev/tux/daten
e2fsck 1.41.12 (17-May-2010)
Durchgang 1: Prüfe Inodes, Blocks, und Größen
Durchgang 2: Prüfe Verzeichnis Struktur
Durchgang 3: Prüfe Verzeichnis Verknüpfungen
Durchgang 4: Überprüfe die Referenzzähler
Durchgang 5: Überprüfe Gruppe Zusammenfassung
/dev/tux/daten: 11/131072 Dateien (0.0% nicht zusammenhängend), 27050/524288
Blöcke
[root@flosse ~]# resize2fs /dev/tux/daten 380M
resize2fs 1.41.12 (17-May-2010)
Die Grösse des Dateisystems auf /dev/tux/daten wird auf 389120 (1k) Blöcke
geändert.
```

```
Das Dateisystem auf /dev/tux/daten ist nun 389120 Blöcke groß.
[root@flosse ~]#
```

Der nächste Schritt verkleinert das Logical Volume auf den gewünschten Wert von 400 MB. Die Warnung, man könne alle Daten auf dem Datenträger verlieren, klingt ebenso dramatisch, wie er gemeint ist: Wurde das Dateisystem nicht vorher schon verkleinert, macht sich der unvorsichtige Admin hier zum Opfer.

```
[root@flosse ~]# lvreduce -v -L 400M /dev/tux/daten
    Finding volume group tux
  WARNING: Reducing active logical volume to 400,00 MiB
  THIS MAY DESTROY YOUR DATA (filesystem etc.)
Do you really want to reduce daten? [y/n]: y
    Archiving volume group "tux" metadata (seqno 3).
  Reducing logical volume daten to 400,00 MiB
    Found volume group "tux"
    Found volume group "tux"
    Loading tux-daten table (253:2)
    Suspending tux-daten (253:2) with device flush
    Found volume group "tux"
    Resuming tux-daten (253:2)
    Creating volume group backup "/etc/lvm/backup/tux" (seqno 4).
  Logical volume daten successfully resized
[root@flosse ~]#
```

Das Dateisystem wurde vorher kleiner als die 400 MB gemacht. Mit einem resize2fs, aber ohne eine Zielgröße, wird es wieder auf die maximale Größe der Partition bzw. hier des Logical Volumes vergrößert. Wer solche Kunststücke vollführt, der sollte sich auf gewisse Abweichungen vom geplanten Wert einrichten, die das Umrechnen von Logical Volumes und Dateisystemen mit sich bringt.

```
[root@flosse ~]# resize2fs /dev/tux/daten
resize2fs 1.41.12 (17-May-2010)
Die Grösse des Dateisystems auf /dev/tux/daten wird auf 409600 (1k) Blöcke
geändert.

Das Dateisystem auf /dev/tux/daten ist nun 409600 Blöcke groß.

[root@flosse ~]# mount /logical
[root@flosse ~]# df -hP | grep daten
/dev/mapper/tux-daten   388M    11M   358M   3% /logical
[root@flosse ~]#[root@flosse ~]#
```

Wenn das Dateisystem frisch geprüft ist (was wiederum nur in ausgemountetem Zustand möglich ist), können Partition und Dateisystem zugleich verkleinert werden. Das soll einigermaßen zuverlässig auch ohne Dateiverlust möglich sein. Schlüssel zu diesem Wunderverhalten ist der Schalter -r. In jedem Fall empfiehlt sich eine Datensicherung vor einer solchen Operation am schlagenden Herzen!

```
[root@flosse ~]# umount /logical
[root@flosse ~]# lvresize -r -L 300M /dev/tux/daten
  Rounding size to boundary between physical extents: 304,00 MiB
fsck from util-linux-ng 2.17.2
/dev/mapper/tux-daten: 11/102400 Dateien (0.0% nicht zusammenhängend),
23438/409600 Blöcke
resize2fs 1.41.12 (17-May-2010)
Die Grösse des Dateisystems auf /dev/mapper/tux-daten wird auf 311296 (1k)
Blöcke geändert.

Das Dateisystem auf /dev/mapper/tux-daten ist nun 311296 Blöcke groß.

  Reducing logical volume daten to 304,00 MiB
  Logical volume daten successfully resized
[root@flosse ~]# mount /logical/
[root@flosse ~]# df -hP
Dateisystem             Size  Used Avail Use% Eingehängt auf
/dev/mapper/vg_flosse-lv_root  7,7G  2,6G  4,8G  36% /
tmpfs                   499M  228K  499M   1% /dev/shm
/dev/vda1               194M   45M  140M  24% /boot
/dev/sr0                3,5G  3,5G     0 100% /media/RHEL_6.4 x86_64 Disc 1
/dev/mapper/tux-daten   295M   11M  270M   4% /logical
[root@flosse ~]#
```

4.5 Snapshots

Mit seiner Fähigkeit, von einem bestehenden Logischen Volume einen *Snapshot* anzulegen, steigt LVM endgültig in die Profiklasse auf. Ein Snapshot ist nicht einfach nur eine Kopie der Daten im Original. Es ist ein Auffangbehälter für alle Änderungen im Original. Das bedeutet zweierlei: Ein Snapshot ist sehr schnell erzeugt, und er muss nicht so groß sein wie die Originaldaten, sondern nur so groß wie die erwarteten Änderungen in der Zeit, in der der Snapshot existiert.

Üblicherweise werden Snapshots angelegt, um einen bestimmten Zustand einer Datenhaltung einzufrieren. Diesen Schnappschuss kann man sichern, während sich die Originaldaten weiter verändern. Dauernd sich verändernde Daten sind normalerweise sehr schwer zu sichern, und es gibt keine Garantie, dass sie vernünftig wiederhergestellt werden können. Danach kann man den Snapshot getrost wieder zerstören.

Solange der Snapshot existiert, enthält er ausschließlich *Pointer* auf die Originale. Verändern sich die Originaldaten aber, werden die Änderungen in den Snapshot übertragen. Das hat vor allem Auswirkungen auf im Original gelöschte oder veränderte Daten. Wählt der Admin seinen Snapshot zu klein und die Datenänderungen werden größer als das Volume, verliert er alles.

4 Logical Volume Manager

Im folgenden Befehl werden verschiedene Daten in das Logical Volume
/dev/mapper/tux-daten kopiert, das unter /logical eingehängt ist:

```
[root@flosse ~]# df -hP
Dateisystem          Size  Used Avail Use% Eingehängt auf
...
/dev/mapper/tux-daten 295M  113M  167M  41% /logical
[root@flosse ~]# mount -t ext4
...
/dev/mapper/tux-daten on /logical type ext4 (rw,user_xattr,acl)
[root@flosse ~]# cat /etc/fstab > /logical/fstab
[root@flosse ~]# rsync -a /usr/share/doc /logical/
[root@flosse ~]# du -hs /logical/
110M    /logical/
[root@flosse ~]#
```

Snapshots können immer nur innerhalb derselben Volume Group erzeugt werden, in der sich das Original befindet. Von diesem Snapshot aus könnte man freilich den eingefrorenen Zustand in ein Logical Volume auf einer anderen Volume Group übertragen. Den Snapshot legt man ähnlich an, wie ein Logical Volume entsteht. Allerdings ist es nicht nötig, den Snapshot /dev/tux/daten-snap zu formatieren. Er zeigt ja zunächst nur auf die Originaldaten. Anschließend wird der Snapshot nach /logsnap gemountet. Die Daten darin müssen exakt dieselben sein wie in /logical — bis die Datei /logical/fstab gelöscht wird. Im Original fehlt sie dann, doch im Snapshot gibt es sie immer noch.

```
[root@flosse ~]# lvcreate -s -L 50M -n daten-snap /dev/tux/daten
  Rounding up size to full physical extent 64,00 MiB
  Logical volume "daten-snap" created
[root@flosse ~]# mkdir /logsnap; mount /dev/tux/daten-snap /logsnap
[root@flosse ~]# ll /logsnap/
insgesamt 668
drwxr-xr-x. 724 root root  27648 20. Aug 20:51 doc
-rw-r--r--.   1 root root 641020  1. Okt 16:14 fstab
drwx------.   2 root root  12288 10. Jul 15:58 lost+found
[root@flosse ~]# rm -v /logical/fstab
rm: reguläre Datei „/logical/fstab" entfernen? y
„/logical/fstab" entfernt
[root@flosse ~]# ll /logical/
insgesamt 668
drwxr-xr-x. 724 root root  27648 20. Aug 20:51 doc
drwx------.   2 root root  12288 10. Jul 15:58 lost+found
[root@flosse ~]# ll /logsnap/
insgesamt 668
drwxr-xr-x. 724 root root  27648 20. Aug 20:51 doc
-rw-r--r--.   1 root root 641020  1. Okt 16:14 fstab
drwx------.   2 root root  12288 10. Jul 15:58 lost+found
[root@flosse ~]#
```

Obwohl sich die Originaldaten verändert haben, kann der Zustand bei Erstellung des Snapshots gesichert werden; es wäre jetzt sogar möglich, die Datei aus dem Snapshot heraus wieder in die Original-Datenhaltung zurückzukopieren.[3]

Doch die LVM2-Snapshots können noch mehr: Sie sind schreibbar. So ist es möglich, z. B. eine Master-Installation in ein Logisches Volume hineinzuinstallieren. Danach erstellt man einen Snapshot von einer gewissen Größe und fängt an, den Snapshot zu verändern. Das ist leicht möglich, indem man ihn als Medium einer Virtuelle Maschine (KVM) angibt und mit dieser Maschine arbeitet. Gefahrlos können dort Änderungen der Konfiguration, Software-Installationen und sogar der Partitionierung vorgenommen werden. Wenn es schief geht, dann verwirft man den Snapshot, erzeugt einen neuen und fängt wieder von Null an, ohne das Original beschädigt zu haben.

4.6 Prüfungsvorbereitung

Abhängig von der Aufgabe ist nur ein Logisches Volume auf einer bestehenden Volume Group zu erzeugen, oder es wird „die ganze Packung" fällig. Das bedeutet, es ist eine Partition zu erzeugen und als 8e zu markieren. Weil die Aufgabe vielleicht auf einer Boot-Festplatte stattfinden soll, ist anschließend ein Reboot der virtuellen Maschine fällig, denn erst nach dem Neustart erkennt Linux die neue Partition. Dann ist es möglich, die neue Partition zu einem Physical Volume zu machen und einer bestehenden Volume Group zuzuordnen, oder eine neue Volume Group auf dem Physical Volume anzulegen. Auf dem neu gewonnenen Platz können dann Logische Volumes entstehen.

Üben Sie das Partitionieren der Festplatte und Anlegen von Physical Volumes, Volume Groups und Logical Volumes. Es gibt grafische Programme für die Partitionierung und für das Erzeugen und Verwalten von LVM. Nach etwas Übung sind die textorientierten Kommandos der schnellere Weg, aber auch grafische Programme führen zum Ziel. Welchen Weg Sie auch einschlagen, Sie müssen ihn vorher üben. Verlassen Sie sich nicht darauf, dass grafische Programme Ihnen unter Stress mehr sagen als textorientierte Kommandos.

Wie bekommt man heraus, ob es funktioniert? Ein `cat /proc/partitions` zeigt, ob eine neu angelegte Partition vom System schon gesehen wird. Wenn nicht: booten! Eine Partition ist noch kein Physical Volume, das muss erst mit `pvcreate` erzeugt werden. Der grafische LVM-Manager hilft,

---

[3] Werner Fischer von der Thomas Krenn AG warnt vor Snapshots, die 1 GB übersteigen. Würden in den Originaldaten mehr als 1 GB Änderungen entstehen, dann sei der Snapshot verloren: http://www.thomas-krenn.com/de/wiki/LVM_Snapshots

diesen Fehler zu vermeiden. Dennoch ist seine hakelige Bedienung unter Stress womöglich ein Nachteil. Gerne wird vergessen, dass man ein frisch angelegtes Logical Volume auch formatieren muss, bevor es sich an seinem Mountpunkt einhängen lässt. Nachdem die Partition/das Logical Volume in /etc/fstab eingetragen ist, zeigt ein mount -a und anschließend ein df -h, ob der fstab-Eintrag auch fehlerfrei ist. Nicht vergessen, die Partition/das Volume vorher auszumounten!

Benutzer verwalten

Auf einem Linux-System gibt es zwei Arten von Benutzern: solche, die sich mehr oder weniger regelmäßig auf dem System einloggen und unter ihrem Namen darauf arbeiten, und die sogenannten *Systembenutzer*. Ein solcher Systembenutzer ist z.B. ftp; ihm gehören normalerweise alle Dateien, die mit dem FTP-Dienst zusammenhängen. Ein weiteres Beispiel wäre der Benutzer postfix als Eigentümer aller Konfigurationsdateien und Mail-Warteschlangen des Mail-Dienstes Postfix. Wenn man unter RedHat und CentOS den Apache-Webserver installiert, entstehen sowohl der Benutzer als auch die Gruppe apache, wenn sie nicht ohnehin schon existiert haben. In derselben Benutzerkontendatenbank abgespeichert, aber haushoch über allen Benutzern thront der Systemadministrator root. Das System erkennt ihn an seiner Benutzer-ID 0 – diese macht ihn zum Polizisten, Hausmeister und Scharfrichter. Systembenutzer haben die niedrigen Benutzer-IDs (auch UIDs oder User-IDs genannt), (bin die 1, daemon die 2, ftp die 14, apache die 48 usw.). Die Benutzer- und Gruppen-IDs (GIDs) normaler Benutzer beginnen bei RedHat und CentOS mit der 500.

5.1 Benutzer- und Gruppenkontendatenbanken

Die Benutzerkontendatenbank einer einfachen Linux-Installation ist eine ASCII-Datei mit dem Namen /etc/passwd. Die Gruppenkonten sind in der Datei /etc/group gelistet, ebenfalls im Format einer einfachen Text-Tabelle. Das Programm grep filtert alle Informationen über den Benutzer student heraus:

```
[root@flosse ~]# grep student /etc/passwd
student:x:500:500:Test Benutzer:/home/student:/bin/bash
[root@flosse ~]# grep student /etc/group
student:x:500:
[root@flosse ~]#
```

Ausgerechnet das, wonach /etc/passwd benannt ist, nämlich die Passwort-Information, ist allerdings nicht mehr in dieser Datei enthalten. Das hat seinen guten Grund: Damit jeder Benutzer den Namen jedes anderen Benutzers auflösen kann, und sei es nur für ein simples ls -l, muss die Datei /etc/passwd für jedermann lesbar sein. Ist sie aber für jedermann lesbar, wäre auch jeder Passwort-Eintrag in der Datenbank lesbar.

Auch früher stand das Passwort niemals als Klartext in der Benutzerkontendatenbank, sondern als *Prüfsumme* über das Passwort (*Hash*). Aber weil die Datei lesbar ist, konnte sie jedermann inklusive Hashes kopieren und zu Hause in aller Ruhe einem Passwort-Cracker vorwerfen. Die Hashes werden zwar mit einem unumkehrbaren mathematischen Verfahren gewonnen, doch mit genügend Zeit und Rechnerleistung lassen sich alle Möglichkeiten durchprobieren (*Brute Force Attack* oder *lexikalischer Angriff*). Darum wurden die Passwort-Hashes zusammen mit anderen Informationen über das Benutzerkonto in eine Datei namens /etc/shadow ausgelagert. Sie ist bei RedHat und Co. für niemanden lesbar, weshalb diese Methode als deutlich sicherer gilt.[1]

```
[root@flosse ~]# ls -l /etc/{passwd,shadow}
-rw-r--r--. 1 root root 1724  4. Jul 22:45 /etc/passwd
----------. 1 root root 1066  4. Jul 22:45 /etc/shadow
[root@flosse ~]#
```

Was das System über einen Benutzer „weiß", ist auch nicht viel mehr oder weniger als bei anderen Systemen. Im ersten Feld des Datensatzes (die Datei /etc/passwd ist eine Text-Tabelle mit Doppelpunkten als Feldtrenner; jede Zeile ist ein Datensatz) befindet sich der Benutzername, danach ein x; es folgen User-ID und Gruppen-ID. Das *GECOS* genannte Feld erlaubt es, einen Langnamen für den Benutzer anzugeben. Danach folgen das Heimatverzeichnis des Benutzers und seine Shell.

---

[1] http://openwall.info/wiki/john/sample-hashes Manpage von passwd und shadow (man 5 shadow).

```
[root@flosse ~]# grep student /etc/passwd
student:x:500:500:Test Benutzer:/home/student:/bin/bash
```

Das ominöse x ist ein Zeiger auf die `shadow`-Datei. Jeder Benutzer muss sowohl eine UID haben, die ihn im System identifiziert, als auch eine *Primary Group*. Das ist eine technische Notwendigkeit, die sich schon daraus erklärt, dass auch die Unix/Linux-Dateisystemberechtigungen immer eine Gruppenzugehörigkeit verlangen. Jede Datei, die der Benutzer irgendwo anlegt, gehört unter normalen Umständen der Benutzer-ID und der Primary Group ID des Benutzers, der sie erzeugte. Mehr dazu in Abschnitt 6.1. Langnamen, wie sie im GECOS-Feld abgelegt werden, sind eine angenehme Einrichtung; bei manchen Systemen wird dieses Feld erweitert um Angaben zu Büro und Telefonnummer des Benutzers. Bei RedHat und CentOS werden diese Informationen nicht automatisch abgefragt wie bei Debians `adduser`-Programm, sie lassen sich aber mit `chfn` einrichten. Solche Zusatzinformationen wurden mit dem Programm `finger` angerufen.

Das *Heimatverzeichnis* ist der Ort, an dem der Benutzer nach dem Login „steht" und der in der Variablen `$HOME` hinterlegt ist; das Verzeichnis wird angesteuert, wenn der Benutzer an einer beliebigen Stelle des Dateisystems `cd` ohne eine weitere Information angibt. Es ist Dateieigentum des Benutzers, alle Dateien darin gehören normalerweise ihm, und normalerweise hat er Schreib- und Zugriffsrechte auf alles.

Spannend ist der letzte Wert des Datensatzes, denn an die unsichtbare Shell denkt man meist zuletzt. Tatsächlich kann sich ein Benutzer, der hier keine (in `/etc/shells`) dem System bekannte Shell eingetragen hat, nicht am System einloggen. Es gibt bei den RedHat-artigen Distributionen sogar eine explizite *Nicht-Shell* mit dem Namen `/sbin/nologin`. Wer diese in seinem Benutzerkonten-Datensatz eingetragen hat, kann sich nicht nur selbst nicht anmelden, nicht einmal `root` kann sich dann in diesen Benutzer (per `su`) verwandeln. Zwar kann `root` den Shell-Eintrag eines solchen Benutzers ändern, aber so wird z. B. verhindert, dass Systembenutzer wie `postfix` oder `apache` im Rahmen eines Angriffs missbraucht werden. Der Angreifer müsste vorher schon explizit `root`-Rechte erlangen, um das Anmelden dieser Benutzer zu erlauben. Und wenn das der Fall ist, haben das System und dessen Admin noch ganz andere Probleme...

Die Datei `/etc/shadow` verwaltet alle zum Passwort gehörenden Daten eines Benutzers. Dazu gehören im ersten Feld der Benutzername, danach der Passwort-Hash. Gleich im Anschluss folgt eine Zeitangabe darüber, wann das Passwort zuletzt geändert wurde – und zwar als Zahl, die die Tage seit Beginn der „Unix-Zeitrechnung" (01.01.1970) angibt. Die 0 im vierten Feld besagt, dass das Passwort keine Mindestgültigkeit hat, also am gleichen Tag schon wieder geändert werden darf. Der Standardwert, dass das Passwort 99999 Tage lang gültig sein darf (knapp 275 Jahre), nimmt zukünftige massive Durchbrüche in der Geriatrie an. Immerhin: 7 Tage im Voraus würde man über den Verfall des Passworts informiert. Nicht belegt ist das Feld 7, dort könnte man *Grace-Tage* hinterlegen, also eine Anzahl von Tagen, an denen das Passwort nach seinem Ablauf immer noch akzeptiert würde. Zwischen den letzten beiden Doppelpunkten kann noch ein Datum eingetragen werden, an dem das Passwort abläuft. Das ist z.B. bei Benutzerkonten von Werkstudenten sehr hilfreich.

```
[root@flosse ~]# grep student /etc/shadow
student:$6$6vrkRLq.zs4JhGRo$Wj4jmSrcZ.RdMt726jl6xADtNy6WFl/
iFHdh2Q1XwB5aumNAyDOJntIwBpcBXdKzmWn/Qg0r8psOC4EXimPLN/:15890:0:99999:7:::
[root@flosse ~]#
```

Die Gruppenkontendatenbank /etc/group ist viel einfacher aufgebaut. Der Gruppenname, das x, die GID (Gruppen-ID) und anschließend die Gruppenmitglieder, mit Kommata getrennt. Zunächst erstaunlich: Zwar ist für jeden Benutzer (hier: student) eine Gruppe angelegt — üblicherweise mit derselben GID wie der Benutzer — aber darin ist kein einziges Mitglied eingetragen. Das muss es auch nicht, denn dass User student die Gruppe student sogar als Primary Group eingetragen hat, steht ja schon in /etc/passwd. Nur bei den anderen, normalen, *Supplementary Group* genannten Gruppen muss jeder Benutzer extra eingetragen sein. Wie der Administrator seine Benutzer in Stämme einteilt, kann das System nicht erraten.

```
[root@flosse ~]# cat /etc/group
root:x:0:
...
video:x:39:student,visitor
student:x:500:
```

Aus historischen Gründen gibt es das x auch in /etc/group. Das verwies auf eine Datei /etc/gshadow, in der man einen Passwort-Hash hinterlegen konnte, für den Fall, dass jemand z.B. mit dem Kommando newgrp seine Primary Group vorübergehend ändern wollte. Bei RedHat — wie auch bei anderen Distributionen, gibt es gar keine gshadow mehr.

5.2 Benutzer erzeugen

Alle Distributionen mit grafischen Oberflächen haben grafische Tools, um Benutzer und Gruppen zu verwalten. Bei RedHat ist es system-config-users, das auch über System ▸ Administration ▸ Benutzer und Gruppen zu erreichen ist. Wie bei allen system-config-Tools gibt es auch eine textorientierte Darstellung für das Programm, wenn das System keine grafische Oberfläche besitzt oder gestartet hat.

5.2 Benutzer erzeugen

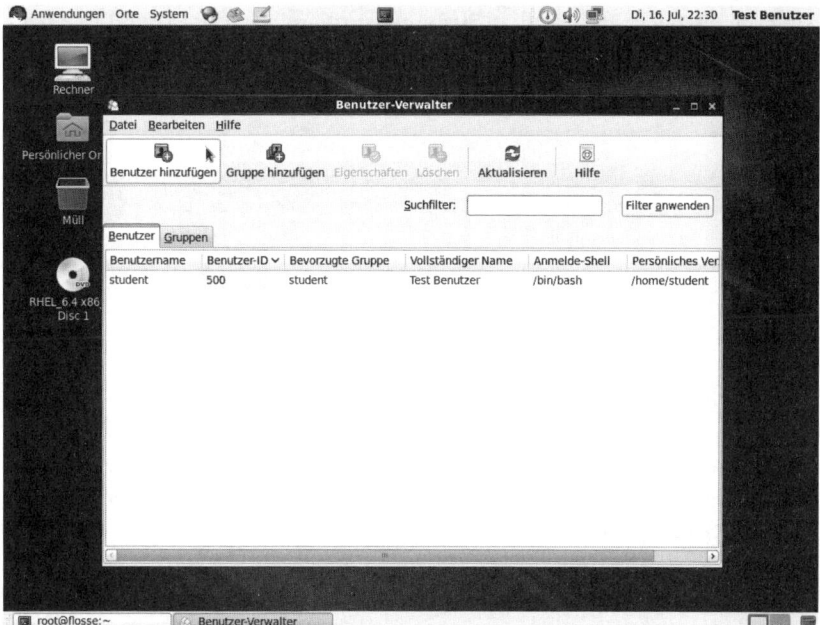

Abbildung 5.1:
Per Reiter zwischen Benutzer und Gruppenverwaltung umschalten

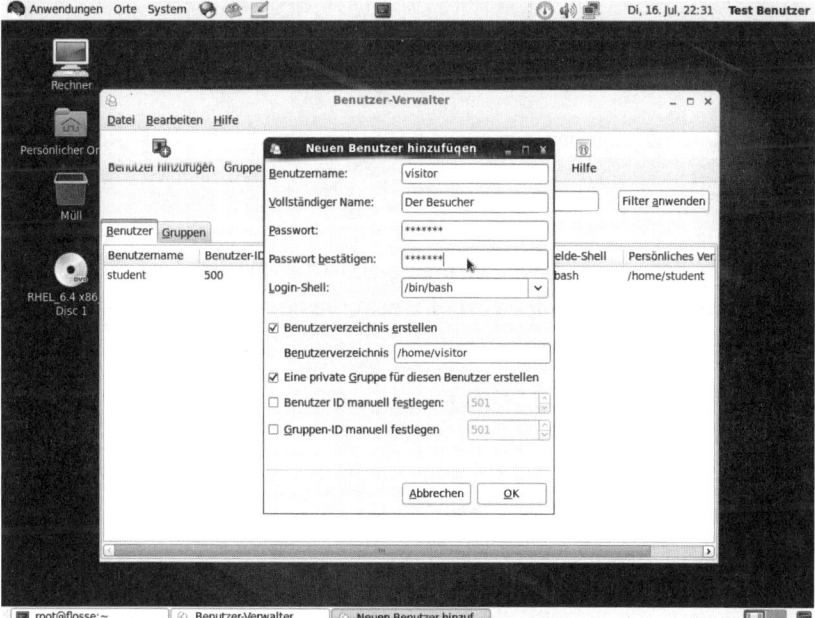

Abbildung 5.2:
Alle wichtigen Angaben können bequem in den Dialog eingetragen werden

Wenn es schnell gehen muss oder ein kleines Skript bei der Erstellung der Benutzer helfen darf, dann ist das textorientierte useradd die bessere Wahl.

Außerdem ist `useradd` auf allen Systemen vorhanden, `system-config-users` dagegen nur auf Gnome-basierten RedHat- und CentOS-Systemen.

```
[root@flosse ~]# for name in einstein kepler brahms mozart
do
  useradd $name
done
[root@flosse ~]# for name in einstein kepler brahms mozart
do
  id $name
done
uid=502(einstein) gid=502(einstein) Gruppen=502(einstein)
uid=503(kepler) gid=503(kepler) Gruppen=503(kepler)
uid=504(brahms) gid=504(brahms) Gruppen=504(brahms)
uid=505(mozart) gid=505(mozart) Gruppen=505(mozart)
[root@flosse ~]#
```

All das (außer den Benutzer anlegen) kann auch das Kommando `usermod`. Selbstverständlich sind auch die Schalter für `usermod` die gleichen, die auch `useradd` verstanden hätte:

```
[root@flosse ~]# usermod -c "W. A. Mozart" mozart
[root@flosse ~]# grep mozart /etc/passwd
mozart:x:505:505:W. A. Mozart:/home/mozart:/bin/bash
[root@flosse ~]#
```

Die wichtigsten Schalter für `useradd` und `usermod` sind:

-u `<UID>`

  Benutzer-ID angeben; standardmäßig vergibt das System die nächste freie UID.

-g `<GID>`

  legt für den Benutzer die Gruppen-ID `<GID>` als Primary Group fest. Man sollte diese Gruppe vorher erzeugt haben.

-G `video,wheel,audio`

  ordnet den Benutzer den Supplementary Groups `video`, `wheel` und `audio` zu. Bei `usermod` muss man darauf achten, auch die alten Gruppen zu nennen, wenn man eine Gruppe hinzufügen will, oder den Schalter `-a -G wheel` („add Group wheel") zu verwenden.

-c

  bearbeitet das GECOS-Feld des Benutzers. Da hier oftmals Leerzeichen (wie für Vor- und Nachnamen) oder Kommata hineingeschrieben werden, empfiehlt es sich, die Angabe in doppelte Anführungszeichen zu setzen.

`-e 2015-05-31`

setzt dem neuen Benutzer das Verfallsdatum 31. Mai 2015. Der eigentliche Zeitwert wird vom System umgerechnet in Tage ab 01.01.1970 und in die Datei `/etc/shadow` eingetragen.

`-k <Verzeichnis>`

legt ein *Skeleton-Verzeichnis* fest; darin befinden sich alle Dateien und Verzeichnisse, die der Benutzer als Grundausstattung bekommt. Das Standard-Verzeichnis ist `/etc/skel`; da aber dieser Wert explizit gesetzt werden kann, sind so viele Standard-Benutzerausstattungen möglich, wie der Admin für sinnvoll hält.

`-r`

erzeugt einen Systembenutzer mit einer niedrigen UID (nur `useradd`)

`-a`

sorgt (bei `usermod`) dafür, dass mit `-G` angegebene Gruppen zu den bestehenden Gruppen eines Benutzers hinzugefügt werden. Ohne `-a` werden die alten Gruppenzugehörigkeiten durch die neuen ersetzt.

Ein anderer sehr wichtiger Schalter für `usermod` ist `-L`, um ein Benutzerkonto zu sperren („lock"). `-U` („unlock") hebt die Sperrung wieder auf. Anders als die Kommandooptionen oben schreiben `-L` und `-U` nicht in `/etc/passwd`, sondern in `/etc/shadow`.

Die Grundeinstellungen für `useradd` liegen in `/etc/default/useradd`, aber vor allem in der Datei `/etc/login.defs`. Hier finden sich die Richtlinien, dass Benutzer- und Gruppenkonten bei 500 beginnen, die höchste ID aber bei 60000 liegt. Auch der Verschlüsselungs-Algorithmus ist hier festgelegt (*Salted Hash 512*). Wer andere Regeln für ein bestimmtes Konto verwenden will, kann dies mit dem wenig eingängigen Befehl -K (oder --key) Key=Wert tun.

```
[root@flosse ~]# useradd -c "Hermann Hesse" -K PASS_MAX_DAYS=45 hermann
[root@flosse ~]# grep hermann /etc/shadow
hermann:!!:15902:0:45:7:::
[root@flosse ~]#
```

Ein Konto, das gesperrt ist, trägt mindestens ein Ausrufezeichen am Anfang des Hashwerts. Wenn das Konto noch kein Passwort besitzt, z.B. gleich nach dem Erzeugen, dann finden sich entweder zwei Ausrufezeichen oder ein Stern im Passwort-Feld. Das sind natürlich „unmögliche" Passwort-Hashes, kein Passwort würde dafür eingegeben werden können.

Hermann Hesse bekommt nun das Passwort `Siddartha`, und der dazu passende Hashwert steht anschließend in der Datei `/etc/shadow`. Er ist lang und nicht lesbar. In der folgenden Darstellung haben wir auf den mittleren Teil verzichtet und ihn gegen drei Punkte ausgetauscht.

```
[root@flosse ~]# passwd hermann
ändere Passwort für Benutzer hermann.
Geben Sie ein neues Passwort ein:
Schlechtes Passwort: Es basiert auf einem Wörterbucheintrag
Geben Sie das neue Passwort erneut ein:
passwd: alle Authentifizierungsmerkmale erfolgreich aktualisiert.
[root@flosse ~]# grep hermann /etc/shadow
hermann:$6$YOmg2Ey...62DR5ow.:15902:0:45:7:::
[root@flosse ~]#
```

Das Feld mit dem Passwort-Hash besteht aus drei Teilen: Der Wert zwischen dem ersten und dem zweiten $ zeigt an, mit welchem Algorithmus der Hash erzeugt wurde: 1 ist ein MD5-Hash, $2a$ ein Blowfish, 5 ein Salted Hash 256, 6 ein Salted Hash 512. Steht hier nur ein acht Zeichen langes Gebilde, handelt es sich um DES. Zwischen dem zweiten und dritten $ steht das *Salt*, ohne das der Hash nicht geprüft werden kann. Zuletzt kommt der eigentliche Hashwert. Je nach Algorithmus ist dieser Anteil verschieden lang.

Um Hermanns Konto zu sperren, sind sowohl passwd -l als auch usermod -L geeignet. Der einzige Unterschied: passwd -l schreibt zwei Ausrufezeichen vor den Passwort-Hash, usermod -L nur eines. Den Zustand des Kontos, ob gesperrt oder nicht, fragt man mit passwd -S <username> bequem ab.

```
[root@flosse ~]# passwd -l hermann
Sperre Passwort für Benutzer hermann.
passwd: erfolgreich
[root@flosse ~]# grep hermann /etc/shadow
hermann:!!$6$YOmg2Ey ... 62DR5ow.:15902:0:45:7:::
[root@flosse ~]# passwd -u hermann
Entsperre Passwort für Benutzer hermann.
passwd: erfolgreich
[root@flosse ~]# usermod -L hermann
[root@flosse ~]# grep hermann /etc/shadow
hermann:!$6$YOmg2Ey ... 62DR5ow.:15902:0:45:7:::
[root@flosse ~]# passwd -S hermann
hermann LK 2013-07-16 0 45 7 -1 (Passwort gesperrt.)
[root@flosse ~]#
```

Eine andere einfache Art, das Passwort eines Benutzers zu verändern:

```
[root@flosse ~]# echo Siddartha | passwd --stdin hermann
ändere Passwort für Benutzer hermann.
passwd: alle Authentifizierungsmerkmale erfolgreich aktualisiert.
[root@flosse ~]#
```

Schneller geht es nicht, und nur root darf das. Außerdem funktioniert diese Vorgehensweise bei weitem nicht bei allen Distributionen.

„Benutzer löschen" gibt es – neben dem grafischen Tool – in zwei Varianten: Ein simples `userdel <benutzername>` löscht den Benutzer, lässt sein Heimatverzeichnis aber bestehen. Das ist nicht ungeschickt, wenn die Daten in diesem Heimatverzeichnis vielleicht später noch gebraucht werden. Zusammen mit dem Schalter `-r` wird aber auch das gelöscht; dieser Vorgang ist nur mit einer vorherigen Sicherung rückgängig zu machen!

Alle hier vorgestellten Kommandos zur Benutzerverwaltungs sind „richtige" GNU-Kommandos, d.h. sie sind mit einer umfangreichen Liste von Optionen ausgestattet, die man mit `--help` abruft. Wenn das zur Orientierung nicht reicht, gibt es immer noch die Manpages.

5.3 Gruppen verwalten

Analog zu `useradd`, `usermod` und `userdel` gibt es auch die Gruppenverwaltungskommandos, so dass es nicht verwundert, dass `groupadd` einen Eintrag in der Gruppendatenbank `/etc/group` erzeugt. Genau wie bei useradd sorgt `-r` dafür, dass eine Systemgruppe erzeugt und die GID automatisch vergeben wird. Ebenso ist `-g` die Möglichkeit, eine bestimmte GID festzulegen.

Das Kommando `groupmod` fügt allerdings nicht weitere Benutzer einer Gruppe hinzu. Einschließlich dem Anlegen einer Gruppe ist ein geschickter Admin mit dem `vi` oder einem anderen Texteditor ohnehin schneller als mit einem entsprechenden Spezialprogramm. Davon ausgenommen ist womöglich ein grafisches Programm wie `system-config-users`, das Benutzer per Mausklick zuweist.

Bliebe noch `groupdel`, doch dazu gibt es nichts zu sagen, was nicht im Zusammenhang mit `userdel` erläutert worden wäre.

5.4 Passwortalterung verwalten

Viele Einstellungen bezüglich des Passworts lassen sich mit Schaltern von `usermod` und `passwd` einstellen, aber sehr praktisch ist auch das Kommando `chage`. Mit dem Schalter `-l` zeigt es den aktuellen Zustand eines Benutzerkontos an, soweit die `/etc/shadow` davon betroffen ist. Ein Beispiel:

```
[root@flosse ~]# chage -l hermann.
Last password change                                    : Jul 17, 2013
Password expires                                        : Aug 31, 2013
Password inactive                                       : never
Account expires                                         : never
Minimum number of days between password change          : 0
Maximum number of days between password change          : 45
```

```
Number of days of warning before password expires      : 7
[root@flosse ~]#
```

Mit verschiedenen Schaltern lässt sich jeder der angezeigten Werte ändern. Um das Alterungsverhalten des Benutzers `visitor` anzupassen, dessen Passwort eine maximale Haltbarkeit von standardmäßig 99999 Tagen und kein Verfallsdatum hat, kommen die Schalter `-M` und `-E` zum Einsatz. Die komplette Liste liefert `chage --help`.

```
[root@flosse ~]# chage -M 45 -E 2014-12-31 visitor
[root@flosse ~]# chage -l visitor
Last password change                                   : Jul 16, 2013
Password expires                                       : Aug 30, 2013
Password inactive                                      : never
Account expires                                        : Dec 31, 2014
Minimum number of days between password change         : 0
Maximum number of days between password change         : 45
Number of days of warning before password expires      : 7
[root@flosse ~]#
```

Für Eintragungen in `/etc/shadow` setzt `chage` das im internationalen Datumsformat eingegebene End-Datum in Unix-Zeitrechnung um. Eine gängige Aufgabe, die schon bei verschiedenen Tests verschiedener Prüfungsgeber im letzten Jahrzehnt vorkam, lautet: „Legen Sie den Zyklus des nächsten Passwortwechsels auf 30 Tage fest und sorgen Sie dafür, dass Benutzer `Einstein` beim nächsten Einloggen sein Passwort ändern muss." Den Änderungszyklus auf 30 Tage einzustellen ist kein Problem. Dass der Benutzer sein Passwort ändern muss, erzwingt man, indem man das Datum der letzten Änderung *vor* diesen Termin legt — z. B. auf den Tag Null. Dann ist das Passwort für das System sicher schon abgelaufen: `chage -d 0 einstein`. Man prüft die Einstellung, indem man sich als normaler Benutzer mit `su - einstein` verwandelt. Verlangt das System dann sofort nach einer Passwortänderung, ist die Aufgabe gelöst.

5.5 Prüfungsvorbereitung

Ob Benutzer für das System sichtbar sind, findet man mit `getent passwd` heraus. Der Name des Benutzers hinter dem Kommando (`getent passwd user1`) schränkt die Ausgabe auf das eine genannte Benutzerkonto ein. Das gleiche gilt für `getent group`. Wenn die Benutzerkontenkontrolle des Rechners gegen einen LDAP-Server läuft, *müssen* Sie sogar jeweils einen Namen eines Benutzers oder einer Gruppe angeben, sonst kommt keine Ausgabe.

6 Kapitel

Dateisystemberechtigungen verwalten

In *Multibenutzersystemen* wie Linux sind die Kategorien *Benutzer* und *Rechte* nicht voneinander zu trennen. Schon ein simples ls -l zeigt immer beides an: Wenn es Rechte oder Berechtigungen gibt, muss es auch Benutzer geben, auf die sie sich beziehen. Auch könnte man nicht von einem Multibenutzersystem sprechen, wenn es zwar mehrere Benutzer gäbe, aber alle die gleichen Rechte auf die Dateien und Verzeichnisse des Dateisystems besäßen. Das wäre so etwas wie Windows 98 oder Me, bei denen das darunterliegende FAT-Dateisystem die Benutzer nicht darstellen und darum auch nicht unterscheiden konnte. FAT kennt zwar ein „read only"-Recht, sogar eine Eigenschaft „hidden", die dem Linux-Dateisystemen fehlt — weil aber jedermann alle Dateien (auch die verborgenen) und deren Rechte mit attrib anzeigen und ohne besondere Zusatzrechte nach Belieben ändern kann, stellt das keinen Schutz dar. Damit ist das Wichtigste schon gesagt: Rechte sind eine Sache des Dateisystems, und sie schützen nur, wenn sich alle daran halten müssen — sogar dann, wenn das System gerade nicht läuft.

Das Standard-Rechtekonzept von Linux und seiner Unix-Geschwister ist sehr einfach: keine Multi-Userrechte, keine Multi-Gruppenrechte, keine Rechtevererbung — jedenfalls nicht in der ersten Hälfte dieses Kapitels. In der zweiten Hälfte geht es genau darum.

6.1 Rechtekonzept

Ein simples `ls -l` enthüllt bereits den Zusammenhang zwischen *Haben* und *Sein*: Links stehen *Dateityp* und *Berechtigungen* der Datei, daneben gleich ihre Eigentümer (es sind immer ein *Benutzer* und eine *Gruppe*). Danach erst folgen (bei Dateien) die Größe, der Zeitpunkt des letzten Zugriffs und der Name. Einträge, die in der ersten Spalte ganz links ein d haben, sind *Directories*, also Verzeichnisse. Alle Einträge, die links einen Bindestrich haben, sind normale Dateien (*Regular Files*) — im folgenden Falle die Datei einfachedatei. Es gibt noch ein einige andere Dateitypen, dazu kommen wir noch.

```
[student@flosse ~]$ touch einfachedatei
[student@flosse ~]$ ls -l
insgesamt 36
drwxr-xr-x. 2 student student 4096  7. Jul 13:30 Bilder
drwxr-xr-x. 2 student student 4096  7. Jul 13:30 Desktop
drwxr-xr-x. 2 student student 4096  7. Jul 13:30 Dokumente
drwxr-xr-x. 2 student student 4096  7. Jul 13:30 Downloads
-rw-rw-r--. 1 student student    0 17. Jul 12:43 einfachedatei
...
```

Nach dem Dateityp folgen drei *Tripel*, dreiteilige Zeichenfolgen wie rwx, r-x oder rw-. Diese bezeichnen sämtliche Rechte. Das erste Tripel gehört dem *Benutzer* (User), also dem Eigentümer der Datei. Dessen Name steht passenderweise gleich in der Spalte nach den Rechten (lautet hier also student). Das zweite Tripel bezieht sich auf die *Gruppe*, zu der diese Datei gehört. Jede Datei (wie überhaupt alle Objekte im Dateisystem) hat einen *Gruppen-Eigentümer*. Das ist auch der Grund dafür, warum jeder Linux-Benutzer zwangsläufig Mitglied einer *Primary Group* (vgl. Abschnitt 5.1) sein muss: Das Dateisystem verlangt es so. Erzeugt der Benutzer (wie in der ersten Zeile dieses Listings) eine Datei, gehört sie ihm als Eigentümer, und die zugeordnete Gruppe ist die Primary Group des Benutzers. Das dritte Dreier-Grüppchen gehört den *Others*, also allen anderen, die nicht Eigentümer oder Gruppe sind. Wirklich *alle* — egal, wie sie auf dieses System gelangt sind. Damit haben wir also die *Zugriffsklassen* „Owner", „Group" und „Others", die v.a. dann wichtig werden, wenn man Rechte ändert.

Jede Zugriffsklasse kann drei verschiedene Rechte bekommen:

Lesen (read)
: den Inhalt einer Datei sehen bzw. die Dateiliste eines Verzeichnisses anzeigen können

Schreiben (write)
: den Inhalt einer Datei ändern und die Datei löschen

Ausführen (execute)
: eine Datei mit ausführbarem Inhalt ausführen

Da stellt sich gleich die Frage: „Wie führt man ein *Verzeichnis* aus?" Antwort: indem man hineinwechselt. Das x-Recht bei Verzeichnissen bedeutet, dass sie der Benutzer mit einem cd betreten kann. Ohne Leserecht könnte ein solcher Benutzer aber nichts darin sehen.

HINWEIS **Alle sind gleich**
Die Dateisystemberechtigungen sind unter Linux und Unix immer gleich – egal, welches Dateisystem darunter liegt. Der sogenannte *File System Switch* (auch *Virtual File System* genannt) macht den großen Linux-Dateibaum erst möglich. Mit einem *Abstraktionslayer* erfindet das Betriebssystem sogar Rechte, wenn es sie auf dem Dateisystem darunter nicht gibt. Sogar VFAT-formatierte USB-Sticks haben unter Linux Dateisystemberechtigungen. Diese werden allerdings zur Laufzeit „zusammengelogen". Nachdem der Stick aus dem Linux-Rechner gezogen und in ein Windows hineingesteckt wurde, ist davon nichts mehr zu sehen.

6.2 Rechte verändern

Die Rechte werden in der Linux- und Unix-Welt auch als *Mode* bezeichnet, daher das Kommando chmod, um die Rechte zu ändern. Die grafischen Oberflächen bieten dafür ebenfalls Möglichkeiten an. Der Gnome Dateimanager zeigt eine Drop-Down-Liste, wenn man ein Datei-Icon mit der rechten Maustaste anklickt. Mit Eigenschaften erscheint der Eigenschaften von... Dialog, in dem die Lese- und Schreibrechte zugewiesen werden können. Der Schalter für die Ausführbarkeit ist nur einmal als Checkbox auf dem Dialog vorhanden; klickt man sie an, weist dies das x-Recht allen Zugriffsklassen auf einmal zu. Will man hier stärker differenzieren, so dass z.B. nur der Eigentümer das Recht zur Ausführung besitzt, führt schon kein Weg mehr an der textorientierten Steuerung vorbei. Gnomes Darstellung der Dateirechte ist anders gelöst als die von KDE, xfce und anderen grafischen Oberflächen.

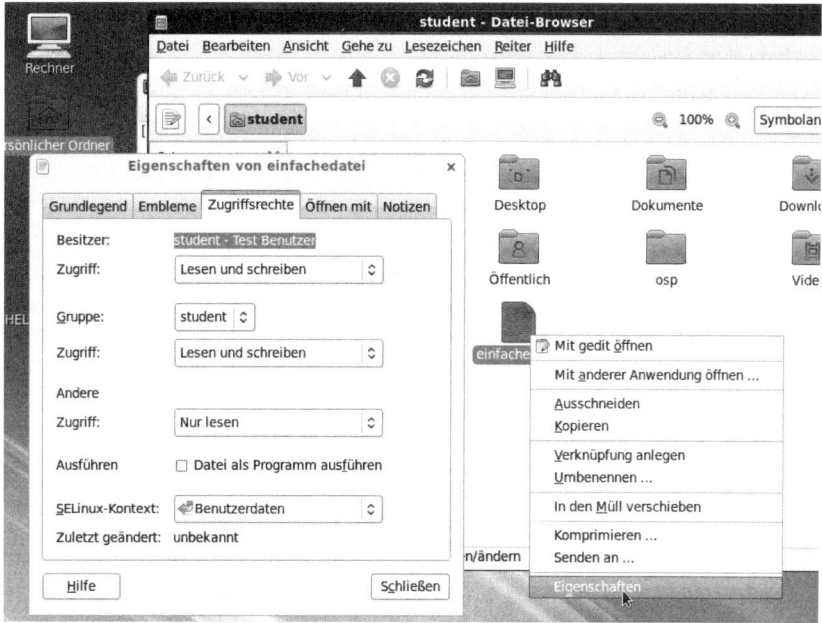

Abbildung 6.1:
Rechte verändern
mit Nautilus

6.2.1 UGO-Schreibweise mit chmod

Um die Berechtigungen mit chmod zu ändern, gilt es, zuerst die Rechte und dann die Zieldatei(en) anzugeben. Auf der Befehlszeile sieht das so aus:

```
[student@flosse ~]$ chmod u+x einfachedatei
```

Man spricht hier von der „UGO-Schreibweise", weil man die Zielklasse mit u, g oder o angibt. Mit ls -l vorher und nachher überprüft man die Wirkung:

```
[student@flosse ~]$ ls -l einfachedatei
-rw-rw-r--. 1 student student 0 17. Jul 12:43 einfachedatei
[student@flosse ~]$ chmod u+x einfachedatei
[student@flosse ~]$ ls -l einfachedatei
-rwxrw-r--. 1 student student 0 17. Jul 12:43 einfachedatei
[student@flosse ~]$
```

Die Gruppe soll das Schreibrecht verlieren:

```
[student@flosse ~]$ chmod g-w einfachedatei
```

Die anderen sollen kein Leserecht mehr haben:

```
[student@flosse ~]$ chmod o-r einfachedatei
```

Die Gruppe soll, ohne dass bekannt ist, ob schon ein Read-Recht vorliegt, Read und Write bekommen:

```
[student@flosse ~]$ chmod g+rw einfachedatei
```

Wenn ein Recht schon zugeordnet war, geschieht nichts Schlimmes, wenn es noch einmal zugewiesen wird.

Auf diese Weise lassen sich mit einem einzigen Befehl für alle drei Zugriffsklassen ganz unterschiedliche Berechtigungen setzen:

```
[student@flosse ~]$ chmod u-x,g-w,o-r
```

Und es geht noch weiter: Man kann nicht nur Rechte geben oder nehmen, sondern auch generell zuweisen:

```
[student@flosse ~]$ chmod o=r einfachedatei
```

setzt die Rechte für die Others auf Read, welche Rechte auch immer vorher gegolten haben mögen. Das kann auch so aussehen:

```
[student@flosse ~]$ chmod u=rwx,g=rw,o=r einfachedatei
```

Hier werden allen drei Zugriffsklassen jeweils unterschiedliche Rechtemixe verbindlich zugewiesen.

6.2.2 Rechtevergabe mit „Zahlenmystik"

Die UGO-Schreibweise wird von harten Unix-Kerlen gern als Kinderei abgetan, in diesen Kreisen arbeitet man lieber mit Zahlen, denn tatsächlich kennt der Rechner im Grunde weder ugo noch rwx. Wirklich schwierig ist aber die Notation mit Zahlen auch nicht.

„Zahl" meint hier eine jeweils „dreistellige Oktalzahl".

Analog zum Dezimalsystem (Zehner-Potenzen) oder Binärsystem (Zweier-Potenzen) beruht das Oktalsystem auf Achter-Potenzen. An jeder Stelle stehen also die Ziffern 0 bis 7 zur Verfügung.

Mit drei einfachen Regeln ist das Rechtesystem nun in Oktalschreibweise wie folgt darstellbar:

1. Jedem Recht ist genau eine Ziffer zugeordnet, und zwar

    1 = ausführen (x)

    2 = schreiben (w)

    4 = lesen (r)

2. Rechtekombinationen entsprechen der Summe dieser Zahlenwerte

    „lesen und schreiben" = 4 + 2 = 6 oder

„lesen, schreiben und ausführen" = 4 + 2 + 1 = 7

3. Die drei Stellen der Oktalzahl repräsentieren nun die drei bereits bekannten Zugriffsklassen *User*, *Group* und *Others* — und damit ist das Zahlensystem bereits entschlüsselt.

Ein Beispiel:

```
[student@flosse ~]$ chmod 754 einfachedatei
```

bewirkt also Folgendes:

- Der User (erste Stelle) erhält mit der 7 alle Rechte.

- Die Gruppe (zweite Stelle) darf einfachdatei lesen und ausführen.

- Alle anderen (dritte Stelle) dürfen einfachedatei nur lesen.

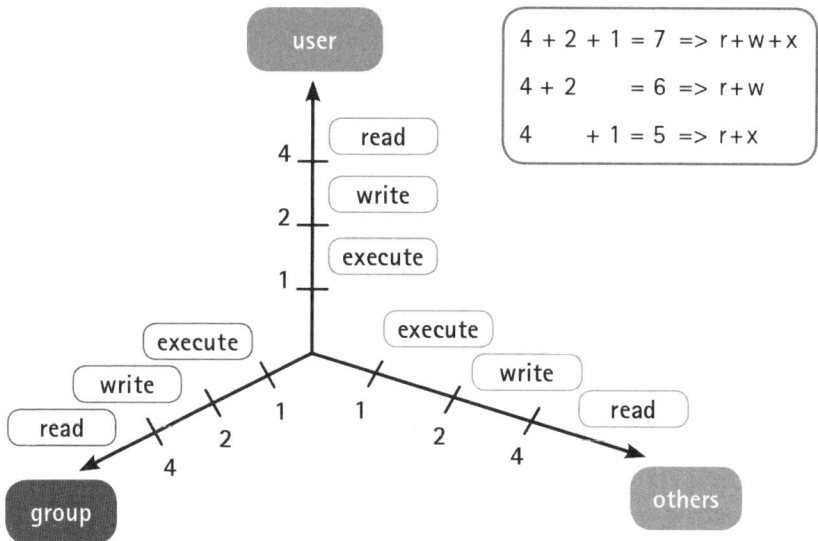

Abbildung 6.2: Das Linux-Rechtekonzept in Oktalschreibweise

Wie aber kann man mit der Oktal-Schreibweise das Recht einer einzigen Zugriffsklasse ändern, ohne die anderen anzufassen oder zu wiederholen? Gar nicht! In der Oktal-Schreibweise sind stets alle Rechte für alle Zugriffsklassen anzugeben. Das ist nicht nur gefährlich, weil man sich irren könnte. Mit einem chmod -R werden Rechte *rekursiv* vergeben, d.h. in alle Unterverzeichnisse hinein. Stünde in einer Installationsanleitung z.B. die Anweisung: „Geben Sie allen Dateien in Verzeichnis_x die Berechtigung 644", dann wäre dies in der Tat eine sehr präzise Anleitung, die mit dem Kommando chmod -R 644 Verzeichnis_x oder (wenn das

Verzeichnis selbst nicht dabei sein soll chmod 644 Verzeichnis_x/*) nicht schiefgehen kann. Hieße es dagegen: „Sorgen Sie dafür, dass alle Dateien im Verzeichnis Verzeichnis_x für die Gruppe schreibbar sind", dann würde eine Anweisung wie chmod -R 664 Verzeichnis_x bzw. chmod 664 Verzeichnis_x/* alle Dateien in diesem Verzeichnis gleich machen. Wäre vorher auch nur eine Datei anders gewesen als die anderen – nun wäre sie es nicht mehr.

Rechte können auch nicht „wiederhergestellt" werden, es sei denn aus einer Datensicherung. Sicherer wäre in diesem Fall der „weichere Ansatz" mit chmod g+w Verzeichnis_x/*.

6.2.3 Standardrechte mit umask

Meist fällt erst auf den zweiten Blick auf, dass neu angelegte Dateien bereits Rechte besitzen. Das maximale Recht einer solchen Datei liegt bei 666, weil zentrale Regeln untersagen, dass Dateien beim Erzeugen bereits ausführbar sind. Die Linux-Umgebung hält sich weitgehend daran – abgesehen von Compilern, die ausführbaren Code erzeugen *sollen*. Eine Datei, die Sie z.B. mit touch erzeugen, ist hingegen nie ausführbar. Genau betrachtet, fehlen ihr sogar ein paar Bit zum „Maximalrecht". Kreiert man ein Unterverzeichnis, ist das Bild recht ähnlich. Dafür verantwortlich ist ein Mechanismus mit dem Namen *umask*. Er springt in dem Moment ein, wenn eine Datei oder ein Verzeichnis erzeugt wird:

```
[student@flosse ~]$ touch umaskdatei
[student@flosse ~]$ ll umaskdatei
-rw-rw-r--. 1 student student 0 18. Jul 19:31 umaskdatei
[student@flosse ~]$ mkdir aaatest
[student@flosse ~]$ ls -ld aaatest/
drwxrwxr-x. 2 student student 4096 18. Jul 19:38 aaatest/
```

Bei Verzeichnissen darf das *Executable Bit* gesetzt sein, weil es dort nur um das Recht geht, das Verzeichnis zu betreten, nicht Aktivitäten auszulösen. Von einem Maximalrecht von 777 bleiben aber nach einem mkdir nur 775 übrig:

```
  666       777
 -664      -775
 ----      ----
  002       002
```

Die Shell zieht beim Anlegen der Datei oder des Verzeichnisses den umask-Wert vom maximal möglichen Wert ab. Dieser Wert wird bei RedHat und ähnlichen Systemen an nicht weniger als drei Stellen unterschiedlich eingestellt: /etc/login.defs, /etc/profile und /etc/bashrc. Bei einem normalen Benutzer gewinnt der Wert 002, bei root und anderen Systembenutzern dagegen 022. Das liegt daran, dass in den letzten beiden Konfigurationsdateien — abhängig von der Größe der UID (root hat eine niedrige, student eine oberhalb 499) — unterschiedliche umask-Werte gelten. Wer will, kann eine vierte Stelle benutzen, um eine persönliche umask zu definieren: die Datei .bashrc im persönlichen Heimatverzeichnis. Wer z.B. häufig in Abteilungsverzeichnissen Daten mit anderen Benutzern der gleichen Benutzergruppe austauscht, könnte vielleicht die „James-Bond-Lösung" (007 statt 002) bevorzugen. So werden beim Erzeugen der Dateien und Verzeichnisse andere Benutzer (Others) als die, die der richtigen Gruppe angehören, von vornherein ausgeschlossen. Sobald der neue Wert in der laufenden Shell gesetzt ist, gilt er bis zum Schließen der Shell (oder bis ein neuer Wert gesetzt wird). Soll die Änderung Bestand haben, ist sie in die Datei .bashrc einzutragen. Sobald das nächste Terminal (mit einer frischen Shell darin) geöffnet wird, liest die Shell die .bashrc ein, und der Wert gilt, bis er aus der .bashrc entfernt wird.

```
[student@flosse ~]$ umask
0002
[student@flosse ~]$ umask 007
[student@flosse ~]$ touch moneypenny
[student@flosse ~]$ ll moneypenny
-rw-rw----. 1 student student 0 18. Jul 20:10 moneypenny
[student@flosse ~]$ umask 002
[student@flosse ~]$
```

> **TIPP** **Konfigurationsdatei .bashrc neu einlesen**
> Um die Datei .bashrc in der aktuellen Shell neu einzulesen, tippt man ein:
>
> . .bashrc
>
> Der einzelne Punkt ist ein Kommando, das in der Langform source heißt. Da es kein externes Kommando ist, sondern eine (sogenannte *Builtin-*) Funktion der Shell, weiß Einzelheiten entweder die Manpage der Shell (man bash) oder die Hilfefunktion der Shell (help source).

6.3 Sonderrechte des Dateisystems

Nach dem, was bisher über die Rechte des Linux-Dateisystems gesagt wurde, wäre es einem normalen Benutzer nicht möglich, sein Passwort zu ändern: Der Passwort-Hash muss in die Datei /etc/shadow eingetragen werden, für die aber niemand (nicht einmal root) Schreibrechte besitzt. Das ist auch gut so: Könnte er so seinen eigenen Hashwert ändern, könnte er es auch für andere Benutzer...

```
[root@flosse ~]# ls -l /etc/{passwd,shadow}
-rw-r--r--. 1 root root 1974 17. Jul 10:45 /etc/passwd
----------. 1 root root 1414 17. Jul 18:02 /etc/shadow
[root@flosse ~]#
```

6.3.1 SUID

Die Lösung für dieses Problem liefert das *Set User ID* Bit des Dateisystems bzw. die *Saved UID* des Rechtekonzepts, die beide mit SUID abgekürzt werden.[1].

Durchsucht man die Umgebung des Benutzers nach allen Variablen, die mit dessen User ID zu tun haben, stellt sich heraus, dass es zwei Vertreter mit ganz ähnlichen Namen gibt:

```
[student@flosse ~]$ set | grep UID
EUID=500
UID=500
[student@flosse ~]
```

Die UID weist einem Benutzer einen eindeutigen Namen bzw. eine eindeutige Nummer zu. Sobald der Benutzer *Prozesse* startet, unterscheidet das System aber drei IDs: RUID, EUID und SUID.

RUID
: Die *Real User ID* ist die, mit der ein Benutzer (s)einen Prozess startet. Der Benutzer selbst kann diesen Wert nicht ändern – nur root kann das.

EUID
: Die *Effective UserID* (die meist gleich der RUID ist) bestimmt die tatsächlichen Möglichkeiten eines Prozesses, indem soz. weitere „Berechtigungsoptionen" vergeben werden.

SUID
: Wenn das gestartete Programm mit dem Set UID Bit ausgestattet ist, kopiert das System die Starter-EUID in den *Saved UID* Bereich und verwendet zur Laufzeit des Prozesses die UID des Programm-Eigentümers (z.b. root bei dem Programm /usr/bin/passwd). Anschließend kopiert es die EUID wieder zurück.

Da ein Prozess üblicherweise dem „Aufrufer" gehört, scheitert er folglich da, wo die Rechte des Aufrufers nicht reichen; und damit sind wir bei dem

---

[1] http://www.cyberciti.biz/tips/linux-more-on-user-id- password-and-group-management.html

6 Dateisystemberechtigungen verwalten

Beispiel der Passwort-Änderung: Nicht der Benutzer ändert das Passwort in /etc/shadow, sondern eigentlich das Programm passwd. Mit einem which passwd[2] findet man heraus, wo die Software auf dem Rechner abgelegt ist:

```
[student@flosse ~]$ which passwd
/usr/bin/passwd
[student@flosse ~]$ ls -l /usr/bin/passwd
-rwsr-xr-x. 1 root root 30768 17. Feb 2012  /usr/bin/passwd
[student@flosse ~]
```

Statt des erwarteten x-Rechts in den Rechtespalten des Eigentümers zeigt sich bei diesem Programm ein s. Die Wirkung dieses unscheinbaren Unterschieds ist gewaltig: Ein Programm, das mit diesem SUID-Bit ausgestattet ist, läuft nicht mit der UID des Aufrufers, sondern mit der des *Eigentümers*. Eigentümer ist root — wer immer also passwd aufruft, hat für die Laufzeit des Programms Administratorrechte.

So erklärt sich auch, wie der Passwort-Hash in die Datei /etc/shadow kommt: Ein Benutzer ruft mit seiner RUID das Programm passwd auf, das durch das SUID-Bit dann mit der EUID von root (nämlich 0) läuft; damit hat es das Recht, in die Datei /etc/shadow zu schreiben.

Solche Programme bergen allerdings Gefahren: Sind sie fehlerhaft, könnte ein Angreifer mit ihnen etwas anderes als das Vorgesehene tun; im schlimmsten Falle würde es (z.B. durch ein *Rootkit*) komplett ausgetauscht. So könnte z.B. der Aufruf von passwd z.B. nicht nur Passwörter ändern, sondern auch E-Mails an Hacker verschicken...

Auf Linux-Systemen gibt es eine Reihe von SUID-Programmen, die alle aus gutem Grunde mit diesem Recht ausgestattet sind: Am bekanntesten ist wohl /bin/su, das einem normalen Benutzer die volle Kommandogewalt bietet, sowie /bin/mount und /bin/sudo. Und sie alle waren in der Vergangenheit beliebte Opfer für Angriffe.

HINWEIS **Kein SUID auf Skripte**
SUID-Bits auf Skripte zu setzen, ist keine gute Idee. Einerseits interpretieren die meisten Systeme kein SUID auf Skripte, zum anderen ist es gefährlich, da der Code lesbar ist und Schwachstellen von Angreifern leicht auszumachen sind.

---

[2] Das Programm which durchsucht den Suchpfad des Benutzers nach allen Vorkommen des gesuchten Programmnamens. Es ist ein sehr wertvolles Werkzeug.

6.3.2 SGID

Das Gleiche auf Gruppenebene leistet SGID (*Set Group ID*); da es aber nicht besonders effektiv ist, die Gruppenrechte eines Benutzers bei Programmen zu erben, bekam diese Funktion ihr Spielfeld bei *Verzeichnissen*. In jedem Multibenutzersystem gibt es Schnittstellen zwischen den Tätigkeiten verschiedener Nutzer. Damit diese Benutzer ihre Dateien austauschen können, gruppiert man sie in normale Benutzergruppen (vgl. *Supplementary Groups* in Abschnitt 5.1) und weist ihnen gemeinsame Verzeichnisse zu. Diese Verzeichnisse sind für die Linux Benutzer das Gegenstück zu den *Netzwerklaufwerken* unter Windows.

Im folgenden Beispiel legt root ein Verzeichnis /filme an, das die Mitglieder der Gruppe video gemeinsam nutzen sollen. Damit das funktioniert, müssen

- alle betroffenen Benutzer in die Gruppe video aufgenommen werden
- das neue Verzeichnis der Gruppe video zugeordnet sein
- die Gruppe video Schreibrechte auf das Verzeichnis bekommen

Ohne Schreibrecht auf das Verzeichnis dürfen die Mitglieder der Gruppe dort keine neuen Datei-Einträge erzeugen, sprich: keine neuen Dateien anlegen.

Soll nur ein Benutzer in die Gruppe video aufgenommen werden, lautet der Befehl:

```
[root@flosse ~]# usermod -a -G video student
```

Sollen aber mehrere Benutzer (hier: einstein, kepler, visitor und student) in die Gruppe aufgenommen werden, empfiehlt sich die direkte Bearbeitung der Datei /etc/group mit einem Texteditor. Die entsprechende Zeile sieht schließlich so aus:

```
video:x:39:einstein,kepler,visitor,student
```

Damit Benutzer die Vorteile ihrer neuen Gruppenzugehörigkeit nutzen können, müssen sie sich zuerst aus- und wieder einloggen. Das *elektronische Zugriffstoken*, in dem die Gruppenzugehörigkeit steht, wird jeweils beim Einloggen erstellt und lässt sich während der Arbeitssitzung nicht aktualisieren. Anders ist es, wenn der Benutzer schon Mitglied der Gruppe war und plötzlich ein neues Verzeichnis für die Gruppenmitglieder zur Verfügung steht — dann hat der Benutzer sofort Zugriff.

root erstellt das neue Verzeichnis, ändert dann die Gruppenzugehörigkeit auf video und gibt der Gruppe Schreibrechte. Schließlich (weiter unten) gibt er dem Verzeichnis noch das SGID-Recht:

6 Dateisystemberechtigungen verwalten

```
[root@flosse ~]# mkdir /filme
[root@flosse ~]# chgrp video /filme
[root@flosse ~]# chmod g+w /filme
[root@flosse ~]# ls -ld /filme
drwxr-xr-x. 2 root video 4096 18. Jul 16:46 /filme
[root@flosse ~]#
```

Auch mit chown könnte man die Gruppenzugehörigkeit ändern. Das Kommando

```
[root@flosse ~]# chown root:video /filme
```

kann man auch verkürzen zu:

```
[root@flosse ~]# chown .video /filme
```

Linux akzeptiert Doppel- oder einfache Punkte, um Benutzer und Gruppe zu trennen. Will man den Eigentümer des Verzeichnisses nicht ändern, sondern nur die Gruppe, lässt man ihn (vor dem Punkt) einfach weg.

Einen Haken hat das Ganze noch: Legt student nun eine Datei in /filme an, bleibt die Gruppenzugehörigkeit der Datei bei der *Primary Group* (vgl. Abschnitt 5.1) des Erzeugers, also ebenfalls student:

```
student@flosse ~]$ touch /filme/terminator.mpg
[student@flosse ~]$ ll /filme/terminator.mpg
-rw-rw-r--. 1 student student 0 18. Jul 16:52 /filme/terminator.mpg
[student@flosse ~]$
```

Dieses Verhalten ist zwar völlig normal, für ein Austausch- oder Abteilungsverzeichnis aber ungünstig, denn der Benutzer müsste immer nachträglich die Zugriffsrechte ändern und sogar die Gruppe umschreiben. Bei Linux und Unix vererben die Verzeichnisse nichts nach unten (anders als bei Windows). Das ändert sich erst, wenn root das SGID-Bit auf das Verzeichnis setzt:

```
[root@flosse ~]# chmod g+s /filme
[root@flosse ~]# ls -ld /filme
drwxrwsr-x. 2 root video 4096 18. Jul 16:52 /filme
```

Erzeugt student nun eine neue Datei, gehört sie tatsächlich der Gruppe video:

```
[student@flosse ~]$ touch /filme/terminator2.mpg
[student@flosse ~]$ ll /filme/
insgesamt 0
-rw-rw-r--. 1 student video   0 18. Jul 16:58 terminator2.mpg
-rw-rw-r--. 1 student student 0 18. Jul 16:52 terminator.mpg
[student@flosse ~]$
```

Eine alternative Schreibweise wäre

```
[root@flosse ~]# chmod 2775 /filme
```

Wie die normalen Rechte sind auch die Sonderrechte in Oktalschreibweise mit 4, 2 und 1 darstellbar.

6.3.3 Sticky Bit

Vor ewigen Zeiten war das *Sticky Bit* eine Markierung für Programmdateien, um deren Code nach der Ausführung länger im Speicher zu halten. Diese Bedeutung ist heute verschwunden. Das Sticky Bit setzt man heute auf Verzeichnisse. Es schützt die Dateien im Verzeichnis davor, von unberechtigten Benutzern gelöscht zu werden. Nur noch der Eigentümer darf (seine) Dateien löschen. In der Praxis findet man auf Linux-Systemen nur wenige Verzeichnisse, die mit dem Sticky Bit geschützt sind: Die wichtigsten sind /tmp und /var/tmp – Drucker- und Mailwarteschlangen bisweilen auch.

Anders als die beiden anderen Sonderrechte wird das Sticky Bit nicht mit einem s oder S anstelle des x im Rechtetripel angezeigt, sondern als t oder T (abhängig davon, ob „darunter" ein x-Recht gesetzt ist oder nicht).

6.4 Posix-ACLs

Drei Jahrzehnte und länger reichte das klassische Rechtekonzept für Unix aus, und einige der größten Dateiserver-Systeme der Welt liefen unter Unix oder Linux. Am einfachsten war es zu Zeiten, als die Clients noch keine eigenen Rechtekonzepte kannten. Die wenigen Dateisystem-Eigenschaften, die Dateien und Verzeichnisse unter FAT besaßen (aber Linux nicht), konnten im Durchgriff durch den *Samba-Server* leicht emuliert werden, indem dieser die drei x-Rechte des Linux-Dateisystems passend setzte. Das Archiv-Flag wurde durch das User-X dargestellt, das System-Flag durch das Gruppen-X und die Entscheidung, ob die Datei „hidden geflaggt" ist, durch das Other-X. Mit dieser Schummelei war es zu Ende, als die Windows NT-Workstations mit VMS-Rechten im NTFS aufwarteten. Wenn ein sehr aufmerksamer Benutzer Dateien oder Verzeichnisse mit Multi-User- und Multi-Gruppen-Zugriffen gestaltet hatte, waren die drei DOS-Kompatibilitätsflags einfach zu wenig.

Zum einen verhält sich das Linux-Dateisystem nicht genau wie ein Windows-Dateisystem, wenn der Client Änderungen auf dem Server durchführt. Unübersehbar aber wird es, wenn der Benutzer Dateien mit fein ziselierten Rechtevorstellungen auf den Server schiebt und beim Wieder-Zurückladen bemerkt, dass der Server sich davon nichts gemerkt hat. Dennoch: Multi-Benutzer- und Multi-Gruppenrechte gibt es unter Unix und Linux unter dem Namen *Access Control List* (ACL) schon vergleichsweise lange. Die ersten Implementierungen gehen auf die Gründungszeit von Linux, also Anfang bis Mitte der 1990er Jahre, zurück.[3]

6.4.1 ACL-Unterstützung aktivieren

Schön und auf allen Systemen gleich waren die ersten Schritte mit ACL lange nicht. Schön sind sie auch nicht wirklich geworden. Immerhin, die gängigsten Linux-Dateisysteme unterstützen heute ACLs, und weil andere Systeme mit Multi-Benutzer- und Multi-Gruppenrechten aufwarten, finden sich heute zunehmend auch Administratoren, die dies auf Linux ebenfalls umsetzen wollen. Obwohl ACLs heute vor allem im Zusammenhang mit Samba auf Linux-Maschinen eingerichtet werden, spielt die RedHat-Dokumentation Samba nicht so hoch wie die anderer Linux-Derivate.

Auf den klassischen Linux-Dateisystemen muss man die ACLs üblicherweise erst einmal einschalten. Bei vielen Linux-Derivaten (vorwiegend Debian-artige) muss man das „acl-Paket" sogar erst einmal installieren. Bei den führenden kommerziellen Linux-Systemen (soviele gab es davon ja nie) war ACL immer an Bord. Dennoch gingen SUSE und RedHat hier verschiedene Wege: SUSE schaltet die ACLs ein, indem es zwei Schalter in die Datei /etc/fstab einträgt und die Partition neu mountet. Das ist auch auf einer RedHat oder CentOS leicht zu demonstrieren: Das Logical Volume /dev/tux/daten ist im Verzeichnis /logical eingemountet. ACL unterstützt es nicht. Woran kann man das sehen? Man kann es nicht. Ein Indiz ist, dass sich bei der Ausgabe von mount bei den Mount-Optionen (rw) kein Eintrag für acl findet. Aber das ist leider auch nicht mehr als ein Indiz. Der Eintrag für dieses Logical Volume in der Datei /etc/fstab listet bei den Mount-Optionen defaults.

```
[student@flosse ~]$ mount | grep daten
/dev/mapper/tux-daten on /logical type ext4 (rw)
[student@flosse ~]$ grep daten /etc/fstab
/dev/mapper/tux-daten    /logical            ext4    defaults        1 2
[student@flosse ~]$
```

Fügt man die Werte user_xattr,acl dem fstab-Eintrag hinzu, bekommt man nach einem Remount der Partition ACL-Unterstützung. Die macht das Kommando mount auch sichtbar:

```
[root@flosse ~]# grep daten /etc/fstab
/dev/mapper/tux-daten    /logical    ext4    defaults,user_xattr,acl    1 2
[root@flosse ~]# mount -o remount /logical
[root@flosse ~]# mount | grep daten
```

---

[3] http://www.samba.org/samba/docs/using_samba/ch08.html

```
/dev/mapper/tux-daten on /logical type ext4 (rw,user_xattr,acl)
[root@flosse ~]#
```

Das wäre zu einfach. Auch die Root-Partition (/) dieses RedHat-Systems unterstützt ACLs — aber man sieht es nicht. Die Ausgabe von mount -t ext4 soll zeigen, dass man nichts sieht. Jedoch: Jede Partition, die das Installationssystem Anaconda anlegt und ins System einfügt, kann von Anfang an ACLs.

```
[root@flosse ~]# mount -t ext4
/dev/mapper/vg_flosse-lv_root on / type ext4 (rw)
/dev/vda1 on /boot type ext4 (rw)
/dev/mapper/tux-daten on /logical type ext4 (rw,user_xattr,acl)
[root@flosse ~]#
```

Und wie kann man das sichtbar machen? Mit einem Blick in die Eigenschaften des Dateisystems. Dazu gibt es das Programm tune2fs, das einerseits den Header des Dateisystems anzeigt und das auch ext4-Partitionen lesen kann. Am einfachsten ist tune2fs -l | head 10 oder | grep acl:

```
[root@flosse ~]# tune2fs -l /dev/vg_flosse/lv_root | grep acl
Default mount options:    user_xattr acl
```

Default mount options — das ist elegant, aber für einen Einsteiger ins Thema sicher nicht leicht zu finden. Das Kommando

```
[root@flosse ~]# tune2fs -o user_xattr,acl name_der_partition
```

setzt diese Werte, und indem man bei dem gleichen Befehl die Optionen user_xattr und acl weglässt, könnte man die Default-mount-Optionen auch wieder entfernen.

Welche der beiden Varianten vorzuziehen ist, bleibt wohl Geschmackssache. Wer von einem anderen Linux-Derivat auf RedHat wechselt, mag vielleicht die erste, in der fstab hinterlegte lieber, weil man sie mit einem mount sieht. Wer immer schon Fedora, CentOS und RedHat betrieben hat, der weiß ja vermutlich, wo er suchen muss.

Bei zwei Dateisystemen, die auch RedHat unterstützt, muss man sich keine Gedanken um die ACL-Unterstützung machen: FAT kann überhaupt keine ACLs, und das von Silicon Graphics entwickelte XFS kann ACLs einfach so, ohne dass man es einschalten müsste.

6.4.2 Arbeiten mit ACLs

Dass viele Unix- und Linux-Administratoren ACLs nicht mögen liegt daran, dass sie die Ausgabe von ls verfälschen. Hat man sich in einer Welt grafischer Dateimanager endlich daran gewöhnt, dass die Ausgaben von ls im Terminal auf der Shell absolut verlässlich und leicht verständlich sind, ist das ein harter Schlag. Das folgende Beispiel zeigt, wie die Anwendung von ACLs funktioniert und wie sich die Ausgaben der Shell plötzlich ändern.[4]

Um mit ACLs sinnvoll zu arbeiten, muss man drei Konzepte verstehen bzw. beherrschen:

- benannte Benutzer (*Named Users*) und Gruppen

- Zugriffsrechte auf der Basis von ACLs

- Default-ACLs und wie sie das Verhalten des Systems verändern

Benannte Benutzer und Gruppen sind solche, die aufgrund einer ACL-Regel Zugriff auf Dateien und Verzeichnisse erhalten, obwohl dies nach den Standardregeln nicht möglich wäre.

Um das zu demonstrieren, erzeugt root ein Verzeichnis /home/acl, auf das er mit Standardregeln alleinigen Zugriff hat. Anschließend bekommt der benannte Benutzer student Zugriff auf dieses Verzeichnis und beweist das, indem er eine Datei in diesem Verzeichnis erzeugt:

```
[root@flosse ~]# mkdir /home/acl
[root@flosse ~]# chmod 700 /home/acl/
[root@flosse ~]# ls -ld /home/acl/
drwx------. 2 root root 4096 18. Jul 22:30 /home/acl/
[root@flosse ~]# su - student
[student@flosse ~]$ cd /home/acl/
-bash: cd: /home/acl/: Keine Berechtigung
[student@flosse ~]$
```

Soweit ist die Welt noch in Ordnung. Nun ruft root mit dem Kommando getfacl die Rechte dieses Verzeichnisses auf — neben einer ausführlicheren Ausgabe der Rechtesituation ist nichts Auffälliges zu sehen. Danach weist root mit setfacl Extra-Rechte zu und prüft mit getfacl erneut das Ergebnis:

```
[root@flosse ~]# getfacl /home/acl/
getfacl: Entferne führende '/' von absoluten Pfadnamen
# file: home/acl/
# owner: root
# group: root
user::rwx
group::---
other::---
[root@flosse ~]# setfacl -m u:student:rwx /home/acl/
[root@flosse ~]# getfacl /home/acl/
getfacl: Entferne führende '/' von absoluten Pfadnamen
# file: home/acl/
```

---

[4] Zu diesem Beispiel inspirierte mich mein alter Freund Dr. Björn Lotz, der lange für „das andere" Linux gearbeitet hat.

```
# owner: root
# group: root
user::rwx
user:student:rwx
group::---
mask::rwx
other::---
[root@flosse ~]#
```

Zuerst waren in der Ausgabe von `getfacl` nur die drei üblichen Zugriffsklassen User, Group und Others zu sehen, dazu noch die Angabe, wem das Objekt gehört (`root.root`). Sobald das Kommando `setfacl` ein Objekt modifizieren soll, muss der Schalter `-m` angegeben werden. Danach folgt die Angabe, wer welche Rechte bekommen soll: `u:student:rwx` ist selbsterklärend. Wäre die Begünstigte z. B. die Gruppe `video`, hieße es `g:video:rwx`.

Statt nur `u:` oder `g:` kann man auch `user:` oder `group:` schreiben. Und sollen mehr als einem Benutzer oder einer Gruppe gleichzeitig Rechte zugewiesen werden, schreibt man sie mit Komma getrennt hintereinander. Zuletzt die Angabe, welches Objekt verändert werden soll: ein Verzeichnis oder eine Datei, oder auch mehrere. Wildcards sind für die Dateien und Verzeichnisse erlaubt, nicht aber für die Begünstigten. Diese Aktion fügt der Ausgabe von `getfacl` mehrere Zeilen hinzu — zum einen die Zeile `user:student:rwx` und weiter unten den kryptischen Eintrag `mask::rwx`.

Die Mask ist immer so groß wie das größte *Sonderrecht*, das gewährt wurde. Soll dem Benutzer `student` beispielsweise `rwx` gewährt werden, ist die Mask ebenfalls `rwx`. Wäre es nur `rw` gewesen, hätte die Mask wieder den gleichen Wert bekommen. Es ist allerdings möglich, die Maske allein zu verkleinern oder zu vergrößern. Ist die Mask kleiner als das größte gewährte Recht, meldet die Ausgabe von `getfacl` Effective Rights, die sich aus der Differenz der angeforderten Rechte und dem Gewährten ergeben. Dazu weiter unten mehr, nachdem wir geklärt haben, ob der gewährte Zugriff auch funktioniert:

```
[root@flosse ~]# su - student
[student@flosse ~]$ cd /home/acl/
[student@flosse acl]$ pwd; touch hallo_oa.txt
/home/acl
[student@flosse acl]$ ls -l
insgesamt 0
-rw-rw-r--. 1 student student 0 18. Jul 22:54 hallo_oa.txt
[student@flosse acl]$ cd ..
[student@flosse home]$ ls -ld acl
drwxrwx---+ 2 root root 4096 18. Jul 22:54 acl
[student@flosse home]$
```

Benutzer `student`, in den sich root verwandelte, kann jetzt in das Verzeichnis `/home/acl` wechseln. Er kann sogar mit `touch hallo_oa.txt` eine neue

Datei erzeugen. Die Datei `hallo_oa.txt` zeigt ein `ls -l` als ganz normale Datei an. Dann ein Blick nach oben auf das veränderte Verzeichnis /home/acl: Anders als vorher hat es rechts neben dem Rechtekanon ein Kreuz. Mehr ist auf den ersten Blick nicht zu sehen; erst auf den zweiten Blick zeigt sich, dass auch die Gruppenberechtigungen nicht mehr das sind, was root vorher noch befohlen hatte. Und erst nach längerem Herumhantieren stellt sich heraus, dass die Stellen, die früher die Gruppenberechtigungen angezeigt haben, jetzt die Werte der *Mask* zeigen.

Die „Ex-Gruppenrechte, jetzt Mask-Werte" sind kein eindeutiger Hinweis, dass da etwas nicht mehr so ist, wie es einmal war — darum das Kreuz. Wenn das sichtbar ist, hat die Datei/das Verzeichnis einen ACL-Rechtesatz. Es ist noch nicht einmal gesagt, dass damit auch Extrarechte vergeben sind. Es könnten ja zunächst ACL-Rechte gesetzt und anschließend wieder gelöscht worden sein. Um ACL-Rechte zu verändern, genügt es, sie neu zu setzen. Um sie zu löschen, kann man die Rechte mit Bindestrichen darstellen:

```
[root@flosse ~]# setfacl -m u:student:--- /home/acl/
```

würde alle Rechte von student auf das Verzeichnis /home/acl entfernen. Dennoch wäre student nach wie vor — wenn auch rechtlos — in der ACL-Liste enthalten. Das Kommando

```
[root@flosse ~]# setfacl -x u:student /home/acl/
```

entfernt den benannten Benutzer student aus der Liste. Ohne einen besonderen Benutzer anzugeben, kann man die Rechte für den Eigentümer ändern:

```
[root@flosse ~]# setfacl -m u::rw /home/acl/
```

gewährt dem Eigentümer rw-Rechte. Das Kreuz neben den Rechten einer Datei oder eines Verzeichnisses verschwindet dann, wenn man mit

```
[root@flosse ~]# setfacl -b /home/acl
```

alle ACL-Rechte und das äußere Rahmenwerk löscht.[5]

Doch es kommt noch toller: Bisher war die Rede von *Zugriffsrechten*, mit denen man Benutzern und Gruppen Rechte auf Verzeichnisse gibt, wie es mit Standardrechten nicht möglich wäre. Dennoch hat sich noch nichts verändert, wenn es um die Art und Weise geht, wie Dateien und Verzeichnisse entstehen. Das ist der Fall, wenn man ACL *Default-Rechte* einführt. Die ACL Default-Rechte haben ein wenig mit der *umask* gemeinsam: Sie springen ein, wenn Dateien oder Verzeichnisse neu erstellt werden, und sie gestalten die Rechte der neuen Dateien und Verzeichnisse. Darüber

---

[5] http://www.linux-forum.de/wiki/index.php/Dateirechte_(ACL) und man setfacl

hinaus haben sie aber mehr damit zu tun, wie Windows-Verzeichnisse funktionieren. Unter Windows stellt der Admin ein, welche Rechte welche Benutzer und Gruppen für das Verzeichnis besitzen, und welche dieser Berechtigungen nach unten vererbt werden. Die ACL Default-Rechte sind die Linux-Variante dieser Vererbung.

Das Kommando

```
[root@flosse home]# setfacl -m d:g:video:rwx /home/acl
```

verändert das Verzeichnis noch einmal. Durch das vorgesetzte d erzeugt root ein Default-Recht für die Gruppe video auf das Verzeichnis /home/acl. Bisher bestand ja schon ein Recht für das Mitglied der Gruppe video, also student. Beim Erzeugen der neuen Datei hallo_oa.txt (für „ohne acls") war student der einzige Berechtigte auf die Datei. Soweit war die alte Linux-Vorgehensweise voll und ganz realisiert. Mit Default-Rechten wird das nun anders:

```
[root@flosse home]# setfacl -m d:g:video:rwx acl
[root@flosse home]# getfacl acl/
# file: acl/
# owner: root
# group: root
user::rwx
user:student:rwx
group::---
mask::rwx
other::---
default:user::rwx
default:group::
default:group:video:rwx
default:mask::rwx
default:other::---
[root@flosse home]#
```

Zum einen wird die Liste der Einträge länger, die das Kommando getfacl ausgibt. Am Ende steht eine Reihe von default:-Einträgen, die im Wesentlichen dem entsprechen, was es oben für die Zugriffsrechte schon gab. Welche Auswirkungen hat das nun? Zunächst gar keine — bis der Benutzer student oder ein anderer Berechtigter das Verzeichnis betritt und dort eine Datei oder ein Verzeichnis erzeugt. Das neue Objekt hat sofort ACL-Eigenschaften. Ein getfacl auf dieses Objekt zeigt, dass neben den üblichen Berechtigten eine *benannte* Gruppe steht (video) jetzt. Sie sollte den Default-ACL-Wünschen des Admins folgend ja eigentlich rwx-Rechte bekommen, aber bei Dateien gilt nach wie vor die zentrale Regel, dass Dateien nicht ausführbar sein dürfen, wenn sie neu erzeugt werden. Das gilt auch mit den ACLs: Die Mask wird auf rw verkürzt, und dabei entsteht ein *Effective Right*, das nur die erlaubten rw umfasst. Bei

Verzeichnissen ist das x-Recht nicht gefährlich, deshalb würde es dort gewährt.

```
[root@flosse home]# su - student
[student@flosse ~]$ cd /home/acl/
[student@flosse acl]$ touch hallo_ma.txt
[student@flosse acl]$ ll
insgesamt 4
-rw-rw----+ 1 student student 0 19. Jul 22:23 hallo_ma.txt
-rw-rw-r--. 1 student student 0 18. Jul 22:54 hallo_oa.txt
[student@flosse acl]$ getfacl hallo_ma.txt
# file: hallo_ma.txt
# owner: student
# group: student
user::rw-
group::---
group:video:rwx           #effective:rw-
mask::rw-
other::---
[student@flosse acl]$
```

Wichtig im Zusammenhang mit ACLs ist, *Vererbungs-* (also Default-) und *Zugriffsrechte* zu unterscheiden. Die Gruppe video kann sich bei dem gerade beschriebenen Beispiel zwar darüber freuen, dass sie ausführliche Rechte auf das Verzeichnis /home/acl hätte — in das Verzeichnis hinein kann im Moment aber nur der Benutzer student — und zwar nicht, weil er Mitglied der Gruppe video ist, sondern weil ihm ein persönliches Recht gewährt wurde. Sollen alle „Videoten" auch in das Verzeichnis /home/acl wechseln können, um sich an den Rechten zu erfreuen, benötigen sie ein explizites *Zugriffsrecht* — wie es mit setfacl -m g:video:rwx /home/acl gesetzt werden könnte.

Wann benötigt man nun ACL-Rechte, und wann reichen die alten Standardrechte aus? ACL-Rechte sind grundsätzlich immer dann notwendig, *wenn mehr als eine Gruppe Zugang zu einem Verzeichnis haben soll* — vor allem dann, wenn die Entscheidung, „Others" Rechte zu geben, entweder zu weit ginge oder geradezu verboten wäre. Die Others umfassen nun einmal wirklich alle Benutzer. Außerdem: Wenn die Datenbestände mit Windows-Benutzern geteilt werden müssen, geht es nicht ohne ACLs.

6.4.3 Beispiel für Multi-Gruppen-Zwang

Angenommen eine Firma beschäftigt Sachbearbeiter und Werkstudenten, die an einem Projekt arbeiten. Auch die Geschäftsführung soll Zugriff auf diese Dateien haben, allerdings ohne Schreibrechte. Und natürlich sind die Ergebnisse so geheim, dass „Others" keinen Zugriff haben dürfen.

Mit nur einer Gruppe `projekt` käme man schon weit: Darin würden die Sachbearbeiter und Werkstudenten zusammengefasst, und das Arbeitsverzeichnis `/ausgrabung` bekäme das SGID-Recht, nachdem es der Gruppe `projekt` mit `chgrp` übereignet wurde. Aus (dateisystem-)rechtlichen Gründen wäre es sinnvoll, das Verzeichnis dem Eigentümer root zu lassen. Allerdings könnten die Mitglieder der Geschäftsführung dann nur noch in der Rolle „Others" in das Verzeichnis greifen und lesen. Das war aber ausgeschlossen.

Damit wird das Projekt zum klassischen Fall für ACLs: Mit ACLs wäre es sogar sinnvoll, Sachbearbeiter und Werkstudenten in zwei verschiedenen Gruppen zu halten. Die Sachbearbeiter bekommen Schreibrecht über die Gruppe auf das Verzeichnis. Das SGID-Recht auf `/ausgrabung` macht sie zu Gruppen-Eigentümern an allen neuen Dateien und Verzeichnissen — soweit die Standard-Posix-Rechte.

Die Werkstudenten bekommen per ACL Default-Leserechte auf alle neuen Dateien, die im Verzeichnis erstellt werden. Schreibrechte bekommen sie nur auf die Dateien, die die Sachbearbeiter ihnen explizit einräumen. Trotzdem könnten sie in ihrem Rahmen zu der Arbeit beitragen. Die Geschäftsführung darf zwar die Mittel für das Projekt bereitstellen, bekommt aber nur ein Default-Leserecht auf alles Neue, schreibendes Zugriffsrecht benötigt sie nirgends. Und nicht vergessen: Sowohl Werkstudenten als auch Geschäftsführung brauchen ACL-*Zugriffsrechte* auf das Verzeichnis. Default-Rechte allein reichen nicht.

6.4.4 In der Praxis

In der Praxis finden sich ACLs vor allem auf Verzeichnissen und deren Dateien, wo der Datenbestand mit Windows geteilt wird, die Daten also über einen Samba-Share freigegeben sind. Wer mit Windows Daten auf dem Share ablegt, bemerkt dann keinen Unterschied zu einem Windows Server. Wer per NFS oder FTP auf die Daten zugreift, benötigt diese Extra-Eigenschaften üblicherweise nicht.

Die Problematik war bis vor kurzem, dass vor allem ältere Unix- oder Linux-basierte NFS-Server etc. diese ACL-Rechte nicht honorierten. Schlimmer noch: Sobald der Unix/Linux-Client auf die Datenbestände zurückschrieb, blieb von den ACLs nichts mehr übrig. Diese Zeiten sind, zumindest was RedHat, CentOS und andere moderne Systeme betrifft, vorbei. Dennoch muss ein Admin beim Sichern solcher Bestände darauf acht geben, dass die Sicherungssoftware mit den ACLs kein Schindluder treibt. Das ehrwürdige `tar` konnte bis vor ein paar Jahren ACLs gar nicht sichern, jetzt kann es das mit einem Extra-Schalter, den der Admin der

Manpage (besser noch der wesentlich umfangreicheren info-Seite) entnimmt — bevor er beim Zurückspielen der Daten bemerkt, dass etwas fehlt...

6.5 Prüfungsvorbereitung

Eine Aufgabe mit ACL erkennt man daran, dass zwei Gruppen Zugriff auf dasselbe Verzeichnis haben sollen, aber „Others" nicht verwendet werden darf. Damit eine Gruppe Zugang zu einem Verzeichnis bekommt und dort auch Dateieigentum haben kann, sind zwei ACL-Rechte vonnöten: Einerseits das *Zugriffsrecht*, das mit `setfacl -m g:rwx:gruppenname verzeichnis` gesetzt wird. Ein *Default-Recht* erst weist dem Benutzer oder der jeweiligen Gruppe das Eigentum an der neuen Datei zu. Mit dem Default-Recht allein bekommen Benutzer oder Gruppe zwar Eigentum an Dateien, aber ohne das Zugriffsrecht auf das Verzeichnis kämen sie nicht an sie heran.

7 Kapitel

Pakete installieren und verwalten

Yum ist das zentrale Installationssytem bei RedHat und CentOS; der Name steht für das etwas sperrige „Yellow Dog Updater Modified".[1] Meist sieht der Admin bei der Installation einer Software nur das enorm leistungsfähige, textorientierte Frontend gleichen Namens: yum. Das unscheinbare Programm besitzt eine große Anzahl an Unterkommandos und Schaltern. Auf dem Desktop gibt es auch eine grafische Installationssoftware, die ebenfalls auf dem Yum-System aufsetzt. Yum wiederum benutzt Software-Pakete im RPM-Format (*RedHat Package Manager*).

Beispiele, wie das textorientierte yum verwendet wird, um Software zu finden und zu installieren, finden sich auch in Kapitel 8. Darum behandelt

---

[1] Von der amerikanischen Distribution *Yellow Dog*

dieses Kapitel neben dem grafischen Installationsprogramm vor allem die Konfiguration des Yum-Systems.

Software für Linux-Systeme ist in *Paketen* organisiert; je nach Größe der Software sind mehrere Paketdateien notwendig, um ein „Programm" zu installieren. Sind Programme klein und gehören thematisch zusammen, können auch mehrere in einem Installationspaket enthalten sein. Typisch ist wie z.B. bei *Samba* die Aufteilung in die Pakete samba-server, samba-client und samba-common. Der *Common*-Anteil wird immer installiert, denn er enthält Komponenten (Programme, Bibliotheken und Konfiguration), die sowohl für den Server als auch den Client notwendig sind. Wird nur der Server benötigt, installiert yum die Client-Teile nicht mit. Unter dem Strich ist also selbst bei zwei installierten Paketen in der Regel später nur das an Bord, was wirklich gebraucht wird.

Die Pakete können auf der Installations-DVD enthalten sein, in Firmennetzwerken stehen aber in der Regel Installationsserver zur Verfügung, auf denen der Inhalt der Installations-DVD (in ein Verzeichnis kopiert) als HTTP- oder FTP-Ressource liegt. Das ist schneller und bequemer, als von DVD zu arbeiten. Überdies lassen sich so zusätzliche Pakete in verschiedenen Freigaben anbieten. Das macht (z.B. mit den Updates) auch RedHat und jede andere Distribution auf den Paketservern im Internet so. Damit die Firmen-Administration gezielt Updates maßschneidern und testweise erproben kann, gibt es den Installationsserver *Satellite Server*, der als Red-Hat-Produkt in vielen Häusern im Einsatz ist.

Damit ein Rechner weiß, welche Installationsquellen im Netzwerk (oder auf NFS-Freigaben, die wie lokale Unterverzeichnisse aussehen) es für ihn gibt, liegen Konfigurationsdateien im Verzeichnis /etc. Darin ist eingetragen, auf welche Freigaben auf welche Weise zugegriffen wird. Was es dort zu holen gibt, erfährt der Client, wenn er zum ersten Mal dort das Inhaltsverzeichnis herunterlädt. Ändert sich dort (z.B. bei den Updates) das Angebot, bekommt der Client einen neuen Katalog. Mit dieser Information können alle Pakete aus den eingetragenen Installationsquellen aufgefrischt oder ein neues nachinstalliert werden.

Prinzipiell ist es auch möglich, nur ein einziges Paket aus einer Installationsquelle im Netzwerk, aus dem Internet oder von einem speziellen Anbieter herunterzuladen und danach zu installieren. Das geschieht ebenfalls mit dem Paket-Manager yum oder auch mit dem RPM-Managerprogramm rpm.

7.1 Installieren mit bunten Bildern

Das grafische Installationstool *PackageKit* ruft man mit dem Namen gpk-application aus einem Terminal heraus auf; mit der Maus findet es sich unter System ▸ Administration ▸ Software hinzufügen/entfernen. Die zentrale Idee von PackageKit ist, die Unterschiede verschiedener Installationssysteme mit einem Frontend auszugleichen.[2] Hinter den Kulissen kann PackageKit also verschiedene Paket-Verwaltungssysteme benutzen und findet sich deshalb auch auf Debian-basierten Systemen. PackageKit erfüllt alle üblichen Pflichten, flexibler und vielseitiger ist aber das textorientierte Kommando yum.

Der Dialog des PackageKits ist gefällig: Auf der linken Seite repräsentieren bunte Icons die verschiedenen Softwaretypen. Sie sind mit Pfeilen bzw. Dreiecken versehen, die auf Mausklick wie bei Nautilus im Baum-Modus die zugehörige Untergruppe ausklappen lassen. Erst nach einem Klick auf eines der Untere-Elemente zeigt der Dialog auf der rechten Seite, was in ihm steckt: Ein Unter-Element einer Softwaregruppe kann vielleicht nur ein oder zwei Pakete enthalten, möglicherweise aber auch sehr viele.

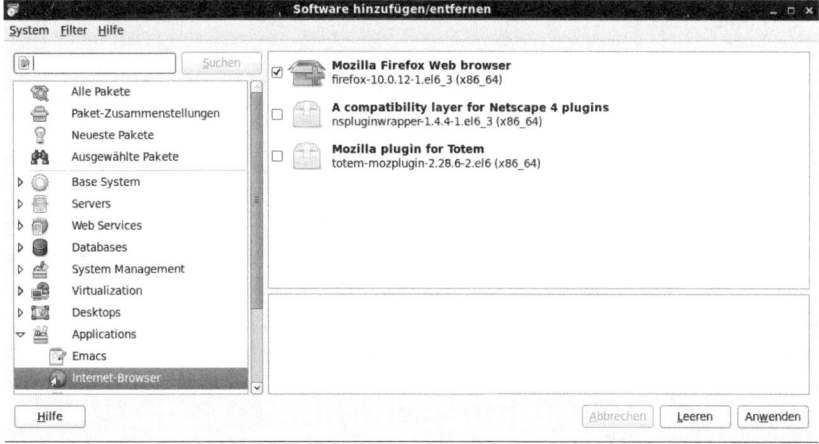

Abbildung 7.1:
Grafisches Installationsprogramm gpk-application

Von den Icons der Softwaretypen durch einen Querstrich getrennt, gibt es links oben eine Reihe Spezial-Icons: Alle Pakete ist recht einfach zu verstehen: Klickt man darauf, listet der Dialog rechts alle verfügbaren Pakete alphabetisch auf. Die Paketzusammenstellungen entsprechen den *Grouplists* von yum; das sind nicht die gleichen *Softwaregruppen*, die die RPM-Pakete selbst benutzen (und auf denen auch die Icons weiter unten in der Liste aufbauen), sondern extra von RedHat zusammengestellte Pakete, die oft gemeinsam installiert werden. Neueste Pakete sind natürlich alle *Updates*,

---

[2] http://www.packagekit.org/pk-intro.html

die über verschiedene Softwarekanäle zur Verfügung stehen. Alle Pakete, die in verschiedenen Softwaregruppen oder Ansichten zum Installieren ausgewählt sind, aber noch nicht installliert wurden, listet der Schalter Ausgewählte Pakete auf.

Ein Klick auf Anwenden installiert die ausgewählten Pakete, und das Yum-System im Hintergrund sorgt dafür, dass abhängige Pakete ebenfalls installiert werden. Die Gesamtliste der Pakete erscheint in einem Zwischendialog und ist in aller Regel einfach zu bestätigen.[3]

> **TIPP** Offiziell veraltete Pakete
> Im offiziellen RedHat-Kurs bietet der Trainer-Rechner Paket-Updates an. Das bedeutet: Auf den Seminar-Maschinen der Teilnehmer ist absichtlich leicht veraltete Software installiert. Sonst wäre es nicht möglich, den Update-Prozess zu üben. Solch einen „Service" bietet eine CentOS-Installation natürlich nicht; dort werden bei der Installation alle Pakete aus dem Internet aktualisiert. Es kann also sein, dass sich seit dem Herunterladen des Installationsmediums bzw. der Installation keine Updates ergeben haben, so dass sie in dieser Sektion von PackageKit auch nicht erscheinen.

7.2 Textorientiert und mächtig: Yum

Schier endlos ist die Liste der Unterkommandos und Optionen, die das unscheinbare textorientierte Kommando yum präsentiert, wenn man es mit --help oder ganz ohne Unterkommando oder Option aufruft. Und weil das allein nicht ausreicht, verfügt die Software auch noch über *Plugins*, die ihre Leistungsfähigkeit weiter steigern. Die gute Nachricht: Das meiste benötigt man im Normalfall nicht.[4]

```
[root@flosse ~]# yum
Loaded plugins: product-id, refresh-packagekit, security, subscription-manager
This system is not registered to Red Hat Subscription Management. You can use
subscription-manager to register.
You need to give some command
Usage: yum [options] COMMAND
```

---

[3] Mehr Informationen über PackageKit gibt es im „Redhat Deployment Guide": https://access.redhat.com/site/documentation/en-US/Red_Hat_Enterprise_Linux/6/html/Deployment_Guide Allerdings war die Dokumentation zuletzt nicht mehr aufrufbar („404 Nicht gefunden").

[4] Ein ausführliches Kapitel über Yum mit den eher entlegeneren Techniken findet sich im (nicht übersetzten) RedHat „Deployment Guide" (Kapitel 6): https://access.redhat.com/site/documentation/en-US/Red_Hat_Enterprise_Linux/6/html/Deployment_Guide

```
List of Commands:

check          Check for problems in the rpmdb
check-update   Check for available package updates
clean          Remove cached data
deplist        List a package's dependencies
distribution-synchronization Synchronize installed packages to the latest available versions
downgrade      downgrade a package
erase          Remove a package or packages from your system
groupinfo      Display details about a package group
groupinstall   Install the packages in a group on your system
grouplist      List available package groups
groupremove    Remove the packages in a group from your system
help           Display a helpful usage message
history        Display, or use, the transaction history
info           Display details about a package or group of packages
install        Install a package or packages on your system
list           List a package or groups of packages
load-transaction load a saved transaction from filename
makecache      Generate the metadata cache
provides       Find what package provides the given value
reinstall      reinstall a package
repolist       Display the configured software repositories
resolvedep     Determine which package provides the given dependency
search         Search package details for the given string
shell          Run an interactive yum shell
update         Update a package or packages on your system
update-minimal Works like update, but goes to the 'newest' package match which fixes a problem that affects your system
updateinfo     Acts on repository update information
upgrade        Update packages taking obsoletes into account
version        Display a version for the machine and/or available repos.

Options:
  -h, --help           show this help message and exit
  -t, --tolerant       be tolerant of errors
  -C, --cacheonly      run entirely from system cache, don't update cache
  -c [config file], --config=[config file]
                       config file location
  -R [minutes], --randomwait=[minutes]
                       maximum command wait time
  -d [debug level], --debuglevel=[debug level]
                       debugging output level
  --showduplicates     show duplicates, in repos, in list/search commands
  -e [error level], --errorlevel=[error level]
                       error output level
  --rpmverbosity=[debug level name]
                       debugging output level for rpm
  -q, --quiet          quiet operation
  -v, --verbose        verbose operation
  -y, --assumeyes      answer yes for all questions
  --version            show Yum version and exit
  --installroot=[path] set install root
```

```
--enablerepo=[repo]    enable one or more repositories (wildcards allowed)
--disablerepo=[repo]   disable one or more repositories (wildcards allowed)
-x [package], --exclude=[package]
                       exclude package(s) by name or glob
--disableexcludes=[repo]
                       disable exclude from main, for a repo or for
                       everything
--obsoletes            enable obsoletes processing during updates
--noplugins            disable Yum plugins
--nogpgcheck           disable gpg signature checking
--disableplugin=[plugin]
                       disable plugins by name
--enableplugin=[plugin]
                       enable plugins by name
--skip-broken          skip packages with depsolving problems
--color=COLOR          control whether color is used
--releasever=RELEASEVER
                       set value of $releasever in yum config and repo files
--setopt=SETOPTS       set arbitrary config and repo options

Plugin Options:
  --security           Include security relevant packages
  --bugfixes           Include bugfix relevant packages
  --cve=CVE            Include packages needed to fix the given CVE
  --bz=BZ              Include packages needed to fix the given BZ
  --sec-severity=SEVERITY
                       Include security relevant packages, of this severity
  --advisory=ADVISORY  Include packages needed to fix the given advisory
```

Der Schalter --nogpgcheck hilft dabei, eine einzelne Paket-Datei zu installieren oder selbst gebastelte Test-Paketquellen zu benutzen. Die Linux-Softwarepakete sind üblicherweise mit einem Schlüssel signiert, um sicherzustellen, dass man nur aus „vertrauenswürdigen Quellen" installiert. Aus solchen Quellen (z.B. der Installations-DVD) hat sich das yum-System bereits einen GPG-Schlüssel importiert, um die Pakete zu verifizieren. Ohne Schlüsselcheck zu installieren ist vielleicht akzeptabel, wenn man Pakete eines hausinternen Entwicklers nutzt. Auf keinen Fall sollte man aber einfach irgendwelche Pakete aus dem Internet installieren. Gibt der Trainer im Seminar eine Installationsquelle (z.B. auf seinem Server) an, die keinen Schlüssel hat, hilft der Schalter --nogpgcheck jedenfalls, ans Ziel zu kommen. Der wichtigste und deshalb am häufigsten verwendete Schalter ist -y. Er übergibt bei der Frage: „Sind Sie sich sicher?" bei der Zusammenfassung einer Paketauswahl das entscheidende „Ja" bzw. „Yes", und die Installation läuft los.

7.2.1 Software suchen

Für Linux-Distributionen gibt es bis zu 30000 Pakete. Da braucht das Installationstool eine mächtige Suchfunktion. Hier sind vor allem die

Kommandos `yum search` und `yum list` von Nutzen (Abschnitt 8.1). Mit `yum search` findet man Paketnamen, wenn man den Dienstnamen weiß. Die Problematik: Oft heißen die Pakete anders, als man vermuten würde. Natürlich weisen viele Stellen im Internet darauf hin, dass das Installationspaket für den Apache Webserver oft `httpd` heißt. Aber das ist weder allen bekannt noch bei jeder Distribution so, und fällt einem unter Stress – z. B. während einer Prüfung – sicherlich erst ein, wenn es zu spät ist. Außerdem hat man in der Prüfung sicher keinen unbeschränkten Internetzugang.

Das Kommando `yum search apache` findet den Apache Webserver, weil es nicht nur die *Namen* der Pakete durchsucht, sondern auch die *Beschreibungen* (ohne Klein-/Großschreibung zu unterscheiden). So findet sich (etwa an dreizehnter Stelle der Ergebnisliste) der Eintrag: `httpd.x86_64 : Apache HTTP Server`. Insgesamt listet die Anfrage etwa 40 Fundstellen auf, und keine davon hat „Apache" im Paketenamen. Abfragen mit `yum search` finden auch dann noch die richtigen Ergebnisse, wenn nur Teilstrings, also Teile des Servernamens, angegeben waren. Was `yum search` nicht verrät: ob die Software schon installiert ist.

Hier hilft das Kommando `yum list <Paketename>` – man muss nur wissen, wie die Software als Installationspaket (ungefähr) heißt. Den Rest besorgen Wildcards: `yum list "*samba*"` findet jedes Paket finden, das samba im Paketenamen enthält. Mit dem Stern vorn und hinten würde `samba-client` ebenso gefunden wie `winbind-samba`, wenn es ein Paket dieses Namens gäbe (aus naheliegenden Gründen heißt es `samba-winbind`). Anders als `yum search` zeigt `yum list` auch, ob das Paket installiert ist, und sogar, ob es unter den verfügbaren Paketen in den Installationsquellen einen Installationskandidaten gibt. Den meldet es dann als `Available`.

```
[root@flosse ~]# yum list "samba*"
Loaded plugins: product-id, refresh-packagekit, security, subscription-manager
This system is not registered to Red Hat Subscription Management. You can use
subscription-manager to register.
Installed Packages
samba-client.x86_64        ...
...
Available Packages
samba.x86_64                    3.6.9-151.el6        dvd
samba-common.i686               3.6.9-151.el6        dvd
...
[root@flosse ~]#
```

Komplizierter klingt es, ein Paket zu suchen, das ein bestimmtes Kommando enthält. Gerade bei kleinen Kommandos ist der Paketname häufig sehr verschieden von dem gesuchten Programm. Dieses Problem löst das Unterkommando `yum provides`:

```
[root@flosse ~]# yum provides "*bin/xeyes"
Loaded plugins: product-id, refresh-packagekit, security
```

```
xorg-x11-apps-7.6-6.el6.x86_64 : X.Org X11 applications
Repo        : dvd
Matched from:
Filename    : /usr/bin/xeyes
...
[root@flosse ~]#
```

Auch yum provides liefert nicht sofort die Information, ob das fragliche Paket installiert ist (wäre es das, würde man wohl auch nicht danach suchen).

7.2.2 Pakete installieren und deinstallieren

Pakete aus den Paketbestand zu installieren, ist einfach. Sobald geklärt ist, wie der Name des Installationskandidaten lautet, kann man es mit yum install <paketname> auf den Rechner spielen. Es ist nicht nötig, den Zahlensalat am Ende des Paketnamens anzugeben. Ein Paket namens tree-1.5.3-2.el6.x86_64.rpm taucht in der Paketsuche (yum list available) vielleicht als tree.x86_64 ... 1.5.3-2.el6 auf — installiert wird es mit dem simplen yum install tree. Das Paket wieder loszuwerden, ist ebenso einfach. Die Unterkommando-Liste schreibt: erase, aber remove tut's laut Manpage auch: yum remove tree wird ebenso erfolgreich sein wie yum erase tree.

Bleibt etwas übrig, wenn man Pakete deinstalliert? Bei Software, die groß genug war, um eine Konfigurationsdatei zu haben, bleibt diese zurück. Das hat seinen guten Grund: Oft steckt der Administrator viele Stunden Arbeit in diese Datei. Vielleicht will er (oder sie) die Software später erneut einspielen und dabei die alte Konfiguration verwenden. Ob die Konfiguration erhalten bleiben soll oder nicht, wurde in der Vergangenheit heiß diskutiert. Die Debian-basierten Distributionen bieten dafür den Schalter --purge an, um mit der Software auch die Konfigurationsdateien zu tilgen. Die Entwickler des RedHat Package Managers konnten sich bis heute noch nicht dazu durchringen. Immerhin: Konfigurationsdateien ohne zugehöriges Programm sind harmlos. Zumindest ist das Gefahrenpotential nicht vergleichbar mit einer veränderten DLL-Datei, die nach einer Windows-Deinstallation üblicherweise im System zurückbleibt, weil das System nicht mehr in den „Situation-vorher-Zustand" zurückfindet.

Eine lokal heruntergeladene Installationsdatei mit der Endung .rpm lässt sich mit dem speziellen yum localinstall <dateiname>.rpm installieren. Die Manpage versichert, bei einem einfachen yum install <dateiname>.rpm würde intern ein *localinstall* ausgeführt. Anders als das in Abschnitt 7.4 vorgestellte rpm-Kommando rpm -i <dateiname> kann yum auch bei lokaler Installation Abhängigkeiten auflösen, wozu rpm alleine nicht in der Lage wäre.

Noch bevor das Paket installiert ist, liefert das Kommando `yum info <paketname>` sogar Informationen darüber, was da eigentlich installiert werden soll. Zwar bietet das Kommando keine Liste der zu installierenden Dateien, aber für einen ersten Eindruck ist die Information ausreichend. Immerhin erfährt man, welche Version von welcher Installationsquelle geholt wird und wie groß das Paket ist, und bekommt eine kurze Beschreibung des Kommandos.

```
[root@flosse ~]# yum info gnome-user-share
Loaded plugins: product-id, refresh-packagekit, security
Available Packages
Name        : gnome-user-share
Arch        : x86_64
Version     : 2.28.2
Release     : 3.el6
Size        : 603 k
Repo        : dvd
Summary     : Gnome user file sharing
URL         : http://www.gnome.org
License     : GPLv2+
Description :
            : gnome-user-share is a small package that binds together ↵
various...
[root@flosse ~]#
```

7.2.3 Gruppenweise

Oft genug möchte der Admin z.B. „einen Webserver" installieren, was dem `httpd`-Paket mit seinen Abhängigkeiten entspräche. Tatsächlich benötigt der Admin aber einen „SSL-verschlüsselten" Webserver, der im Backend „auf einen Datenbestand zugreift" — dann reicht der einzelne Dienst mit seinen Abhängigkeiten nicht aus. Darum gibt es bei RedHat und CentOS die *Paketgruppen*. Diese kann man leicht verwechseln mit den Paketgruppen, wie schon das RPM-System bereitstellt. RPM-Paketgruppen kann man als Paketebauer freimütig selbst definieren; sie werden in grafischen Installationssystemen gerne als Sortierkriterium verwendet, so auch in PackageKit. Über diesen Mechanismus findet man dann z.B. den Apache. Dass bei einer Installation wie dieser auch `mod_ssl` notwendig und PHP angeraten ist, verraten die RPM-Paketgruppen aber häufig nicht.

Eigentlich sind die RedHat-Paketgruppen auch mehr oder weniger frei definiert. Sie sammeln unter einer Überschrift alle Pakete, die für den eigentlichen Serverdienst notwendig („mandatory") sind; danach gibt es ein Kriterium „default", also die Pakete, die zu einem bestimmten Arbeitsfeld üblicherweise installiert werden, und dann noch „optional", also solche

Pakete, die zu der Auswahl gut passen und oft genommen werden. Wer eine RedHat-Paketgruppe installiert, bekommt auf einen Schlag die „mandatory" und „default" Pakete. Die „optionalen" Pakete werden nicht automatisch installiert. Dennoch kann der interessierte Admin der Vorschlagsliste entnehmen, was zu dieser Auswahl sonst noch passen würde. Alle vordefinierten RedHat-Paketgruppen lassen sich mit `yum grouplist` anzeigen. Neben den erwarteten Gruppen wie „Web Server" oder „FTP Server" gibt es eine Reihe von Sprachgruppen und sinnvollen Zusammenstellungen grafischer Admin-Tools, oder alles, was man benötigt, um ein LDAP- oder Kerberos-Client zu werden, und vieles mehr. Auch hier wird unterschieden zwischen den Gruppen, die schon installiert, und denen, die „available" sind. Und: die Gruppen werden je nach installierter Sprache auch unterschiedlich bezeichnet.

```
[root@flosse ~]# yum grouplist
Loaded plugins: product-id, refresh-packagekit, security, subscription-manager
This system is not registered to Red Hat Subscription Management. You can use
subscription-manager to register.
Setting up Group Process
dvd                                                      | 3.9 kB     00:00
Installed Groups:
   Allzweck-Desktop
   Basis
   ...
   E-Mail-Server
   FTP-Server
   Grafische Administrations-Tools
   ...
   Verzeichnis-Client
   Web-Server
   X-Window-System
   Zusätzliche Entwicklung
   ...
Available Groups:
   Backup-Client
   Backup-Server
   CIFS-Dateiserver
   ...
   Druck-Client
   Druck-Server
   ...
   Identitätsverwaltungs-Server
   ...
```

Die englische Schreibweise der Gruppen ist bei offiziellen RedHat-Kursen (und vermutlich auch der Prüfung) nicht etwa „Web-Server", sondern „Web Server". Bei einem `yum groupinstall` schreibt man diese Bezeichnungen wegen des Leerzeichens besser mit Anführungszeichen. Es gibt allerdings eine internationale Kurzschreibweise der Paketgruppen, die das Kommando yum -v grouplist anzeigt. Unter der Bezeichnung web-server installieren Sie den Webserver sowohl im Deutschen wie im Englischen.

Bevor man voreilig Pakete auf den Rechner spielt, ohne zu wissen, welche, informiert man sich mit yum groupinfo über den Inhalt einer Paketgruppe.

```
[root@flosse ~]# yum groupinfo web-server
Loaded plugins: product-id, refresh-packagekit, security
Setting up Group Process

Group: Web-Server
 Description: Ermöglicht dem System, als Web-Server zu fungieren und Perl- und
Python-Web-Applikationen auszuführen.
 Mandatory Packages:
   httpd
 Default Packages:
   crypto-utils
   httpd-manual
   mod_perl
   mod_ssl
   mod_wsgi
   webalizer
 Optional Packages:
   certmonger
   libmemcached
   memcached
   mod_auth_kerb
   mod_auth_mysql
   mod_auth_pgsql
   mod_authz_ldap
   mod_nss
   mod_revocator
   perl-CGI
   perl-CGI-Session
   perl-Cache-Memcached
   python-memcached
   squid
[root@flosse ~]#
```

Mit yum groupinstall web-server versucht yum auch folgerichtig, die als mandatory und default gelisteten Pakete zu installieren. Und richtig: Der Webproxy-Server squid am Ende der Liste der Optional Packages ist zum Betrieb eines Webservers nicht zwingend notwendig.

```
[root@flosse ~]# yum groupinstall web-server
Loaded plugins: product-id, refresh-packagekit, security
Setting up Group Process
Resolving Dependencies
--> Running transaction check
---> Package crypto-utils.x86_64 0:2.4.1-24.2.el6 will be installed
--> Processing Dependency: perl(Newt) for package:
crypto-utils-2.4.1-24.2.el6.x86_64
---> Package httpd.x86_64 0:2.2.15-26.el6 will be installed
---> Package httpd-manual.noarch 0:2.2.15-26.el6 will be installed
```

```
...
---> Package libXpm.x86_64 0:3.5.10-2.el6 will be installed
--> Finished Dependency Resolution

Dependencies Resolved

================================================================
 Package              Arch        Version            Repository  Size
================================================================
Installing:
 crypto-utils         x86_64      2.4.1-24.2.el6     dvd          76 k
 httpd                x86_64      2.2.15-26.el6      dvd         821 k
 httpd-manual         noarch      2.2.15-26.el6      dvd         783 k
 mod_perl             x86_64      2.0.4-10.el6       dvd         3.2 M
 mod_ssl              x86_64      1:2.2.15-26.el6    dvd          90 k
 mod_wsgi             x86_64      3.2-3.el6          dvd          66 k
 webalizer            x86_64      2.21_02-3.3.el6    dvd         128 k
Installing for dependencies:
 gd                   x86_64      2.0.35-11.el6      dvd         142 k
 libXpm               x86_64      3.5.10-2.el6       dvd          51 k
 perl-BSD-Resource    x86_64      1.29.03-3.el6      dvd          35 k
 perl-Newt            x86_64      1.08-26.el6        dvd          72 k

Transaction Summary
================================================================
Install      11 Package(s)

Total download size: 5.4 M
Installed size: 14 M
Is this ok [y/N]:
...
[root@flosse ~]#
```

Für einen Schnellschuss während einer Prüfung, in der z. B. SSL-Verschlüsselung für einen Webserver gefragt wäre oder virtuelle Webserver erzeugt werden müssten, ist die `groupinstall`-Variante ein interessanter Ansatz. Natürlich würde ein `yum install httpd mod_ssl` bzw. `httpd-manual` ebenfalls ausreichen.

Auch für die Deinstallation gibt es übrigens ein group-Pendant, z. B. `yum groupremove web-server`

7.2.4 Updates suchen und einspielen

RedHat Enterprise Linux (und damit auch sein Klon CentOS) folgen dem Prinzip, Pakete möglichst nur dann upzudaten, wenn wirklich schwere Fehler darin gefunden wurden. Auch dann vermeidet der Distributor, wenn möglich, einen Versionswechsel. Das hält die Kompatibilität hoch und die Fehlerquote niedrig, wenn es um die Zusammenarbeit mit der Hotline und den Consultants der Zertifikatsgeber geht. Security-Patches müssen dagegen immer geliefert — und eingespielt — werden, wenn Fehler bei RHEL-Paketen vorliegen, die das System gefährden könnten. Was es Neues gibt, verrät das Kommando yum check-update. Sobald RedHat Pakete in die Update-Paketquellen einpflegt, listet dieses Kommando auf, was zur Aktualisierung ansteht.

Soll alles auf den Rechner gepackt werden, was in dieser Liste steht, genügt ein einfaches yum update. Das wählt alle Pakete aus, lädt sie vom Update-Server herunter und installiert sie der Reihe nach. Oft stehen aber mehr Updates zur Verfügung als tatsächlich notwendig oder gewünscht sind. So könnte der Administrator entscheiden, nur den aktuellen Kernel aus den Updates einzuspielen, aber die Grafikbibliotheken und vieles andere auf dem aktuellen Stand zu halten. Das hierzu notwendige Kommando ist ebenso einfach wie eingängig: yum update kernel, denn so heißt das Paket. Es ist nicht nötig, die Versionsnummer der Software anzugeben.

Beim Downgrade Versionsnummer angeben   **TIPP**
Anders als beim Upgrade, wo immer der neueste Kernel eingespielt wird (und die aktuell laufende Kernelversion weniger wichtig ist), ist ein Kernel-Downgrade womöglich eine riskante Sache. Schließlich könnte man sich den Kernel deinstallieren, der gerade läuft. Die Vorgehensweise ist also: Neustart des Rechners, dabei den alten Kernel auswählen (!) und booten. Dann erst das Kommando yum downgrade kernel-<exakte-versionsnummer> ausführen. Die exakte Versionsnummer anzugeben, ist sehr wichtig.

Sollen einzelne Pakete absichtlich auf einem bestimmten Stand gehalten werden und auf keinen Fall bei einem Update-Lauf ausgetauscht werden, kann man sie in der Datei /etc/yum.conf markieren: Ein Eintrag wie exclude=gimp* (in der main-Sektion) schützt alle installierten Gimp-Pakete vor einem Update.

7.3 Paketquellen einrichten

All die bislang beschriebenen Kommandos gehen von einer Voraussetzung aus: Es gibt eine eingerichtete und erreichbare Paketquelle. Dazu haben wir nur eine einzige Paketquelle (DVD) verwendet. In vielen Fällen ist dies auch die erste oder sogar einzige: Das DVD-Installationsmedium bzw. die bei der Installation verwendete Installationsquelle aus dem Netz. Sie wird beim Installieren in der Regel als erste in die Yum-Konfiguration eingetragen. Darüber trägt die Installationsroutine noch einige andere Paketquellen in die Yum-Konfiguration des neu installierten Servers ein.

7.3.1 Repositories

Der von RedHat und anderen rpm-Benutzern verwendete Begriff für Paketquelle ist *Repository*. Ein solches Repository besteht im Wesentlichen aus einer Reihe von rpm-Dateien und einer Reihe von Dateien, die beschreiben, was in den rpm-Dateien steckt. Das beginnt mit der Liste aller Dateien in allen rpm-Paketen, und geht bis hin zu Verwaltungsinformationen und Meta-Daten, wie die Beschreibung der einzelnen Pakete. Nur so kann das Kommando yum z.B. Informationen über Pakete anbieten, die noch gar nicht installiert sind.

Der Begriff „Paketquelle" kann irreführend sein: An den hier beschriebenen Orten liegen nicht die Quellcodes der Programme. Die Pakete enthalten vorkompilierte Software (in einem cpio-Archiv) und eine Installationsanweisung, die aus mehreren Skripten bestehen kann, die zu verschiedenen Installationsphasen ausgeführt werden. Für die Quellcodes gibt es die sogenannten *Source-Pakete*. Darin liegen der unkompilierte Code und die Kompilationsanweisung. Solche Pakete kann man lokal installieren und den Code dann lokal auf der Maschine übersetzen lassen. Im Rahmen dieser Prüfungsvorbereitung ist eine *Paketquelle* genau das, was das Wort bedeutet: eine Stelle, von der die direkt nutzbaren Binär-Pakete kommen.

7.3.2 Konfigurationsdateien

Die Konfiguration des Yum-Paketmanagers steckte früher in einer einzigen Datei: /etc/yum.conf. Diese gibt es immer noch, aber die Vorgehensweise der Distributionsmacher hat sich geändert, denn das Problem großer Konfigurationsdateien liegt auf der Hand: Es bedarf ziemlich komplexer Installationsskripte, damit ältere (evtl. von Hand bearbeitete) Einträge gefunden und getilgt werden. Dabei darf sich das Skript nicht von Kommentaren, Schreibfehlern, Doubletten etc. in die Irre führen lassen.

Heute werden meist einfache Konfigurationsschnipsel in kleinere Dateien gesteckt, die in ein Verzeichnis gelegt und per include-Statement in die Gesamtkonfiguration eingelesen werden. Ein Beispiel: das Verzeichnis /etc/logrotate.d und die Konfigurationsdatei /etc/logrotate.conf. Im gleichen Verhältnis stehen /etc/yum.conf und /etc/yum.repos.d zueinander. Die Konfigurationsdatei enthält nur noch wenige Informationen (obwohl sie ziemlich umfangreich werden kann), die Definitionen für die einzelnen Installationsquellen sind in Dateien untergebracht, die sich im Verzeichnis `/etc/yum.repos.d` befinden und die Dateiendung `.repo` haben.

Der Name der Dateien ist unerheblich; wichtig ist nur die Endung `.repo`, denn andere Dateien werden nicht ausgewertet. Wer also eine bestehende Installationsquelle kurzfristig ausschalten will, könnte die dazu gehörende Datei umbenennen. Da aber in einer repo-Datei auch mehrere Paketquellen definiert sein können, gibt es auch einen Ein/Ausschalter innerhalb der Quellen-Definition.

In den repo-Dateien sind mit eckigen Klammern beginnende Abschnitte definiert, die die jeweilige Paketquelle beschreiben. Die hier schon mehrfach benutzte Quelle „DVD" (die sich in Wirklichkeit auf einem FTP-Server befindet) ist folgendermaßen definiert:

```
[root@flosse ~]# ls /etc/yum.repos.d/
dvd.repo      packagekit-media.repo   rhel-source.repo
[root@flosse ~]# cat /etc/yum.repos.d/dvd.repo
[dvd]
name=Red Hat Enterprise Linux
baseurl=ftp://trainer.beispiel.loc/pub/rhel6.4/dvd
gpgcheck=0
gpgkey=file:///etc/pki/rpm-gpg/RPM-GPG-KEY-redhat-release
enabled=1

[root@flosse ~]#
```

Das Definieren einer Paketquelle ist nicht schwierig: Es gibt ein Statement für den Namen der Quelle, eines für die Herkunft der Pakete. Zusammen mit der Einstellung, ob die Pakete aus dieser Quelle auf die PGP-Signatur hin geprüft werden, ist das die Minimaleinstellung. Die Quelle wird mit `enabled=0` abgeschaltet (Standard ist eingeschaltet, wenn man den Schalter weglässt). Die Signatur der Pakete einer Paketquelle mit einem PGP-Schlüssel zu verifizieren, ist sicher eine gute Idee, vor allem wenn die Pakete aus dem Internet gezogen werden. Die Pakete, die der Trainer im Rahmen des Kurses zur Verfügung stellt, werden üblicherweise über einen Schlüssel verifiziert, der den Maschinen bei der Installation übermittelt wurde.

Wird im Rahmen der Prüfung nicht explizit gefordert, die Pakete zu verifizieren, dann ist es vermutlich nicht nötig. Wird der gpg-check gefordert, muss auch angegeben sein, wo der Schlüssel zum Download liegt, um ihn zu importieren. Der Schlüssel im angegebenen Fall liegt – wie alle Verschlüsselungsangelegenheiten bei RedHat – im Verzeichnis `/etc/pki`, und dort in einem Verzeichnis `rpm-gpg`. Die Datei `RPM-GPG-KEY-redhat-release`, auf die hier Bezug genommen wird, wurde bei einer Standard-Installation von der Installations-DVD installiert. Sie enthält den Public Key zu dem Schlüssel, mit dem die Pakete der Quelle signiert wurden.

Praktisch alle Anforderungen auf RHCSA- und größtenteils auch RHCE-Level sind mit den Angaben zu erledigen, die in Manpages und info-Seiten zu finden sind. Sollte also in der Prüfung eine Installationsquelle einzurichten sein und sollten bösartigerweise keine Vorlagen vorhanden sein, die einfach von einer anderen Datei kopiert werden können, dann finden sich sicher alle notwendigen Angaben in der Manpage von yum.conf. Die wesentliche Information ist, dass die Werte einer repo-Datei früher in der Datei /etc/yum.conf standen. Die Manpage von yum führt den Leser in der Sektion „See Also" ohnehin auf diese Fährte.

Die erste Hälfte der Manpage von yum.conf befasst sich mit der allgemeinen Funktion von yum, angefangen vom Speicherort der heruntergeladenen und zwischengespeicherten Pakete, von denen aus installiert wird, über SSL-Verschlüsselung bis hin zur Farbgestaltung der Befehlszeile. Die zweite Hälfte befasst sich mit den Optionen einer Paketquelle. Dieser Bereich beginnt mit dem Schlüsselwort [repository] Options; man kann diese Fundstelle mit der Suchfunktion leicht finden. Nach enable oder Example zu suchen führt ebenfalls zum Ziel.

Was kann man beim Einrichten eine Paketquelle falsch machen? Oft wird eine bestehende, gültige repo-Datei kopiert und umbenannt. Dabei wird aber vergessen, dass nicht der Dateiname das Wichtige ist, sondern der Name in eckigen Klammern, der die Paketquelle bezeichnet. Der darf nicht zweimal vorkommen, sonst verliert RedHat/CentOS den Überblick. Es ist also unbedingt notwendig, auch der neuen Quelle-Sektion in der Datei einen neuen Namen zu geben.

7.3.3 Repository einrichten

Ein Repository für rpm-Pakete ist leicht eingerichtet. Für Übungszwecke wäre es möglich (wenn etwa keine originalen RedHat-Pakete zur Verfügung stehen), ein paar CentOS-Pakete in ein Serververzeichnis zu kopieren (der Rechner sollte eine RedHat Enterprise Linux Maschine oder eine CentOS sein). Aus Traditionsgründen heißt das Verzeichnis mit den Paketen oft Packages, doch das ist nicht zwingend. Eine Verzeichnisebene darüber erzeugt man mit dem Kommando createrepo ein Repository. Das Kommando createrepo muss auf der Server-Maschine, die die Pakete exportieren soll, eventuell nachinstalliert werden. Führt man es aus, erzeugt createrepo aus all den rpm-Dateien im aktuellen Verzeichnis und evtl. dessen Unterverzeichnissen (wie Packages) eine Reihe von Indices, die als gepackte XML-Dateien in einem Verzeichnis repodata angelegt werden. Existiert das Verzeichnis noch nicht, legt createrepo es automatisch an. Das Verzeichnis repodata liegt meist neben dem Verzeichnis Packages; das ist einer der Gründe dafür, warum man z. B. ein Verzeichnis updates/Packages im Exportbereich eines FTP- oder Webservers anlegt, dort die Pakete ablegt und anschließend createrepo aufruft, während man im updates-Verzeichnis steht.

Es ist auch möglich, von einem Paketserver — z.B. von CentOS, aber auch RedHat-Servern — die Packages und repodata-Verzeichnisse zusammen herunterzuladen. Sollen aber von der Gesamtauswahl nur ein paar Pakete in dem neuen „Repo" angeboten werden, könnte die Vorbereitung einer solchen Server-Ressource so aussehen:

```
[root@trainer weirdstuff]# pwd
/var/ftp/pub/rhel6.4/weirdstuff
[root@trainer weirdstuff]# mkdir Packages
[root@trainer weirdstuff]# cp (alle Pakete, die da reinsollen) Packages
[root@trainer weirdstuff]# createrepo .
80/80 - Packages/boost-filesystem-1.41.0-17.el6_4.x86_64.rpm
Saving Primary metadata
Saving file lists metadata
Saving other metadata
[root@trainer weirdstuff]# ls
Packages   repodata
[root@trainer weirdstuff]#
```

Entscheidend ist, dass die Paketserver-Maschine das Verzeichnis (in diesem Fall ein Unterverzeichnis des FTP-Servers) mit den Daten freigibt. Die Pakete und das repodata-Verzeichnis könnten auch von einem Webserver angeboten werden; oder man könnte einen symbolischen Link vom Webserver-Verzeichnis /var/www/html/ auf das FTP-Verzeichnis legen — dann bieten beide Dienste die Dateien an.

7.3.4 Zugriff auf das Repository

Auf der Client-Seite bindet man das neue Repo ein, indem man einen Eintrag für diese Freigabe in einer .repo-Datei erzeugt. Die neue Datei heißt weirdo.repo und ist eine Kopie von dvd.repo. In der neuen Datei ändert man zwei Einträge: den Namen des Repos und seinen Pfad auf dem Server. Nebenbei, weil der gpgcheck ebenfalls abgeschaltet ist, wurde auch die Zeile entfernt, die auf einen *gpgkey* hingewiesen hätte. Das Kommando yum repolist bestätigt einerseits, dass eine Paketquelle weird jetzt bekannt ist, andererseits zieht der Paketmanager beim ersten Zugriff auf die baseurl auch gleich die Informationen aus dem repodata-Verzeichnis. So zeigt die Ausgabe schließlich, dass dort 80 Pakete lagern.

```
[root@flosse ~]# cd /etc/yum.repos.d/
[root@flosse yum.repos.d]# ls
dvd.repo  packagekit-media.repo  rhel-source.repo
[root@flosse yum.repos.d]# cp dvd.repo weirdo.repo
[root@flosse yum.repos.d]# vim weirdo.repo
```

```
[root@flosse yum.repos.d]# cat weirdo.repo
[weird]
name=Red Hat Enterprise Linux
baseurl=ftp://trainer.beispiel.loc/pub/rhel6.4/weirdstuff
enabled=1
gpgcheck=0
[root@flosse yum.repos.d]# yum repolist
Loaded plugins: product-id, refresh-packagekit, security
dvd                                              | 3.9 kB     00:00
weird                                            | 1.3 kB     00:00
weird/primary                                    |  25 kB     00:00
weird                                                         80/80
repo id              repo name                               status
dvd                  Red Hat Enterprise Linux                 3.648
weird                Red Hat Enterprise Linux                    80
repolist: 3.728
[root@flosse yum.repos.d]#
```

Und wenn es keine Informationen gibt, die man kopieren könnte? Dann hilft die Manpage weiter. Dort gibt es ein Beispiel, das man mit wenigen Handgriffen in eine passende Datei verwandelt.

Wirkt es denn schon? Ein yum check-update zeigt, dass die neu zugänglichen Pakete eine Reihe von System-Updates enthalten — sie liegen alle in dem Repository weird.

```
[root@flosse ~]# yum check-update
Loaded plugins: product-id, refresh-packagekit, security

autofs.x86_64              1:5.0.5-74.el6_4              weird
bash.x86_64                4.1.2-15.el6_4                weird
bind-libs.x86_64           32:9.8.2-0.17.rc1.el6_4.5     weird
bind-utils.x86_64          32:9.8.2-0.17.rc1.el6_4.5     weird
boost-filesystem.x86_64    1.41.0-17.el6_4               weird
[root@flosse ~]#
```

7.4 Arbeiten mit dem RPM-Paketsystem

Das Yum-System verhält sich zum Redhat Package Manager rpm wie Debians aptitude zu dpkg. Das eine ist ein Zugriffsprogramm, das andere (darunter) ist ein Installations- und Dokumentationssystem. Auch dieses System hat seine eigenen Werkzeuge. Das Kommando rpm ist ein Datenbank-Frontend für das RPM-Installationssystem. Die Linux Installationssysteme kopieren nicht nur Dateien in das System, sondern dokumentieren auch (bei rpm in eine Berkeley-Datenbank), was wohin installiert wurde. So ist es möglich, eine Software auch schadfrei und — wie oben schon erklärt — annähernd restlos wieder aus dem System zu entfernen. Nicht wenige Pakete benötigen darüber hinaus eigene Systembenutzer, die sie steuern, Dateien oder Verzeichnisse müssen angelegt oder bereinigt werden, so dass über die reine Dateikopie hinaus auch noch etliches Skripting vor, während oder nach der Installation abläuft.

Mit dem Kommando `rpm -i <paketdatei>` (bzw. `rpm -ivh`) installiert man eine Software aus ihrer Paketdatei in das RedHat- bzw. CentOS-System — solange keine Abhängigkeiten verletzt werden. Und da ist das Problem: Das `rpm`-Kommando findet zwar anhand von Informationen im Paket heraus, welche Abhängigkeiten für eine Installation erfüllt werden müssen, und es erkennt auch, welche davon im gegenwärtigen Zustand erfüllt sind. Sind Abhängigkeiten verletzt, bricht es die Installation auch ab. Es findet in der lokalen (Provides-)Datenbank, welche Software bereits installiert ist und welche Features dadurch zur Verfügung stehen. Aber es kann nicht z. B. ins Internet gehen (oder zu einer Installationsquelle im Haus) und ermitteln, welche noch nicht installierten Pakete dort bereitgestellt werden. Das ist die Aufgabe der höheren Installations- und Paketmanager wie z. B. `apt-get` und `aptitude` (für .deb-Pakete) oder `zypper` und `urpm` (für SUSE und z. B. Mageia) — oder eben yum bei RedHat und CentOS.

7.4.1 Wichtige Schalter

Beeindruckend ist Zahl an Schaltern, die das `rpm`-Kommando mitbringt. Es gibt drei „Groß-Schalter":

`-i`
: für die Installation

`-q`
: für Abfragen („query")

`-e`
: zum Entfernen („erase")

Es gibt weitere Hauptschalter, aber diese sind die wichtigsten. Sie nach Umfang und Art der Aktion mit anderen Schaltern kombiniert. Die häufigste Abfrage ist z. B. `rpm -qa | grep <suchbegriff>` für eine vollständige Liste aller installierten Pakete, die dann nach einem Teilstring der gesuchten Software gefiltert wird. Schneller ist kein anderes Tool, auch nicht yum.

```
[root@flosse ~]# rpm -qa | grep samb
samba-common-3.6.9-151.el6.x86_64
samba4-libs-4.0.0-55.el6.rc4.x86_64
samba-winbind-3.6.9-151.el6.x86_64
samba-client-3.6.9-151.el6.x86_64
samba-winbind-clients-3.6.9-151.el6.x86_64
[root@flosse ~]#
```

Danach kann man z. B. nach der Paketinformation fragen:

```
[root@flosse ~]# rpm -qi samba-common
Name        : samba-common          Relocations: (not relocatable)
Version     : 3.6.9                      Vendor: Red Hat, Inc.
Release     : 151.el6                Build Date: Mo 17 Dez 2012 11:48:41 CET
Install Date: Do 04 Jul 2013 22:33:43 CEST  Build Host: x86-...bos.redhat.com
Group       : Applications/System    Source RPM: samba-3.6.9-151.el6.src.rpm
Size        : 37751934                  License: GPLv3+ and LGPLv3+
Signature   : RSA/8, Di 29 Jan 2013 16:12:09 CET, Key ID 199e2f91fd431d51
Packager    : Red Hat, Inc. <http://bugzilla.redhat.com/bugzilla>
URL         : http://www.samba.org/
Summary     : Files used by both Samba servers and clients
Description :
Samba-common provides files necessary for both the server and client
packages of Samba.
[root@flosse ~]#
```

Oder nach der Liste der installierten Dateien:

```
[root@flosse ~]# rpm -ql samba-client
/usr/bin/findsmb
/usr/bin/nmblookup
...
/usr/share/man/man8/smbta-util.8.gz
[root@flosse ~]#
```

Bisweilen muss man eine Datei, die im Dateisystem „herumliegt", die man aber im Moment nicht zuordnen kann, nach ihrem „Paket-Eigentümer" fragen:

```
[root@flosse ~]# rpm -qf /etc/samba/smb.conf
samba-common-3.6.9-151.el6.x86_64
[root@flosse ~]#
```

Die Feinheiten eines Pakets locken Zusatzoptionen heraus: `rpm -qc` listet die Konfigurationsdateien eines Pakets (üblicherweise alles, was unter /etc liegt) oder `rpm -qd` die Dokumentationsdateien (alles unter /usr/share). Mit dem Schalter `rpm -q --requires <paketname>` kommt die Liste aller Bibliotheken, Programme und Versionsnummern heraus, von deren Erfüllung das Progamm abhängig ist. Bei installierten Paketen sind diese natürlich alle erfüllt. Das Gegenstück ist `rpm -q --provides` — es listet das „Feature", das ein Paket dem System liefert, also zur Auflösung welcher Abhängigkeiten es beitragen könnte. Mit der Abfrage nach `--changelog` bekommt man heraus, was zuletzt an dem Paket verändert wurde.

Etwas ganz Besonderes ist die Abfrage nach `--scripts`; sie verrät, was neben der reinen Installation (sprich Kopie der Dateien) noch auf der Maschine geschehen ist. Das rpm-Paket für den Apache Webserver (`httpd`) hat Skripte für vier verschiedene Phasen der Installation. Vor der eigentlichen Installation (`preinstall`) muss dafür Sorge getragen sein, dass es die

Gruppe und den Benutzer apache gibt. Diese sind die minderprivilegierten Eigentümer von Prozessen, die die Web-Browser auf dem Webserver benutzen. Wenn es sie nicht bereits gibt, werden sie mit der User- und Gruppen-ID 48 angelegt. Nach der Installation (postinstall) muss der Dienst httpd in die Boot-Reihenfolge eingetragen werden — zunächst aber noch nicht auf on gestellt — das macht erst der Admin nach dem Testen der Software. Aber mit add wird immerhin schon einmal der „Kill-Link" für den Dienst in die verschiedenen Runlevel-Verzeichnisse eingefügt.

Bevor der Dienst deinstalliert wird (preuninstall), muss der httpd-Daemon gestoppt werden. Daran sollten sich verschiedene andere Distributionen einmal ein Beispiel nehmen. Es sollte nicht so sein, dass sich ein Admin in falscher Sicherheit wiegt, weil er einen Dienst zwar deinstalliert hat, aber immer noch ein Prozess im Speicher steht, der nach wie vor einen Netzwerkport öffnet und die Maschine nach außen hin darstellt.

Zu guter Letzt führt die Installation auch bei einem Übergang (upgrade) ein Skript aus (posttrans): wenn nach einem Upgrade der Dienst neu gestartet wird. Schließlich sollte nach dem Upgrade auch die neue Software im Speicher stehen, und nicht die alte.

```
[root@flosse ~]# rpm -q --scripts httpd
preinstall scriptlet (using /bin/sh):
# Add the "apache" user
getent group apache >/dev/null || groupadd -g 48 -r apache
getent passwd apache >/dev/null || \
  useradd -r -u 48 -g apache -s /sbin/nologin \
    -d /var/www -c "Apache" apache
exit 0
postinstall scriptlet (using /bin/sh):
# Register the httpd service
/sbin/chkconfig --add httpd
/sbin/chkconfig --add htcacheclean
preuninstall scriptlet (using /bin/sh):
if [ $1 = 0 ]; then
        /sbin/service httpd stop > /dev/null 2>&1
        /sbin/chkconfig --del httpd
        /sbin/service htcacheclean stop > /dev/null 2>&1
        /sbin/chkconfig --del htcacheclean
fi
posttrans scriptlet (using /bin/sh):
test -f /etc/sysconfig/httpd-disable-posttrans || \
 /sbin/service httpd condrestart >/dev/null 2>&1 || :
[root@flosse ~]#
```

7.4.2 Plugins

Die rpm-Option -V funktioniert bei RHEL nicht so wie bei anderen rpm-basierten Systemen. Dort liefert sie wertvolle Informationen darüber, welche Datei eines bestimmten Installationspakets seit der Installation verändert wurde. Diese Funktionalität baute RedHat in ein *Plugin* für yum ein: das verify-Plugin.

Plugins erweitern die Funktionalität des Befehlssatzes von yum enorm, denn offensichtlich reicht das, was es konnte, noch nicht. Etliche Plugins wie z.B. subscription-manager werden automatisch mitinstalliert und offenbar auch standardmäßig eingeschaltet.

```
[root@flosse etc]# yum list installed "yum-plugin*"
Loaded plugins: product-id, refresh-packagekit, security, subscription-manager
This system is not registered to Red Hat Subscription Management. You can use
subscription-manager to register.
Installed Packages
yum-plugin-security.noarch           1.1.30-14.el6         ↵
@anaconda-...86_64/6.4
[root@flosse etc]# yum list available "*yum-plugin*"
Loaded plugins: product-id, refresh-packagekit, security, subscription-manager
This system is not registered to Red Hat Subscription Management. You can use
subscription-manager to register.
Available Packages
anaconda-yum-plugins.noarch          1:1.0-5.1.el6         dvd
kabi-yum-plugins.noarch              1.0-2.el6             dvd
yum-plugin-aliases.noarch            1.1.30-14.el6         dvd
yum-plugin-changelog.noarch          1.1.30-14.el6         dvd
yum-plugin-downloadonly.noarch       1.1.30-14.el6         dvd
yum-plugin-tmprepo.noarch            1.1.30-14.el6         dvd
yum-plugin-verify.noarch             1.1.30-14.el6         dvd
yum-plugin-versionlock.noarch        1.1.30-14.el6         dvd
[root@flosse etc]#
```

Zwei Plugins mögen eine gewisse Anziehungskraft auf Admins ausüben: Mit dem versionlock-Plugin ist es möglich, Pakete auf einer Version zu „pinnen". Das verify-Plugin kann — mit einer etwas seltsamen Syntax — solche Dateien finden, die seit der Installation verändert wurden.

```
[root@flosse etc]# yum verify-all --verify-filenames=/etc/samba/smb.conf
Loaded plugins: product-id, refresh-packagekit, security, ↵
subscription-manager,
verify
This system is not registered to Red Hat Subscription Management. You can use
subscription-manager to register.
==================== Installed Packages ====================
samba-common.x86_64 : Files used by both Samba servers and clients
    File: /etc/samba/smb.conf
    Tags: configuration
        Problem:  checksum does not match
        Current:
sha256:f3a7af693078a652bc70194e947534751482adab15455fb26792f6aa6322924d
        Original:
sha256:2474992be3adf11ef60aa754151f19b5756aaf9919cd6eacbd3f6b75c303dbb1
        --------
        Problem:  size does not match
```

```
            Current:  9.6 k
            Original: 9.5 k
                                --------
            Problem:  mtime does not match
            Current:  Mon Aug 19 22:26:47 2013 (245 days, 10:38:37 later)
            Original: Mon Dec 17 11:48:10 2012
verify-all done
[root@flosse etc]#
```

7.4.3 Fremde und noch nicht installierte Pakete

All die bislang genannten Informationen bekommt man nicht nur bei rpm-Paketen zu sehen, die bereits im System installiert sind und wo — wie bei anderen Betriebssystemen — der Schaden schon angerichtet ist. Mit Ausnahme des Installationsdatums ist jede der gezeigten Informationen ja bereits in dem rpm-Paket enthalten. Der Schalter -p stellt das rpm-Kommando um, so dass es nicht die rpm-Datenbank abfragt, sondern eine rpm-Installationsdatei, die lokal auf der Festplatte liegt.

Exemplarisch für viele andere Pakete auf dem Markt soll hier eine kostenlos downloadbare Software, allerdings mit einer kommerziellen Lizenz, vorgestellt werden: Softmaker Office in der FreeOffice-Variante, das als softmaker-freeoffice-679.x86_64.rpm vom Hersteller heruntergeladen wurde.[5] Die Datei ist im Verzeichnis /home/student/Downloads abgelegt. Bevor root es installiert, inspiziert er noch kurz dessen Inhalt und Abhängigkeiten:

```
[root@flosse Downloads]# rpm -qip softmaker-freeoffice-679.x86_64.rpm
Name         : softmaker-freeoffice       Relocations: (not relocatable)
Version      : 2012                       Vendor: SoftMaker Software GmbH
Release      : 679                        Build Date: Mo 11 Jun 2012 20:48:08 CEST
Install Date: (not installed)             Build Host: localhost.localdomain
Group        : Applications/Publishing Source RPM: softmaker-...-679.src.rpm
Size         : 90741839                   License: commercial
Signature    : (none)
URL          : http://www.softmaker.de
Summary      : SoftMaker FreeOffice for Linux
Description :
SoftMaker FreeOffice is a complete office suite.
It is reliable, lightning-fast, and Microsoft Office-compatible and comes
with a word processor, spreadsheet, and presentation graphics software.
[root@flosse Downloads]#
```

Auch die Dateiliste, die Abhängigkeiten, die Skripte und jede andere Information, die im Paket steckt, lässt sich mit dem Zusatzschalter -p herausholen, noch bevor die rpm-Datei installiert ist.

---

[5] Nachdem man Namen und E-Mail-Adresse auf http://www.freeoffice.com/de/download angegeben hat, bekommt man einen Link zugeschickt, von dem man diese Software in verschiedenen Installationspaketen kostenfrei herunterladen kann. Die Benutzung ist zeitlich nicht begrenzt.

7.5 Zertifikatsbeschränkungen

Grundsätzlich sollte man davon absehen, auf eine RHEL-Maschine Software zu installieren, die nicht vom Hersteller selbst stammt. Der Grund dafür liegt auf der Hand: In der Regel ist RHEL „Zertifizierungsplattform". Für die Geschäftsleitung bedeutet das, dass sie Linux als ein vergleichsweise günstiges Trägersystem für eine Oracle-Datenbank, das Warenwirtschaftssystem von SAP oder eines der Business-Produkte von IBM ist. Diese Firmen (und eine Reihe anderer) haben die Benutzung von RedHat Enterprise Linux *zertifiziert*. Und das bedeutet auch, dass die Zertifikatsgeber ihren Kunden unter bestimmten Umständen Support für ihre Software leisten.

Zu den Umständen, unter denen verschiedene Softwarehersteller *keinen* Support leisten, gehört auch, dass der lokale Admin das System verändert hat, z.B. durch die Installation „fremder", nicht-lizenzierter Software. Tauscht ein lokaler Admin eigenmächtig zentrale Libraries aus, wie sollen die Supporter der Softwarehersteller dann noch Probleme lösen?

Über die Basis-Softwareausstattung von RHEL hinaus hat RedHat noch zwei weitere Softwarekanäle: *Optional* und *Supplementary*. In Supplementary findet man proprietäre, lizenzierte Software, die von RedHat laut Webseite nur teilweise unterstützt wird. Optionale Software wird auf einem Server nachinstalliert, wenn dieser beispielsweise als Applikationsserver für Bürosoftware oder andere Endbenutzer-Anwendungen fungiert — oder wenn der Admin recht spezielle Sonderwünsche hegt. Diese Software wird auf dem RHEL-Server von RedHat gar nicht unterstützt.[6]

Nicht von RedHat, sondern vom Fedora Project kommt der EPEL Kanal (*Extra Packages for Enterprise Linux*).[7] Dafür leistet RedHat ebenfalls keinen Support, im Gegenteil, wer Pakete aus dieser Quelle installiert und erwischt wird, verliert seinen Support sogar. Auf der EPEL-Webseite klingt das freundlicher, denn RedHat-Mitarbeiter arbeiten am EPEL Projekt mit, und RedHat sponsort Server, auf denen diese Software heruntergeladen werden kann. Als Software-Trainer hört man in Kursen jedoch vielerlei Aussagen von „das macht doch jeder" bis hin zu „das gibt richtigen Ärger". Bestimmte Software, wie z.B. die Diagnosesoftware *cacti*, gibt es in den offiziellen Paketquellen für den RHEL Server nicht. Da bleibt gewissermaßen keine andere Wahl. Auf einem CentOS Server kann man dagegen einrichten, was man will.

---

[6] https://access.redhat.com/support/offerings/production/scope_moredetail.html
[7] https://fedoraproject.org/wiki/EPEL

Wie man von RedHat lizenzierte Softwarequellen verwaltet, steht im „Deployment Guide"[8] auf der RedHat-Dokumentationsseite. Das Dokument ist nicht ins Deutsche übersetzt.

In Abschnitt 7.3.3 haben wir ein selbstgebautes Repository mit CentOS-Paketen als Softwarequelle eingebunden. Zur Prüfungsvorbereitung oder in einem Schulungsraum darf jeder tun und lassen, was er will. Wenn aber am Arbeitsplatz firmenkritische Software im Spiel ist, die bei einem Ausfall vielleicht nicht supportet wird, dann steht womöglich die Existenz der ganzen Firma im Feuer.

7.6 Prüfungsvorbereitung

Wenn Software installiert oder upgedatet werden soll, selbst wenn ein Downgrade von einer Version auf eine andere gefordert ist, benötigt der Prüfungsrechner eine Softwarequelle. Die Pakete müssen dann einzeln geholt und per rpm oder yum localinstall installiert werden. Das wiederum kann Probleme mit Paketabhängigkeiten nach sich ziehen, die zuviel Zeit kosten. Gibt es bereits eine .repo-Datei, kann man diese als Muster verwenden. Gibt es keine, hilft die Manpage von yum bzw. yum.conf. Dort gibt es — weit unten — ein Beispiel für eine .repo-Datei.

---

[8] https://access.redhat.com/site/documentation/en-US/Red_Hat_Enterprise_Linux/6/html/Deployment_Guide/entitlements.html

Kapitel 8

Dienste installieren und in Gang setzen

RedHat Enterprise Linux ist ein Serversystem. Ein solches System dient vor allem der Bereitstellung von Diensten, in der Regel über das Netzwerk. Dazu müssen folgende Bedingungen erfüllt sein:

- die Dienste-Software ist installiert
- sie ist in Gang gesetzt und öffnet (bei Netzwerkdiensten) einen oder mehrere Netzwerkports
- bei einem Neustart der Maschine kommt der Dienst von alleine wieder hoch

Im Verlauf dieses Kapitels werden mehrere Dienste eingerichtet, davon zwei, die in vielen Prüfungen unterschiedlicher Hersteller immer wieder auftauchen: FTP und der Webserver Apache. Auf RHCSA-Level genügt es, wenn Dienste in der Standardkonfiguration eingerichtet sind, z. B. wenn Inhalte angezeigt bzw. zum Herunterladen angeboten werden, und der Dienst beim Neustart automatisch wieder startet.

8.1 FTP-Server

Um herauszufinden, ob der Dienst bereits auf der Maschine installiert ist, hilft das Paketmanagement. Einfacher wird es, wenn man weiß oder sich zusammenreimen kann, dass der Name des installierten Dienstes die Buchstabenfolge ftp enthält. Dass dies nicht immer der Fall sein muss, zeigt im Anschluss der Abschnitt über Apache. Der FTP-Server für RHEL heißt vsftpd. Ob ein Paket dieses (oder ähnlichen) Namens installiert ist, zeigt am schnellsten eine Abfrage mit rpm:

```
[root@flosse ~]# rpm -qa | grep ftp
gvfs-obexftp-1.4.3-15.el6.x86_64
[root@flosse ~]#
```

Auf der aktuellen Maschine ist kein FTP-Server installiert. Allenfalls wäre mit einem grep -i nachzuhelfen, sofern der Name des Installationspakets FTP-Server lauten würde; mit grep -i findet man Buchstaben in Klein- und Großbuchstabenschreibweise.

8.1.1 Software suchen und installieren

Für alle, die den Namen der zu installierenden Software nicht oder nicht genau kennen, empfiehlt sich als erster Schritt mit der Paketeverwaltung ein yum search ftp. Yum kann nicht nur die installierten Pakete abfragen wie das Datenbank-Frontend rpm, sondern findet auch Installationskandidaten in den eingerichteten Installationsquellen. Wenn der Name der Software nicht genau bekannt ist, hilft yum search besser als yum list, weil es nicht nur nach dem Namen der Software fragt, sondern den Suchbegriff auch in der Paketbeschreibung aufstöbert. Wie man Paketquellen einrichtet, erklärt Abschnitt 7.3.

```
[root@flosse ~]# yum search ftp
Loaded plugins: product-id, refresh-packagekit, security, subscription-manager
This system is not registered to Red Hat Subscription Management. You can use
subscription-manager to register.
======================= N/S Matched: ftp =======================
ftp.x86_64 : The standard UNIX FTP (File Transfer Protocol) client
gvfs-obexftp.x86_64 : ObexFTP support for gvfs
...
tftp-server.x86_64 : The server for the Trivial File Transfer Protocol (TFTP)
```

```
vsftpd.x86_64 : Very Secure Ftp Daemon
...
[root@flosse ~]#
```

Die Liste der gefundenen Programme kann sehr lang sein und verwirrende Begriffe enthalten. Der vsftpd („Very Secure Ftp Daemon") ist der gesuchte Dienst. Man sollte ihn nicht mit tftp-server verwechseln — das ist ein auf UDP basierender Download-Dienst, der vor allem beim PXE-Booten verwendet wird. Das FTP-Client Programm ftp ist nützlich, um später die Funktion des Servers zu erproben.

Ob diese Software-Pakete bereits installiert sind oder nicht, verrät yum search nicht. Diese Information hat rpm geliefert. Will man einen ähnlichen Effekt mit yum erreichen, wäre es yum list. Da der list-Schalter nur nach dem Namen der Software sucht und es vielfältige „ftp-haltige" Paketnamen gibt, wäre das folgende Kommando eine gute Möglichkeit herauszufinden, welche Pakete als Installationskandidaten vorhanden sind und ob sie schon Installed sind oder als Available zur Verfügung stehen:

```
[root@flosse ~]# yum list "*ftp*"
Loaded plugins: product-id, refresh-packagekit, security
Installed Packages
gvfs-obexftp.x86_64      1.4.3-15.el6       @anaconda-RedHatEnterprise...
Available Packages
ftp.x86_64               0.17-53.el6        dvd
lftp.i686                4.0.9-1.el6        dvd
lftp.x86_64              4.0.9-1.el6        dvd
tftp.x86_64              0.49-7.el6         dvd
tftp-server.x86_64       0.49-7.el6         dvd
vsftpd.x86_64            2.2.2-11.cl6       dvd
[root@flosse ~]#
```

Eine Serversoftware ohne passenden Client ist langweilig, darum empfiehlt es sich, neben dem vsftpd-Paket auch ftp mitzunehmen. Der Schalter -y bestätigt gleich die Abfrage, ob denn wirklich installiert werden soll:

```
[root@flosse ~]# yum -y install vsftpd ftp
Loaded plugins: product-id, ...
Setting up Install Process
Resolving Dependencies
--> Running transaction check
---> Package ftp.x86_64 0:0.17-53.el6 will be installed
---> Package vsftpd.x86_64 0:2.2.2-11.el6 will be installed
--> Finished Dependency Resolution

Dependencies Resolved

================================================================================
 Package          Arch           Version            Repository         Size
================================================================================
Installing:
 ftp              x86_64         0.17-53.el6        dvd                58 k
```

```
             vsftpd          x86_64          2.2.2-11.el6          dvd                  151 k

Transaction Summary
================================================================================
Install       2 Package(s)

Total download size: 208 k
Installed size: 426 k
Downloading Packages:
(1/2): ftp-0.17-53.el6.x86_64.rpm                           |  58 kB     00:00
(2/2): vsftpd-2.2.2-11.el6.x86_64.rpm                       | 151 kB     00:00
--------------------------------------------------------------------------------
Total                                          1.1 MB/s | 208 kB     00:00
Running rpm_check_debug
Running Transaction Test
Transaction Test Succeeded
Running Transaction
  Installing : ftp-0.17-53.el6.x86_64                                       1/2
  Installing : vsftpd-2.2.2-11.el6.x86_64                                   2/2
dvd/productid                                               | 1.7 kB     00:00
  Verifying  : vsftpd-2.2.2-11.el6.x86_64                                   1/2
  Verifying  : ftp-0.17-53.el6.x86_64                                       2/2

Installed:
  ftp.x86_64 0:0.17-53.el6                     vsftpd.x86_64 0:2.2.2-11.el6
Complete!
[root@flosse ~]#
```

Anders als bei anderen Distributionen installiert sich die Software bei RedHat und CentOS zwar, aber sie läuft nicht sofort los. Das erlaubt, einen kurzen Blick darauf zu werfen, was wohin installiert wurde, bevor der Dienst bereits einen Netzwerkport geöffnet hat und die Maschine womöglich angreifbar wurde. Fast alle interessanten Dinge über das Paket erfährt man mit rpm:

```
[root@flosse ~]# rpm -ql vsftpd | grep etc
```

verrät z.B., dass die eine, zentrale Konfigurationsdatei /etc/vsvsftpd/vsftpd.conf ist — ein rpm -qc hätte das auch erzählt.

Gute Software hat eine gut dokumentierte Konfiguration. Diese kann, wie im Falle von vsftpd, in der Konfigurationsdatei selbst stehen: Mehr als die Hälfte dieser Datei sind Kommentare. Oder die Dokumentation befindet sich in einer Manpage oder info-Datei. Viele Manpages haben auch Beispielsektionen mit gängigen Konfigurationen. In der Manpage von vsftpd muss man allerdings lange suchen, um einen Eintrag zu finden, der erklärt, wo der FTP-Server eigentlich seine Up- und Download-Daten ablegt — vor allem dann, wenn der Benutzer nicht ein bekannter, sondern ein anonymer ist. Traditionell ist dieser Ort das Heimatverzeichnis von Benutzer ftp, und so ist es auch bei RedHat/CentOS. Aus Sicherheitsgründen ist das Verzeichnis Eigentum von root, aber ein cd ~ftp führt die Shell zielsicher in das Verzeichnis /var/ftp. In der Regel gibt es dort auch ein Verzeichnis pub, das public, also öffentlich zugängliche Daten enthält.

8.1.2 Eine einfache Regel

Auf RHCSA-Level genügt es, den Dienst in Gang zu setzen und dafür zu sorgen, dass er nach dem Neustart wieder zur Verfügung steht. Noch bevor man an den Neustart denkt, wäre die Software zu starten und ein Test durchzuführen. Wasserdicht macht man solche Dienste, indem man folgende Arbeitsschritte einhält:

- installieren
- starten
- testen
- aktivieren

Leicht zu merken wäre dies als die „ISTA-Regel".

Der FTP-Server öffnet den Port 21; je nach Einstellung erlaubt er, Dateien hoch- oder herunterzuladen. Die meisten FTP-Server sind anonyme Download-Server. Darum ist es ein guter Test, wenn man eine Datei auf das Download-Verzeichnis legt und sie dann mit dem FTP-Client oder wget herunterlädt.

8.1.3 Den Dienst starten und testen

Das Installationspaket des ftp-Dienstes enthält[1] ein Startskript namens vsftpd. Das Kommando service vsftpd start setzt den Dienst in Gang. Das Kommando service vsftpd status gibt einen ersten Eindruck, ob er tatsächlich läuft.

Ein anderer Ansatz besteht darin herauszufinden, ob der Port 21 geöffnet ist:

```
[root@flosse ~]# netstat -pant | grep :21
```

Oder man prüft die Prozessliste, ob ein Prozess dieses Namens existiert:

```
[root@flosse ~]# ps ax | grep vsftpd
```

Hier nun der eigentliche Start des Dienstes:

---

[1] rpm -ql vsftpd | grep /etc/rc.d/init.d

8 Dienste installieren und in Gang setzen

```
[root@flosse ~]# service vsftpd start
vsftpd für vsftpd starten:                              [  OK  ]
[root@flosse ~]# service vsftpd status
vsftpd (PID 2635) wird ausgeführt ...
[root@flosse ~]# netstat -pant | grep :21
tcp        0      0 0.0.0.0:21           0.0.0.0:*     LISTEN     2635/vsftpd
[root@flosse ~]# ps ax | grep vsftpd
 2635 ?        Ss     0:00 /usr/sbin/vsftpd /etc/vsftpd/vsftpd.conf
 2653 pts/1    S+     0:00 grep vsftpd
[root@flosse ~]#
```

Einfach wäre es auch, eine Datei nach /var/ftp/pub zu kopieren und nachzusehen, ob man die Datei mit ftp sehen und herunterladen oder mit wget holen kann. Auch der Firefox Browser eignet sich als ftp-Client. Voraussetzung ist, dass der Rechnername aufgelöst werden kann, sonst muss man statt dem Hostnamen die IP-Adresse des Rechners verwenden. In einer Kurs- und Prüfungsumgebung wäre die Namensauflösung vermutlich unproblematisch.

```
[root@flosse ~]# echo dies ist ein ftp-inhalt > /var/ftp/pub/inhalt.txt
[root@flosse ~]# wget ftp://flosse.beispiel.loc/pub/inhalt.txt
--2013-07-30 21:55:39--  ftp://flosse.beispiel.loc/pub/inhalt.txt
           => »inhalt.txt«
Auflösen des Hostnamen »flosse.beispiel.loc«.... 192.168.150.144
Verbindungsaufbau zu flosse.beispiel.loc|192.168.150.144|:21... verbunden.
Anmelden als anonymous ... Angemeldet!
==> SYST ... fertig.    ==> PWD ... fertig.
==> TYPE I ... fertig.  ==> CWD (1) /pub ... fertig.
==> SIZE inhalt.txt ... 24
==> PASV ... fertig.    ==> RETR inhalt.txt ... fertig.
Länge: 24 (unmaßgeblich)
100%[=============================================>] 24     --.-K/s   in 0s

2013-07-30 21:55:39 (108 KB/s) - »»inhalt.txt«« gespeichert [24]
[root@flosse ~]# cat inhalt.txt
dies ist ein ftp-inhalt
[root@flosse ~]# ftp flosse.beispiel.loc
Connected to flosse.beispiel.loc (192.168.150.144).
220 (vsFTPd 2.2.2)
Name (flosse.beispiel.loc:root): anonymous
331 Please specify the password.
Password: ospkey[Return]
230 Login successful.
Remote system type is UNIX.
Using binary mode to transfer files.
ftp> ls
227 Entering Passive Mode (192,168,150,144,29,111).
150 Here comes the directory listing.
drwxr-xr-x    2 0        0            4096 Jul 30 19:52 pub
226 Directory send OK.
ftp> cd pub
250 Directory successfully changed.
ftp> ls
227 Entering Passive Mode (192,168,150,144,74,192).
```

```
150 Here comes the directory listing.
-rw-r--r--    1 0         0              24 Jul 30 19:52 inhalt.txt
226 Directory send OK.
ftp> get inhalt.txt inhalt2.txt
local: inhalt2.txt remote: inhalt.txt
227 Entering Passive Mode (192,168,150,144,44,208).
150 Opening BINARY mode data connection for inhalt.txt (24 bytes).
226 Transfer complete.
24 bytes received in 7,4e-05 secs (324,32 Kbytes/sec)
ftp> bye
221 Goodbye.
[root@flosse ~]# ls
inhalt2.txt  inhalt.txt
[root@flosse ~]#
```

Das Kommando get inhalt.txt inhalt2.txt benennt die Datei inhalt.txt beim Herunterladen gleich in inhalt2.txt um. Ein anschließendes ls zeigt sie an.

8.1.4 Rebootfest machen

Der letzte Schritt ist der wichtigste: Der soeben konfigurierte FTP-Server soll auch nach einem Reboot wieder zur Verfügung stehen. Das geht mit dem Kommando chkconfig vsftpd on, das den Dienst in der Startliste einträgt. Auch hier ist eine Überprüfung des Ergebnisses angeraten; für die wesentlichen Runlevel 3 und 5 muss er auf on bzw. Ein stehen.

```
[root@flosse ~]# chkconfig vsftpd --list
vsftpd          0:Aus   1:Aus   2:Aus   3:Aus   4:Aus   5:Aus   6:Aus
[root@flosse ~]# chkconfig vsftpd on
[root@flosse ~]# chkconfig vsftpd --list
vsftpd          0:Aus   1:Aus   2:Ein   3:Ein   4:Ein   5:Ein   6:Aus
[root@flosse ~]#
```

Wie chkconfig funktioniert, beschreibt Abschnitt 8.3.[2]

8.2 Unter Apachen

Der am weitesten verbreitete Webserver des gesamten Internets wurde im CERN in Genf aus einer Code-Ruine des *NCSA_HTTPd* entwickelt. Die ersten Versionen des neuen Webservers waren so fehlerhaft, dass das Projekt „A patchy server" genannt wurde — das zumindest ist eine Darstellung der Geschichte, die so vehement dementiert wird, dass die Branche

---

[2] http://www.thegeekstuff.com/2011/06/chkconfig-examples/

eher daran glauben mag als die offizielle Darstellung.[3] Das ehemalige Flickwerk hat sich jedenfalls sehr gemausert.

8.2.1 Dienst suchen und installieren

Wer den Apache Webserver auf RedHat bzw. CentOS oder einem anderen Ableger dieser Distribution installieren will, muss erst herausfinden, dass das Paket keineswegs wie ein Indianerstamm heißt, sondern httpd. Hier hilft yum search apache. Dieses Kommando wirft allerdings mehr als 40 Zeilen aus, und der richtige Eintrag kommt erst nach der zehnten Stelle:

```
[root@flosse ~]# yum search apache
...
httpd.x86_64 : Apache HTTP Server
...
[root@flosse ~]#
```

Das RedHat-Paketmanagement kennt neben der reinen Installation des Apache Webservers (die alle durch Abhängigkeiten an ihn gebundenen Pakete nachzieht) auch die Installation von Paketgruppen. Eine solche Paketgruppe ist der „Web Server". Informationen über dieses Gesamtpaket bieten yum (-v) grouplist und yum groupinfo web-server.

Das yum groupinstall web-server installiert nicht alle Pakete, die groupinfo anzeigt, sondern standardmäßig nur die aus den Abschnitten mandatory und default. Die optional-Pakete müssen einzeln oder auf einer langen Befehlszeile installiert werden. Immerhin erfährt man, welche Pakete bei der gewählten Software häufig und sinnvoll mitinstalliert werden (Siehe auch Abschnitt 7.2.3).[4]

Auch hier gilt es wieder, die ISTA-Regel zu befolgen: yum groupinstall web-server (oder "Web Server"); danach hilft ein rpm -ql httpd | grep rc.d/init.d herauszufinden, dass das Startskript httpd heißt. Mit einem service httpd start sollte der Apache Webserver starten. Ähnlich wie beim FTP-Server gibt es mehrere Möglichkeiten, die Lauffähigkeit zu prüfen: service httpd status oder netstat -pant | grep :80 oder ps ax | grep httpd oder telnet localhost 80 (wenn telnet ein connected meldet, ist eine Verbindung mit dem Serverdienst zustande gekommen). Nur Anfänger testen einfach mit einem Firefox — aber wer sagt, dass Anfänger es schlechter machen?

---

[3] http://wiki.apache.org/httpd/FAQ#Why_the_name_.22Apache.22.3F

[4] http://docs.fedoraproject.org/en-US/Fedora/14/html/Software_Management_Guide/ch05s15s03.html und http://forums.fedoraforum.org/showthread.php?t=246086

8.2.2 Dienst testen und aktivieren

Läuft der Server, macht man ihn mit `chkconfig httpd on` rebootfest. Sollte in der Prüfung gefordert sein, eine bestimmte Datei an einen bestimmten Ort (meist den bei RedHat und CentOS als *Document Root* bezeichneten Ort `/var/www/html`) zu kopieren, dann sollte man genau dies tun.

Skripte zur Auswertung solcher Linux-Prüfungen holen die Datei mit einfachen Kommandos wie `wget` oder `curl` vom Webserver und prüfen deren Inhalt. Es ist sicher eine bessere Idee, eine mit Namen angegebene Datei an den Zielort zu kopieren als sie von Hand neu zu tippen und den Fehlerteufel einzuladen.

8.3 Serverdienste und Runlevel

Das Linux-System startet in vier Phasen: Bootloader, Kernelphase, Systeminitialisierung und Runlevelphase. Während die ersten drei Phasen weitgehend immer gleich ablaufen, entscheidet die Runlevelphase darüber, welche Eigenschaften das gestartete System haben wird: Hat es eine grafische Oberfläche? Welche Serverdienste laufen? Welcher Runlevel der Ziel-Runlevel ist, steht in der Datei `/etc/inittab`. In der einzigen verbliebenen Zeile dieser Datei steht, mit Doppelpunkten getrennt, an zweiter Stelle eine einzelne Zahl. Bei der grafischen Standardinstallation wird dort eine 5 hinterlegt — soll der Rechner eine textorientierte Umgebung haben, eine 3 (siehe dazu auch Kapitel 9).

Die Upstart-Skripte, die den Startvorgang steuern, schicken darum das Skript `/etc/rc.d/rc` los und lassen es in ein Verzeichnis mit dem Namen des Ziel-Runlevels abtauchen. Bei Ziel-Runlevel 5 wechselt das Skript in das Verzeichnis `/etc/rc.d/r5.d`, bei Zielrunlevel 3 nach `/etc/rc.d/rc3.d`. Dort findet es eine Reihe von Dateien, die entweder mit K oder S beginnen, danach eine Zahl und anschließend den Namen eines Startskripts. Diese Dateien sind nur symbolische Links, die auf die eigentlichen Startskripte im Verzeichnis `/etc/rc.d/init.d` zeigen. Die Namen der Links (bzw. eigentlich deren Zielskripte) legen fest, welche Skripte gemeint sind. Die Zahlen steuern, in welcher Reihenfolge welche Skripte aufgerufen werden. Die K und S am Anfang des Links bestimmen, ob die Skripte zum Starten (S) oder zum Beenden (K wie „kill") des Dienstes aufgerufen werden.

Beim Installieren neuer Dienste (also Server-Software) legt das Installationsskript in einer rpm-Datei von RedHat oder CentOS einen solchen Link in jedem Runlevel-Unterverzeichnis an. Solange die Software noch nicht mit `chkconfig <dienstname> on` aktiviert und für den Reboot der Maschine vorgemerkt ist, stehen die Links als K-Links in allen Runlevel-

Unterverzeichnissen. Aktiviert man sie, schreibt chkconfig den Namen des Links in einen S-Link um.

Zwar kann man mit dem chkconfig-Schalter --level 2345 die Runlevel festlegen, in denen eine Software beim Systemstart automatisch gestartet wird, aber es gibt für jede Software bereits eine Voreinstellung, die die RedHat-Macher als richtig eingestuft haben. Diese Voreinstellung, in welchen Runlevels gestartet werden soll und in welcher Reihenfolge, steht im Startskript jeder einzelnen Software. Im vorderen Bereich der Startskript-Datei befindet sich eine Zeile, die das Wort chkconfig enthält:

```
[root@flosse ~]# head -n 5 /etc/rc.d/init.d/sshd
...
# chkconfig: 2345 55 25
```

Der erste Teil dieser Zeile legt die Start-Runlevel fest, der zweite die Nummer des Startlinks und — wenn der SSH-Daemon ausgeschaltet würde — die Nummer des Kill-Links. Das war bis vor etlichen Versionen von RedHat die einzige Quelle dieser Einstellungen. Die Manpage von chkconfig nennt aber noch eine zweite Quelle: Alle Distributionen werten inzwischen die LSB-„Stanzas" auf. Dies ist eine bestimmte Darstellung der gleichen Werte, die sich ebenfalls im vorderen Bereich der Startskripte befindet und die durch die Worte BEGIN INIT INFO eingeleitet wird, bis sie mit END INIT INFO schließt:

```
### BEGIN INIT INFO
# Provides: sshd
# Required-Start: $local_fs $network $syslog
# Required-Stop: $local_fs $syslog
# Should-Start: $syslog
# Should-Stop: $network $syslog
# Default-Start: 2 3 4 5
# Default-Stop: 0 1 6
# Short-Description: Start up the OpenSSH server daemon
# Description:       SSH is a protocol for secure remote shell access.
#                    This service starts up the OpenSSH server daemon.
### END INIT INFO
```

Letztlich steht hier ebenfalls nur, dass der Dienst in den Runleveln 2345 gestartet werden soll, aber nicht in 0,1 und 6. Im Gegenteil: Wenn der Dienst läuft, weil der Rechner sich in Runlevel 3 befindet, dann wird er beendet, wenn der Admin das Kommando init 1 eingibt und der Rechner den Ziel-Runlevel 1 ansteuert. Anders als bei der einfachen chkconfig-Zeile kann das chkconfig-Skript anhand von „Landmarken" wie $network ausrechnen, welche Startnummer der Dienst bekommen muss, wenn er eingeschaltet wird: eine höhere als das Netzwerk-Skript. Die Manpage von chkconfig besagt, dass dieser LSB-Block sogar noch vor der chkconfig-Zeile ausgewertet wird. Dennoch erhält der SSH-Dienst nach einem chkconfig sshd off und danach chkconfig sshd on jeweils wieder die gleiche

Nummer wie in der chkconfig-Zeile angegeben. Ohne den Code des Programms chkconfig zu analysieren, scheint dies ein seltsamer Zufall zu sein...

```
[root@flosse ~]# ls -l /etc/rc.d/rc3.d/*ssh*
lrwxrwxrwx. 1 root root 14  4. Jul 22:36 /etc/rc.d/rc3.d/S55sshd ->
../init.d/sshd
[root@flosse ~]#
```

Das ist also der Grund dafür, warum ein chkconfig notwendig ist, damit Dienste nach dem Neustart wieder gestartet werden. Liest man das Startskript z. B. von sshd weiter, findet sich als Wirkbereich ein case mit mehreren Fällen (case ist eine Art Mehrfachweiche). Im Startskript steht etwas in dieser Art:

```
case $1 in
 start)
    code zum Starten des Dienstes
    ;;
 stop)
    code zum Stoppen des Dienstes
    ;;
 status)
    code zum Abfragen, ob der Dienst läuft
    ;;
 (weitere ``cases'')  ....
    *)
    jeder andere Fall, üblicherweise die USAGE: {welche Schalter es gibt}
    ;;
esac
```

Je nach Distribution stehen die einzelnen Codeanweisungen schon weiter oben im Skript in der Form:

```
function functionname () {
  Code, der sich in der function befindet
  }
```

Das ist elegant und leichter lesbar. RedHat und CentOS arbeiten mit vielen function, aber eigentlich wird nur mit der Variablen $1 gespielt. Diese Variable wird automatisch belegt, wenn man dem Skript ein Argument übergibt. Eine einfache Übung, die auch der Benutzer student durchführen kann: Er erzeugt eine Datei z. B. mit dem Namen skript.sh (der Name ist völlig nebensächlich).

```
[student@flosse ~]$ cat skript.sh
#! /bin/bash
echo Du hast $1 gesagt
[student@flosse ~]$ chmod +x skript.sh
[student@flosse ~]$ ./skript.sh pippilangstrumpf
Du hast pippilangstrumpf gesagt
[student@flosse ~]$ ./skript.sh start
```

```
Du hast start gesagt
[student@flosse ~]$ ./skript.sh stop
Du hast stop gesagt
[student@flosse ~]$
```

Hier wird schon klar, wie es funktioniert: Das erste übergebene Wort wird in die Variable $1 kopiert, und case wertet aus, was darin steht: Wenn es start ist, dann führe die Start-Sektion aus, bei stop die Stop-Sektion. Geheimnis entschlüsselt: Die Startskripte werten das übergebene Argument aus. Das Kommando chkconfig sorgt dafür, dass ein Startlink für den Dienst erstellt wird, der beim Booten „start" zu diesem Skript sagt.

8.4 Weitere Dienste

Das Prüfungsszenario, das auf der RedHat-Webseite angegeben ist, nennt neben dem Zeitserver auch den CUPS-Druckserver. Da die Prüfungen weltweit abgehalten werden müssen, ist das Einrichten von Druckern keine sonderlich geschickte Aufgabe: Zum einen ist kaum sicherzustellen, dass an allen Prüfungsorten betriebssichere Drucker stehen, und bei dem allgemeinen Trend, Prüfungen auf Serverfarmen durchzuführen, findet der Prüfling nicht heraus, ob nun in RedHats Rechenzentrum in North Carolina ein Blatt aus dem Drucker herausgekommen ist oder nicht.[5]

Prüfungstauglich und leicht einzurichten ist dagegen ein Zeitserver. Der sorgt dafür, dass alle Rechner im Netzwerk dieselbe Zeiteinstellung haben. In jedem Netzwerk gibt es einen Zeitserver, der sich die Zeit von außen holt und dann als Zeit-Referenz allen anderen Rechnern im Netz zur Verfügung steht. Warum das so wichtig ist? Weil verschiedene Dienste verlangen, dass alle Rechner, am besten auf die Zehntelsekunde genau, die gleiche Zeit eingestellt haben – vor allem besonders sicherheitsrelevante, wie Kerberos. Wäre das nicht der Fall, könnte ein Angreifer innerhalb eines kleinen Zeitfensters eine sogenannte *Replay-Attacke* ausführen und sich als jemand anderer ausgeben. Gäbe es eine „Zeitlücke" zu anderen Systemen, könnte ein Angreifer z.B. in ein System einbrechen und die Spuren, die das im Systemlog hinterlässt, einfach löschen. Da die Zeit immer noch in einem „plausiblen" Rahmen falsch ginge, würde womöglich niemand bemerken, dass das passiert ist. Menschen, die auf die genaue Zeiteinstellung ihrer Maschinen achten, sind also nicht zwangsläufig übertrieben pingelig.

---

[5] Wen das Thema in der RedHat-Darstellung in einem Original-Redhat-Tutorial mit einem exzellenten RedHat-Trainer interessiert: http://www.youtube.com/watch?v=Ya3hHkkBa9I

Wer sich mit der Rechnerzeit auseinandersetzt, der lernt in kurzer Zeit viele Begriffe, die man außerhalb dieser Welt noch nie gehört hatte. Ein paar der wichtigsten:[6]

- Stratum

- Offset

- Drift

- step-ticker

Das *Stratum* bezeichnet den „Abstand" eines Zeitservers von einer absoluten Zeitquelle, etwa einer Atom-Referenzuhr. Strata (Mehrzahl von Stratum; dt. laut Wikipedia auch „Straten") von 0 liefern Atomuhren wie die an der *Physikalisch-Technischen Bundesanstalt* in Braunschweig, des *Bundesamtes für Metrologie* in der Schweiz oder des *Bundesamtes für Eich- und Meßwesen* in Österreich. Zum Betrieb eines Zeitservers in einer Firma ist es nicht nötig, die Atomuhren einzeln direkt abzufragen. In der Praxis wird in Firmen häufig ein Zeitserver installiert, der das (in Deutschland) flächendeckend erreichbare DCF77-Signal aus dem Äther mittels einer Antenne empfängt. Auch dieses Signal speist sich von der Zeit der Atomuhren. Andere fragen den Zeitserver der nächstgelegenen Universität oder Hochschule ab. Noch häufiger werden Zeitserver-Pools verwendet. Gibt man als Zeitquelle de.pool.ntp.org an, meldet sich immer ein Zeitserver in kurzer Zeit. Aber es ist nicht gesagt, welcher Server genau antwortet, noch, welchen Stratum-Wert er zu bieten hat. Das ist ja ein Wesenszug von Pools.[7]

Jeder Zeitserver, der einen anderen Zeitserver nach der Zeit fragt, erhöht für sich den Stratum-Wert. Ein Server, der einen Server fragt, der seine Zeit von der Atomuhr hat, besitzt demnach das Stratum 2 — und so weiter. Es gibt auch ein Verhalten, das den Stratum-Wert nicht erhöht: Wenn ein Zeitserver einen anderen Zeitserver als Gleichwertigen befragt. Dieses Verhältnis heißt *Peer*.

Zwar hat jeder Rechner eine CMOS-Uhr eingebaut, aber leider ist die nicht besonders präzise. Das liegt nicht einmal daran, dass die Batterie des Motherboards schwächer wird. Schon im Normalbetrieb sorgen z.B. viele Interrupts auf dem Motherboard dafür, dass die Uhr nicht zum Zuge kommt und die Uhrzeit nach einer Weile hinterherhinkt. Mit einem Kommando

---

[6] http://www.meinberg.de/german/info/ntp.htm oder http://www.ntp.org/ntpfaq/NTP-s-algo.htm
[7] http://www.pool.ntp.org/zone/de

wie `ntpdate <Zeitserver>` ist es möglich, die aktuelle Zeit eines Zeitservers abzurufen und zur lokalen Systemzeit zu machen. Mit `hwclock -w` bzw. besser noch `hwclock -uw` (gleicht die Zeitdifferenz zur UTC-Zeit aus) kann man diese verbesserte Systemzeit dann auch als CMOS-Zeit zurückschreiben.

Für sehr kleine Umgebungen mag das eine Lösung sein; aber leider können Zeitsprünge durchaus ein Hinweis auf einen Einbruch sein, bei dem der Einbrecher die Spuren im Logfile verwischt hat. Besser ist es, einen dynamischen Abgleich mit einer Zeitquelle einzurichten. Läuft die Rechnerzeit seinem Zeitserver hinterher oder vorneweg, lässt der Zeitserver die Uhr ein wenig schneller ticken oder bremst sie ab („slew"). So gibt es immer eine kleine Differenz zwischen der Richtzeit des Servers und der lokalen Systemzeit.

Wenn der Zeitserverdienst startet, besteht in der Regel eine Differenz zur Referenzzeit, die man *Offset* nennt. Einen Offset von wenigen Minuten kann der Zeitserver abgleichen. Ist der Offset aber zu groß (verschiedene Quellen sprechen von sieben Minuten oder auch länger), schafft er den Abgleich nicht mehr und schaltet sich selbst ab. Das verhindert man, indem man die Zeit vorher mit dem Kommando `ntpdate` abgleicht. Automatisch geschieht dies bei RedHat-artigen Distributionen, wenn eine Datei namens `/etc/ntp/step-tickers` eingerichtet ist. In ihr stehen die IP-Adressen eines oder mehrerer Zeitserver. Vor dem eigentlichen Start des lokalen Zeitservers gleicht der Rechner dann per `ntpdate` die Zeit mit dem Vorbild ab. Diese Option war laut IBM-Supportseiten bei der Version RHEL 5 zwingend. Seit Version 6 kann diese Datei angelegt werden, dann wird sie ausgewertet, aber sie ist nicht automatisch vorhanden.[8]

Das Installationspaket für den Zeitserver heißt bei RedHat und CentOS `ntpd`. In der Regel ist es schon vorinstalliert, aber noch nicht aktiviert. Ein `yum list "*ntp*"` verrät, ob das Paket schon installiert ist.

Auf RHCSA-Level genügt es, den Dienst einzurichten. Das bedeutet in der Praxis, einen Zeitserver als Referenzquelle anzugeben, entweder mit dem grafischen Tool System ▸ Administration ▸ Datum&Zeit oder dem textorientierten Kommando `system-config-date`. In beiden Fällen erscheint ein grafischer Dialog. Mit einem Klick auf die Checkbox Datum und Zeit über das Netzwerk konfigurieren springt der Dialog um, so dass sich in einer Liste die abgefragten Zeitserver eintragen lassen. Mit den üblichen drei Buttons am rechten Dialogrand fügt man Zeitserver hinzu, bearbeitet Einträge oder löscht sie. Ein Klick auf OK schreibt die Werte ins System.

---

[8] http://www.linux-magazin.de/layout/set/print/content/view/full/5291 und http://www-01.ibm.com/support/docview.wss?uid=isg3T1011252, außerdem https://wiki.archlinux.de/title/NTP

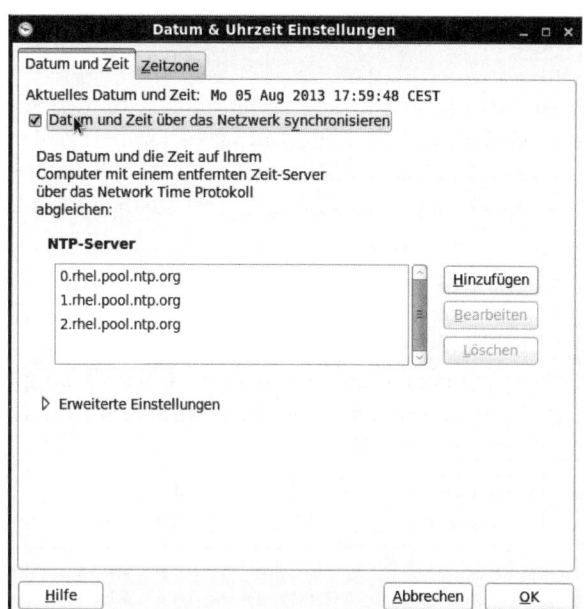

Abbildung 8.1:
Zeitserver eintragen

Und wo schreibt er die Werte hin? Alle Zeitserver-Einstellungen befinden sich in der Datei /etc/ntp.conf. Dort gibt es Eintragungen für jeden Server; die Zeilen beginnen mit server.

```
[student@flosse ~] grep server /etc/ntp.conf
# Use public servers from the pool.ntp.org project.
server 0.rhel.pool.ntp.org
server 1.rhel.pool.ntp.org
server 2.rhel.pool.ntp.org
...
```

Würde man nun z. B. den zweiten Zeitserver der Physikalisch-Technischen Bundesanstalt und einen der deutschen Poolserver eintragen, sieht das so aus:

```
server ptbtime2.ptb.de
server de.pool.ntp.org
```

Ein Neustart des Dienstes lässt den Rechner die Zeit abfragen. Wie der Rechner aktuell „in der Zeit liegt", verrät das Programm ntpq, das zum Paket ntpd gehört:

```
[root@flosse ~]# service ntpd start
ntpd starten:                                          [  OK  ]
[root@flosse ~]# ntpq -p
     remote           refid      st t when poll reach   delay   offset  jitter
==============================================================================
 ptbtime2.ptb.de .PTB.            1 u    6   64    1  31.913 -77073.  0.000
```

8 Dienste installieren und in Gang setzen

```
                news02.nierle.c 192.53.103.103  2 u   6   64   1   22.635  -77076.  0.000
[root@flosse ~]#
```

Aktuell geht die Systemzeit einige zigtausend Sekunden falsch (Spalte offset). Das ist einfach zu korrigieren; ntpdate kann die Zeit aber nur z.B. vom eingetragenen Poolserver holen, wenn der ntpd nicht läuft. Beide Programme benutzen den UDP-Port 123, und solange *ntpd* läuft, ist der belegt.

```
[root@flosse ~]# service ntpd stop
ntpd beenden:                                                     [  OK  ]
[root@flosse ~]# ntpdate 192.53.103.103
 6 Aug 14:59:23 ntpdate[2058]: step time server 192.53.103.103 offset ↵
-77.073848
sec
[root@flosse ~]# service ntpd start
ntpd starten:                                                     [  OK  ]
[root@flosse ~]# ntpq -p
     remote           refid      st t when poll reach   delay   offset  jitter
==============================================================================
 ptbtime2.ptb.de .PTB.            1 u    4   64    1   24.783   -0.157   0.000
 pauli.djpig.de  192.53.103.108   2 u    3   64    1   21.280   -3.504   0.000
[root@flosse ~]#
```

Beide erreichten Server haben einen sehr niedrigen Stratum-Wert (Spalte st); verschiedene Offset-Werte in einem so kleinen Rahmen sind keine Schande. Bei mehreren ntpq -p im Laufe der nächsten Zeit werden sich immer wieder Diskrepanzen in diesem Rahmen ergeben. Selbst die TCP/IP-Paketlaufzeiten zu den Servern können da eine Rolle spielen.

Bisweilen sind zwei Werte aktiviert: ein Server aus dem 127er Netz und ein Eintrag fudge, der auf eine localhost-Adresse zeigt; der Kommentar über dem Eintrag in der Originaldatei spricht Bände, und der eingetragene Stratum-Wert von 10 deutet darauf hin, dass dies keine verlässliche Quelle ist.

```
# Undisciplined Local Clock. This is a fake driver intended for backup
# and when no outside source of synchronized time is available.
#server  127.127.1.0     # local clock
#fudge   127.127.1.0 stratum 10
```

Dem ISTA-Prinzip folgend, darf man zuletzt nicht vergessen, den Zeitserver rebootfest zu machen: chkconfig ntpd on.

8.5 Prüfungsvorbereitung

Welcher Dienst auch immer in der Prüfung verlangt sein mag, gehen Sie nach dem ISTA-Prinzip vor: installieren, starten, testen, aktivieren. Herauszufinden, wie der Dienst heißt, ist mit yum search <dienstname> meist keine große Kunst. Je nach Anforderung kann jeder selbst entscheiden, ob er oder sie zuerst die Konfigurationsdatei durchforstet oder lieber den Dienst zuerst startet. Den Dienst sofort mit `chkconfig startskriptname on` rebootfest zu machen, ist ebenfalls keine schlechte Idee, bevor man es am Ende noch vergisst. Anders als im wirklichen Leben bringt ein halb konfigurierter Dienst womöglich Punkte und keine Einbrecher. Sicher ist eines: Ein Dienst, der beim Reboot nicht automatisch startet, bringt gar keine.

Bootvorgang

Ohne Betriebssystem ist ein Rechner nur ein mehr oder weniger beeindruckender Haufen Elektronik. Erst der Bootvorgang macht ihn zu einem Linux-System. Für die Vorbereitung auf eine Prüfung ist in dieser Hinsicht der Unterschied zwischen einer virtualisierten Maschine (VM) und einer, die auf „echtem Blech" läuft, recht gering. Und alle Linux-Derivate auf dem Markt durchlaufen mehr oder weniger die gleichen Phasen, von denen hier die Rede sein wird.

9.1 Vom BIOS zum Bootloader

Ob die Grundroutine auf dem Motherboard nun immer noch BIOS (*Basic Input Output System*) heißt oder nach kaum 30 Jahren gegen UEFI (*United Extensible Firmware Interface*) ausgetauscht wurde — bis auf Weiteres wird immer noch von dieser Grundroutine aus versucht, den Rechner zu starten. In der RedHat-Prüfungsumgebung wird „Secure Boot" und Anderes wohl noch eine Weile lang keine Rolle spielen und es bleibt erst einmal alles beim Alten: Die Grundroutine auf dem Motherboard überprüft, soweit möglich, die Existenz und Funktionsfähigkeit von Geräten, die auf oder an dem Motherboard befestigt sind. Danach sucht diese Routine etwas, das booten kann, und zwar in der Reihenfolge, wie es in der Grundroutine festgelegt wurde. Sollen z.B. CD/DVD-Laufwerke vor den Festplatten durchsucht werden? Eingesteckte USB-Laufwerke und -Sticks sogar noch vorher? Soll über PXE (*Preboot Execution Environment*) und die Netzwerkkarte ein Betriebssystem im Netzwerk gefunden werden?

9.1.1 Master Boot Record

Am einfachsten kann man sich das Ganze vorstellen, wenn man an eine Festplatte denkt, die in den Rechner eingebaut ist: Der Startmechanismus greift auf den ersten, 512 Byte großen Sektor der eingebauten Festplatte zu, die auch *Master Boot Record* (MBR) oder *Sektor 0* heißt. Dort befinden sich zwei Bereiche: Ein 440 Byte langes Stück ist für den Bootloader reserviert, danach kommt die Partitionstabelle mit den Einträgen, welche Partitionen es auf dem Datenträger gibt.

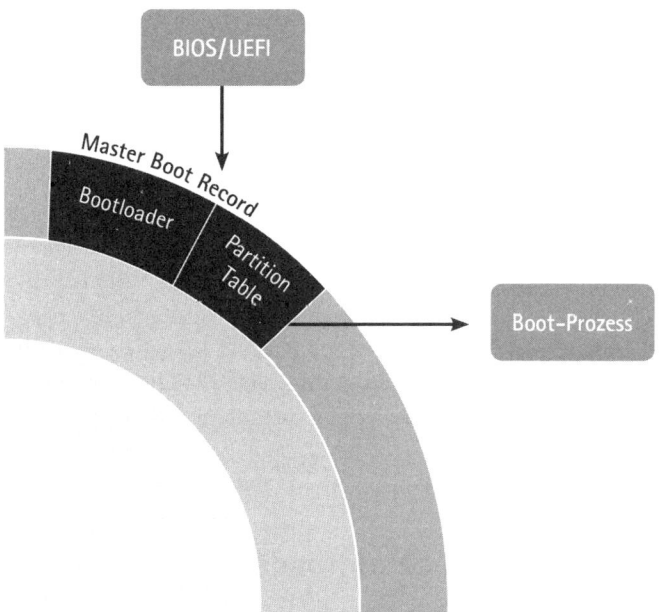

Abbildung 9.1: Überblick über den Bootvorgang

Bei Windows vor der Version 7 war der Bootloader-Eintrag immer leer. Nachdem er diesen Bereich übersprungen hatte, fand der Startmechanismus in der Partitionstabelle einen Eintrag mit einem *Bootflag*. Auf dem Sektor

0 dieser „aktivierten" Partition befand sich der erste bootfähige Code des Betriebssystems. Linux kann man so ebenfalls starten: Der erste Teil des MBR bliebe leer, und der Bootloader fände sich auf dem ersten Sektor einer *aktivierten* Partition. Doch meist wird ein Teil des Bootloaders bereits in den Bootsektor geschrieben.

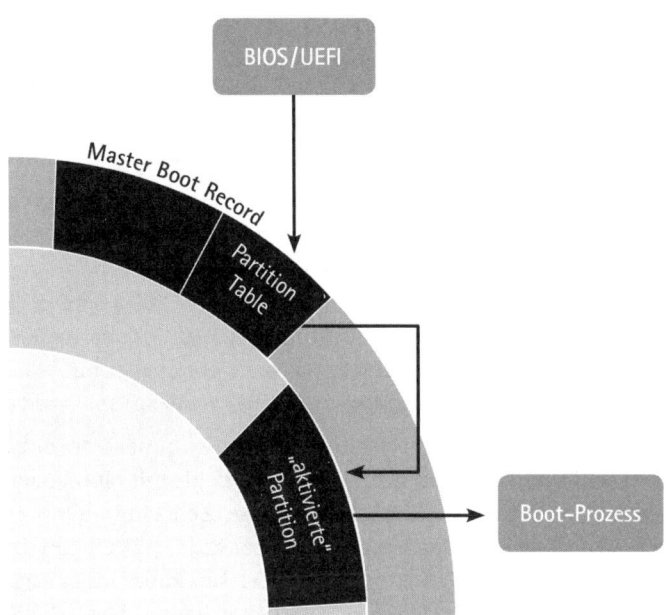

Abbildung 9.2:
Systemstart aus der Boot-Partition heraus

Die Installationsroutine schreibt den *Stage 1* genannten ersten Teil des Bootloaders GRUB (*Grand Unified Bootloader*) in den Bootloader-Teil des MBR. Von dort wird der zweite Teil des Loaders angesprungen, der den Rest der Bootroutine enthält. Diese Dateien befinden sich im Verzeichnis /boot/grub. Der *Stage 2* baut dann das Auswahlmenü für den Bootvorgang auf. Diese Vorgehensweise hat einen Vorteil: Sie startet vor der Bootroutine von Windows und bot den Linux-Installationen immer die Möglichkeit, neben Linux auch Windows und weitere Boot-Optionen in einem Auswahlmenü anzubieten. Windows-Installationen haben die Eigenart, Linux immer von der Boot-Liste verschwinden zu lassen bzw. gar nicht erst einzutragen. Wer also Linux und Windows auf derselben Festplatte installieren möchte, um seinen Rechner als *Dual-Boot-System* abwechselnd mit dem einen und dem anderen zu betreiben, der tut gut daran, Windows zuerst und dann erst Linux zu installieren. Bei Server-Systemen ist dieser Wunsch eher selten.

9.1.2 Bootloader GRUB

Bei RedHat und CentOS Version 6.x ist GRUB Version 1 im Einsatz; dessen Konfigurationsdatei heißt /boot/grub/grub.conf. Nach einem globalen Teil, der sich auf den Betrieb von GRUB allgemein bezieht, listet die Datei einen oder mehrere Startabschnitte auf, die mit dem Wort title beginnen. Jeder title beschreibt eine Boot-Option. Bei einer simplen neuen RedHat- oder CentOS-Installation gibt es nur einen title. Nach mehreren Kernel-Updates sind es bis zu drei verschiedene Kernel, die zur Auswahl stehen. Liegen auf der Festplatte verschiedene Linux-Systeme und vielleicht noch ein Windows, kann die Liste beträchtlich länger sein.

Der globale Teil der grub.conf legt fest, welcher title die Standardauswahl darstellt: default=0 besagt, dass der erste verwendet wird, wenn timeout=5, also fünf Sekunden lang keine Aktion auf der Tastatur erfolgt ist. Drückt jemand auf eine Pfeiltaste oder [Esc], erscheint das GRUB-Menü. Dass das Menü vorher nicht zu sehen ist, bestimmt die letzte Zeile (hiddenmenu). Und dass dann bei RedHat ein schwarzer, bei Debian aber ein blauer Hintergrund erscheint, legt splashimage=(hd0,0)/grub/splash.xpm.gz fest.

Der title für einen Linux-Start hat drei Zeilen, die immer mit root, kernel und initrd beginnen. Die erste Zeile, root, hat nichts mit Linux oder dessen Root-Filesystem zu tun. Vielmehr zeigt diese Zeile immer dorthin, wo GRUB selbst zu finden ist: Das Verzeichnis /boot/grub. Weil GRUB 1 keine Linux-Spezialitäten wie LVM oder SoftRAID lesen kann, muss dieses Verzeichnis immer auf einer „richtigen" Partition liegen. Das ist sogar der Grund, warum bei einer Standard-Installation von RedHat oder CentOS das Verzeichnis /boot auf einer eigenen Partition untergebracht ist: Wenn der Kernel, der sich ebenfalls in /boot befindet, LVM oder SoftRAID versteht, kann das gesamte übrige Linux-System auf LVM oder SoftRAID (oder sogar einer Kombination von beiden) liegen – inklusive Swap-Partition! Im Wesentlichen geht es darum, dass der Stage-1-Teil von GRUB (der sich im MBR befindet) auf eine einfach zu lesende Stage-2-Datei zeigen kann. Diese macht aus der Datei grub.conf das Menü mit der Lichtmarke.

Erst die beiden Einträge kernel und initrd beziehen sich wirklich auf eine Linux-Sequenz. Die Zeile kernel legt fest, welche Kerneldatei aufgerufen wird (die Datei vmlinuz-<kernelversion>). Der zweite wichtige Eintrag in dieser Zeile gibt Auskunft, wo das Root-Dateisystem der Linux-Installation zu finden ist. In dieser Zeile können noch sehr viele weitere Regeln stehen, aber das sind die beiden wichtigsten Angaben, und schon mit diesen Informationen kann das System starten.

Die initrd-Zeile ist ebenfalls sehr wichtig: Im Laufe der Zeit wurde der Linux-Kernel immer mächtiger und größer, während der Standard für Motherboards aus den 80er Jahren der gleiche blieb – und danach durfte die Kerneldatei für ein Betriebssystem nicht größer als ein halbes Megabyte sein.[1] Um die Kernel-Datei auf dem Recher klein zu halten, wurde sie immer stärker komprimiert und abgespeckt. Auch der heutige Kernel ist sehr schmal konfiguriert und dennoch inzwischen etwas mehr als vier Megabyte groß. Selbst eine Stelle, an der man später nur ein Modul (einen Treiber) für den Kernel ansetzt, braucht Platz. Dieses Wettrennen beendete man damit, dass die Treiber, die der Kernel für den Bootvorgang auf der aktuellen Maschine benötigt, in die Datei `initramfs-<kernelversion>.img` gewandert sind, die in Wirklichkeit ein kleines, stark komprimiertes Root-Dateisystem ist. Eine Software namens `dracut` lädt diese Treiber. Dadurch ist der Kernel in der Lage, die Controller des Rechners, seine Festplatten (und die Dateisysteme darauf) zu lesen, und kann sein endgültiges Root-Dateisystem laden.

Das führt zu den zwei wichtigsten Tätigkeiten des Bootloaders: Er sorgt dafür, dass die Motherboard-Software von der Größe des Kernels nicht beunruhigt wird, und er erzählt der Motherboard-Software, dass der Kernel nicht hinter dem 1024sten Zylinder der Festplatte liegt (ebenfalls eine Forderung der 80er-Jahre-Architektur). Liegt der Kernel z. B. auf einer kleinen 200-MB-Partition am Anfang der Festplatte, tritt dieses Problem nie in Erscheinung. Legt man bei der Installation das Root-Dateisystem außerhalb eines LVM an und belässt `/boot` bei dieser Partition, kann es schon vorkommen, dass der Kernel am Ende der Installation auf einem sehr weit hinten liegenden Zylinder landet. Festplatten, die nach der Jahrtausendwende auf den Markt gekommen sind, haben viel mehr als 1024 Zylinder. Trotzdem würde man nie ein Problem bemerken, weil die Bootloader ihre Arbeit still und unbemerkt tun. Dabei übersieht man gerne die allerwichtigste Tätigkeit des Bootloaders: Er ruft den Kernel und seine Hilfsdatei auf und läutet dabei die Kernelphase des Bootvorgangs ein.

9.2 Kernelphase und Hardwareerkennung

Wer sich in das Thema Linux einarbeitet, kennt den Kernel meist nur in seiner „Schiedsrichterfunktion", die er im laufenden Betrieb ausübt. Bis es dazu kommt, hat der Kernel aber schon eine völlig andere, nicht weniger wichtige Tätigkeit absolviert: erkennen, ob die Hardware des Rechners überhaupt zu ihm passt, und einen ausführlichen Bericht darüber abliefern. Wer all die „kosmetischen Schalter" in der `kernel`-Zeile des Bootloaders entfernt (siehe Abschnitt 9.4.3), kann die Meldungen des Kernels während seines Jungfernlaufes beobachten. Genauer betrachtet, sind es Hardware-

---

[1] DOS hatte insgesamt nicht mehr als 640 kB Arbeitsspeicher, und Großrechner, auf denen Hunderte Benutzer arbeiteten, sogar noch weniger.

Fakten, Hardware-Fakten und noch mehr Hardware-Fakten: Welche Chipsätze hat der Kernel entdeckt, welche Busse, welche Festplatten-Controller, welche USB-Hubs, Festplatten, Partition — einfach alles. Hat der Kernel seinen Erkundungslauf abgeschlossen, übergibt er das Zepter an die Software `/sbin/init`. Aber um diese Datei zu finden, muss er das Root-Dateisystem bereits geortet und gemountet haben. Init bekommt die Prozess-ID 1 und regelt den übrigen Bootvorgang. Der Kernel zieht sich hingegen in das oben beschriebene Richteramt zurück. Anders als früher startet `/sbin/init` allerdings nicht mehr alle Prozesse direkt aus der Datei `/etc/inittab` heraus, sondern verwendet `upstart`, um den weiteren Bootvorgang zu steuern.

Um niemand mit all den technischen Meldungen zu verwirren, schreiben RedHat und CentOS das Statement `quiet` in die `kernel`-Zeile, das die Ausgabe unterdrückt. Wer möchte, kann sich die Meldungen später mit dem Kommando `dmesg | more` anzeigen lassen.

9.3 Upstart

Seit der Version 6 verwenden RedHat und CentOS nicht mehr das klassische *System V*-Bootkonzept (*SysVinit*), sondern das von Ubuntu-Herausgeber Canonical entwickelte `upstart`. Bei genauerem Hinsehen teilt Upstart die einzelnen Segmente der Datei `/etc/inittab` lediglich in einzelne Dateien auf, die sich im Verzeichnis `/etc/init` befinden. Die eigentlichen Stärken von Upstart, nämlich sogenannte „Ereignisse" zu definieren und darauf zu reagieren (wie z. B. das Einstecken eines USB-Sticks) oder die Startskripte so weit wie möglich zu parallelisieren, kann die von RedHat/CentOS verwendete Version aber nicht ausspielen. Selbst Ubuntu verwendet Upstart noch in einem *Kompatibilitätsmodus* mit der alten Vorgehensweise, die die klassischen Startskripte vorsieht. Und tatsächlich ruft die Konfigurations-/Skriptdatei `/etc/init/rcS.conf` lediglich das Skript `/etc/rc.d/rc.sysinit` auf, wie früher schon im *SysVinit*-Konzept. Auch die Datei `/etc/init/rc.conf`, die die Runlevelphase definiert, enthält im Wesentlichen nur den Aufruf `exec /etc/rc.d/rc <Zielrunlevel>`.

Wer von einem reinen SysVinit-System zu RedHat Enterprise Linux oder CentOS wechselt, stellt allerdings fest, dass der Übergang von der Systeminitialisierungs- zur Runlevelphase nicht mehr so einfach am Monitor zu erkennen ist wie früher.

RedHat Version 7 wird mit dem neueren *Systemd* ausgestattet sein, und auch hier ist Kompatibilität mit dem alten *SysVinit*-Konzept gegeben. Wie bisher werden Startskripte aufgerufen, um Dienste zu starten und stoppen. Die eigentliche Ausführung übergeben die Skripte dann dem *Systemd*. Es gibt bereits mehrere Distributionen auf dem Markt, die das so umgesetzt haben.

9.3.1 Systeminitialisierungsphase

Ist die Kernelphase durchlaufen und liegt die Ausführungskontrolle bei /sbin/init, muss die *Systeminitialisierungsphase* die Maschine „zusammenbauen" und zu einem lauffähigen Einzelplatzsystem machen. Dazu werden vor allem die Partitionen und Logical Volumes (die eventuell auf SoftRAID-Konstrukten liegen) gefunden, identifiziert, geprüft und schließlich gemountet.

Daneben werden „Kleinigkeiten" erledigt, wie das Setzen des Hostnamens und der Zeitzone, Überprüfen und Einschalten von SELinux und vieles mehr. Das Skript rc.sysinit ist immerhin mehr als 650 Zeilen lang. Sollten sich Probleme ergeben, die das Skript nicht selbst lösen kann, startet rc.sysinit ein anderes Skript aus /etc/init, den Notfall-Login rcS-emergency.conf. Es präsentiert einen Login-Prompt, an dem sich der Administrator am System anmelden kann, um z.B. die Dateisysteme zu prüfen oder andere Probleme zu beheben. Ein anderer typischer Grund für solch einen Stopp ist ein Fehler beim Initialisieren von *SELinux*. Ist die Reparatur beendet, führt [Strg]+[D] zu einem Neustart der Maschine.

Nach der Systeminitialisierungsphase ist das Linux-System eigentlich schon voll funktionsfähig. Der erreichte Einzelplatzmodus entspricht im Wesentlichen dem Runlevel 1 (single) oder z.B. dem Wartungsmodus bei Debian.

9.3.2 Runlevelphase

In der Runlevelphase bekommt das System dann seine „Eigenschaften": Wird es Netzwerkunterstützung haben? Wird die grafische Umgebung gestartet? Wie das Starten der Dienste vor sich geht, ist in Kapitel 8 beschrieben. Bei RedHat, CentOS und anderen RedHat-Derivaten (aber auch bei SUSE) sind die Runlevel gleichbedeutend. Welche Eigenschaften sie haben, ist in der Datei /etc/inittab dokumentiert:

Runlevel 0
    Shutdown; wenn die Hardware ACPI-Kommandos versteht (das ist heute der Normalfall), schaltet der Rechner zuletzt vollständig ab.

Runlevel 1
    Einzelbenutzer- und Wartungsmodus

Runlevel 2
: textorientierter Modus mit eingeschränkter Netzwerkunterstützung: Etliche Dienste starten, aber sie stellen sich nicht nach außen dar. Ping und SSH funktionieren.

Runlevel 3
: textorientiert mit Multiuser- und Netzwerkunterstützung; der klassische Servermodus

Runlevel 4
: ist unbenutzt und kann frei konfiguriert werden

Runlevel 5
: wie Runlevel 3, aber mit grafischer Oberfläche

Runlevel 6
: Reboot; der Rechner fährt durch die Startroutine des Motherboards und wieder hoch.

Zuletzt soll der Rechner einen Login-Prompt präsentieren. Dieser kann je nach Ziel-Runlevel textorientiert oder grafisch sein.

9.4 Bootvorgang steuern und diagnostizieren

Vor und während des Bootvorgangs gibt es für den Admin mehrere Schlüsselstellen, um den Bootvorgang zu steuern und damit einerseits dessen Verlauf zu beeinflussen, andererseits eventuelle Probleme zu lösen.

9.4.1 Ziel-Runlevel ändern

So hübsch eine grafische Installation auch sein mag, im laufenden Betrieb zieht sie nur unnötig Systemlast. Damit der Rechner später automatisch textorientiert läuft, passt man den Ziel-Runlevel an. Das hat den Vorteil, dass die grafischen Diagnose- und Administrationswerkzeuge automatisch mitinstalliert werden. Systemlast benötigen sie aber nur, wenn man sie (über das Netzwerk) aufruft. Nach dem Umstieg auf Upstart ist der Ziel-Runlevel die einzige Information, die in der Datei /etc/inittab übriggeblieben ist.

```
[root@flosse ~]# cat /etc/inittab
...
id:5:initdefault:
```

Diese Zeile ist den Einträgen in der Datei /etc/passwd sehr ähnlich. Nach dem Label id steht im zweiten Feld der Ziel-Runlevel. Nach der Änderung auf 3 startet man den Rechner neu und erhält dann einen textorientierten Login.

9.4.2 Bootvorgang textorientiert anzeigen

Nichts gegen rotierende RedHat-Logos, Fortschrittsbalken und andere grafische Finessen beim Booten – solange die Welt in Ordnung ist. Oft genug möchte man als Admin die Ausgaben des Bootvorgangs aber beobachten – und sei es nur, um sich zu beruhigen. Dazu drückt man, während der Fortschrittsbalken fortschreitet, [Esc]. Die Anzeige von plymouth, aufgerufen durch den Schalter rhgb (*RedHat Graphical Bootsplash*) im Bootloader, springt dann auf die textorientierte Variante um. Grüne OK oder rote Failed zeigen an, ob einzelne Bootschritte erfolgreich waren. In der Regel ist es gar nicht notwendig, auf den Fortschrittsbalken zurückzuschalten, aber mit einem erneuten [Esc] ist auch das möglich.

9.4.3 GRUB beeinflussen und Bootprobleme lösen

Sobald gravierende Probleme beim Hochlaufen des Rechners auftreten, muss es eine Möglichkeit geben, früh in den Prozess einzugreifen. Das bedeutet – abgesehen vom Einstellen des BIOS oder UEFI – den Startvorgang am Bootloader anzuhalten. Dort, schon vor dem Start des Betriebssystems, lassen sich alle Weichen stellen, wohin der Zug fahren wird.

Das Weichenstellen beginnt immer damit, das automatische Booten am GRUB-Menü zu stoppen und die grafische Verhübschung zu entfernen. Bei RedHat/CentOS gilt es, bei einem Neustart innerhalb von fünf Sekunden eine Taste zu drücken, bevor GRUB den Default-Startabschnitt startet. Gerade bei modernen, sehr schnellen Maschinen ist das nicht leicht. Der Durchlauf von BIOS oder UEFI dauert oft „ewig", danach geht es aber sehr schnell, und man muss innerhalb von fünf Sekunden begreifen, dass es schon so weit ist, den Knopf zu drücken. Als Hinweis zeigt GRUB während der fünf Sekunden (in der Regel) einen Countdown an.

Wen das stört, der kann in der Datei /boot/grub/grub.conf die Zeile hiddenmenu auskommentieren, und GRUB zeigt beim nächsten Neustart sofort das textorientierte Menü an. Dieser Vorgang ändert nichts an den fünf Sekunden. Die Zeitspanne lässt sich mit dem timeout-Wert in der Datei einstellen. Um Zeilen in /boot/grub/grub.conf zu löschen oder auszukommentieren, sind allerdings Root-Berechtigungen vonnöten. Leider ist einer der häufigeren Gründe, warum jemand bei GRUB eingreift, genau dieser: Weil das Root-Passwort verloren gegangen ist.

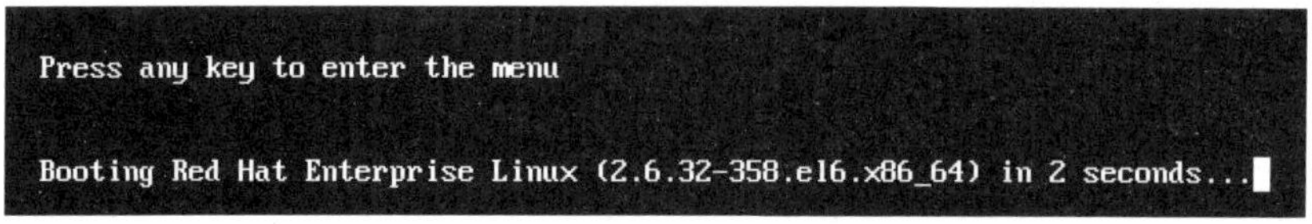

Abbildung 9.3:
Der Countdown läuft

```
Press any key to enter the menu

Booting Red Hat Enterprise Linux (2.6.32-358.el6.x86_64) in 2 seconds...
```

Ein Tipp: Nie bei solchen Aktionen die Enter-Taste drücken! Besser ist es, [Strg], eine der Pfeiltasten oder [Esc] zu wählen. Return ist nun einmal eine „Wirktaste" — [Strg] allein hat dagegen meist keinerlei Wirkung.

Sobald der Countdown unterbrochen ist, zeigt GRUB sein wahres Gesicht: Weiße Schrift auf schwarzem Grund. Der Grund dafür ist der Eintrag `splashimage=(hd0,0)/grub/splash.xpm.gz` in `/boot/grub/grub.conf`.

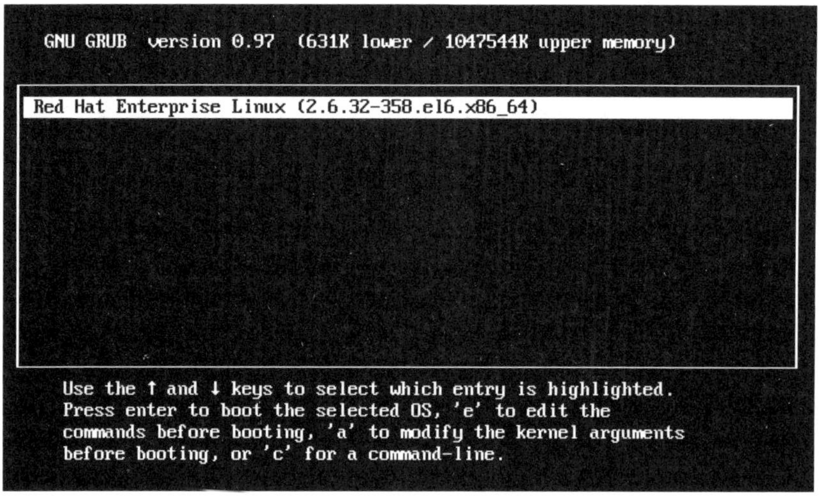

Abbildung 9.4:
Das wahre Gesicht von GRUB

```
GNU GRUB  version 0.97  (631K lower / 1047544K upper memory)

┌─────────────────────────────────────────────────────────────┐
│ Red Hat Enterprise Linux (2.6.32-358.el6.x86_64)            │
│                                                             │
│                                                             │
│                                                             │
│                                                             │
│                                                             │
│                                                             │
│                                                             │
└─────────────────────────────────────────────────────────────┘

     Use the ↑ and ↓ keys to select which entry is highlighted.
     Press enter to boot the selected OS, 'e' to edit the
     commands before booting, 'a' to modify the kernel arguments
     before booting, or 'c' for a command-line.
```

Sind mehrere Einträge vorhanden, bewegen die Pfeiltasten die Lichtmarke nach oben oder unten auf den gewünschten Eintrag. Ein Druck auf ⏎ wählt die dahinterliegenden Kernel- und initramfs-Dateien aus und startet den Bootvorgang. Unter dem weißgeränderten Rahmen befinden sich mehrere Zeilen Text, die gerne überlesen werden: „Drücken Sie Return zum Start des Eintrags, oder e, um den Eintrag zu bearbeiten". Ein Druck auf diesen Buchstaben „öffnet" den Eintrag und präsentiert die dahinterliegenden Zeilen.

Die drei Zeilen sind nicht das Original, sondern eine Arbeitskopie der Werte aus der Konfigurationsdatei. Man kann deren Inhalt also nach Lust und Laune verändern, sogar löschen. Ein Druck auf [Esc] wechselt jeweils wieder auf die darüberliegende Menüebene des GRUB, und der Eintrag kann erneut und unverändert geöffnet werden. Sollte wirklich etwas völlig unverständlich werden: Das Betriebssystem ist noch gar nicht gestartet, ein Neustart des Rechners also jederzeit ohne Schaden möglich. Keine Panik!

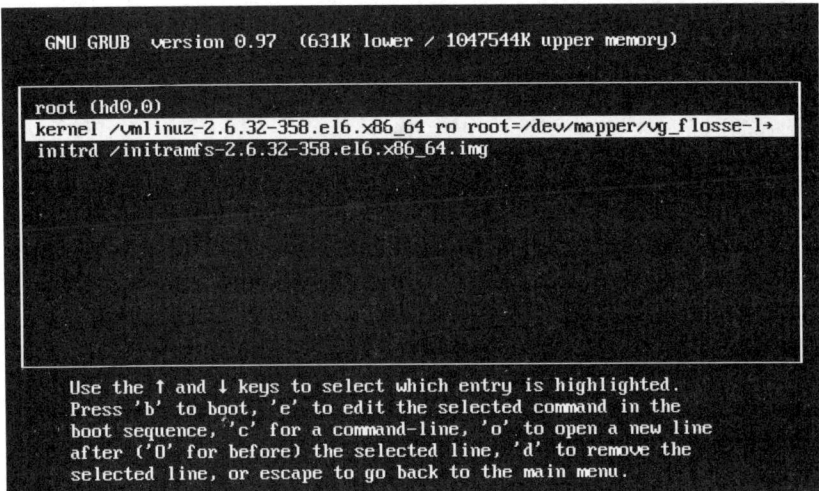

Abbildung 9.5: Hinter den einzelnen Zeilen liegen die Anweisungen aus grub.conf

Von den drei Zeilen ist die zweite, kernel, am interessantesten. Sie enthält alle Befehlszeilenschalter für die Kerneldatei. Weder root noch initrd müssen normalerweise verändert werden, es sei denn, jemand hätte vorher z. B. unsachgemäß mit einem Texteditor in der Datei /boot/grub/grub.conf gefuhrwerkt. Je nach Distribution ist das, was in der kernel-Zeile angegeben ist, mehr oder weniger umfangreich. RedHat (und deshalb das binärkompatible CentOS ebenfalls) schreiben viele Angaben hinein. Eine ziemlich vollkommene Beschreibung für die verschiedenen Schalter gibt es auf dem Fedora-Wiki.[2] Es werden ein paar Dinge ausgeschaltet, die bisweilen Probleme gemacht haben, Tastaturbelegung und Bildschirmfont eingestellt. Bei Diagnosefällen will man das in der Regel alles abschalten. Es ist nie gesagt, dass nicht die „erleichternden" Einstellungen der Grund für ein Übel sind.

Um den Bootvorgang zu starten und alle Meldungen angezeigt zu bekommen, genügen in der Regel drei Angaben in der kernel-Zeile: Kerneldatei, Angabe des Root-Dateisystems, Ziel-Runlevel. Alle anderen Befehlszeilenschalter können mit der ⟵ oder Entf gelöscht werden. Zu Diagnosezwecken nützen sie nichts oder verbergen sogar Ausgaben, die hier gewünscht sind. Als Ziel-Runlevel empfiehlt sich die 3, denn dieser Level ist textorientiert und startet dennoch alle Dienste. Alle Bildschirmausgaben während

---

[2] http://fedoraproject.org/wiki/Common_kernel_problems

des Bootvorgangs bleiben dann im Grafikspeicher stehen und können anschließend noch begutachtet werden. Wechselt das System dagegen (bei Runlevel 5) in den Grafikmodus, löscht es dabei leider auch diese Ausgaben. Eine völlig ausreichende `kernel`-Zeile enthält z. B. nur noch die Angaben:

```
kernel /vmlinuz-versionsnummer root=/dev/vg_flosse/root 3
```

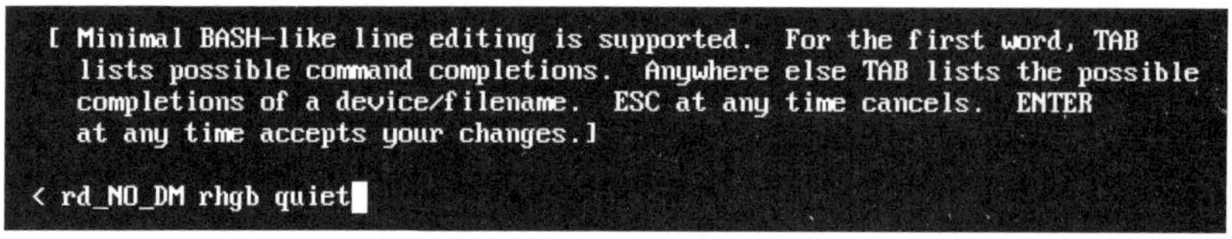

Abbildung 9.6:
Die Befehlszeilenschalter des Kernels können bis auf wenige Ausnahmen gelöscht werden

```
[ Minimal BASH-like line editing is supported. For the first word, TAB
lists possible command completions. Anywhere else TAB lists the possible
completions of a device/filename. ESC at any time cancels. ENTER
at any time accepts your changes.]

< rd_NO_DM rhgb quiet
```

Ein ⏎ schließt die geänderte Zeile, b (wie „boot") startet den Bootvorgang. Wer genau beobachtet, identifiziert wenigstens zwei der drei Phasen nach dem Bootloader. Solange nur weiße Buchstaben auf Schwarz erscheinen, ist der Vorgang noch in der *Kernelphase*. Der Übergang in die *Systeminitialisierungsphase* ist bei RedHat und CentOS durch einen farbigen Hinweis „Willkommen auf RedHat Enterprise Linux (bzw. CentOS ...)" gekennzeichnet, danach erscheinen verschiedene Bootschritte, die mit einem grünen `OK` oder einem roten `Failed` auf der rechten Seite des Bildschirms zeigen, ob der Schritt erfolgreich war. Einfach gesagt: Der Kernel weiß noch nicht, wie man grüne `OK` oder rote `Failed` erzeugt. Das Rezept hierzu wurde von dem Skript `/etc/rc.d/rc.sysinit` eingelesen. Wenn diese Meldungen erscheinen, ist die Kernelphase „durch". Nicht mehr so einfach zu sehen ist der Übergang von *Systeminitialisierungs-* zur *Runlevelphase*. Wenn z. B. die Netzwerkkarte(n) konfiguriert werden, ist die Runlevelphase erreicht.

Die Meldungen rauschen sehr schnell über den Bildschirm, aber wenn als Ziel-Runlevel die 3 angegeben wurde, präsentiert das Betriebssystem am Schluss einen Login-Prompt und man kann sich als Benutzer `root` (oder als jeder andere Benutzer) textorientiert einloggen. Zur Diagnose viel wichtiger: Alle Bildschirmausgaben stehen auch nach dem Booten für eine kurze Weile noch im Grafikspeicher. Mit ⇧+Bild↑ können sie immer noch angezeigt werden. Der hier beschriebene Bootvorgang ist völlig konventionell, das Besondere ist nur, dass der Ziel-Runlevel nicht aus der Datei `/etc/inittab` gelesen, sondern auf der Befehlszeile des Bootloaders übergeben wurde.

Wenn der Rechner beim Hochlaufen keine dramatischeren Meldungen als ein `Failed` bezüglich eines `Crashkernels` (der ist vorher aus der Zeile rausgelöscht worden) und vielleicht eines für `Cpustepping` (das in virtualisierten Maschinen oft nicht unterstützt ist), dann ist die Maschine völlig gesund. Wer will, kann sich jetzt als `root` einloggen und mit dem Komman-

9.4 Bootvorgang steuern und diagnostizieren

do init 5 auf den grafischen Modus schalten — oder gleich im Runlevel 3 bleiben.

```
Red Hat Enterprise Linux Server release 6.4 (Santiago)
Kernel 2.6.32-358.el6.x86_64 on an x86_64

flosse login: _
```

Abbildung 9.7: Am textorientierten Prompt kann man sich einloggen

Wer die Grafikoberfläche nachgestartet hat, kann wieder auf die textorientierte Umgebung wechseln, indem er in der grafischen Oberfläche [Strg]+[Alt]+[F1] drückt. Selbst wenn sich root jetzt aus der textorientierten Umgebung ausloggen würde, bliebt die grafische Oberfläche erhalten. Mit [Alt]+[F2], [Alt]+[F3] bis [Alt]+[F7] kann man verschiedene textorientierte Logins durchwechseln, bis schließlich (üblicherweise bei [Alt]+[F7]) die grafische Oberfläche wieder zum Vorschein kommt.

TIPP

Nicht willkürlich Standards brechen
Dauerhafte Einstellungen könnten zwar auch in der Konfigurationsdatei /boot/grub/grub.conf hinterlegt werden. Den Ziel-Runlevel dort fest hineinzuschreiben, sichert allerdings Probleme in der Zukunft: Wer soll denn nach einer Weile noch wissen, wo jemand, der den Standard gebrochen hat, seine Spuren hinterlassen hat?

Woran erkennt man, in welchen Phasen Probleme aufgetreten sind? Kernel Abstürze werden in der Regel mit der Meldung Oops angekündigt. Fehlende Ressourcen — wie nicht gefundene Root-Partitionen — führen in der Regel zu einer „Kernel Panic". Auch eine Ausgabe wie Stack Trace verheißt nichts Gutes. In jedem Fall lohnt es sich bei solchen Meldungen, die Hardware zu prüfen, wenn der gleiche Kernel auf der Hardware schon einmal gelaufen ist. Treten solche Meldungen nach einem Kernel-Update auf, funktioniert vermutlich der alte Kernel noch. RedHat behält bei einem Kernel-Update bis zu zwei alte Kernelversionen auf dem System und erzeugt sogar Startmarken dafür im GRUB-Menü. Ein simpler Reboot und die Auswahl eines alten Kernels sollten ein solches Problem lösen.

Da in der Systeminitialisierungsphase in größerem Umfang mit Partitionen und Festplatten hantiert wird, bleibt die Bildschirmausgabe dort bisweilen mit Problemen beim Finden oder Überprüfen einer Partition oder eines Logical Volumes mit einem root-Login hängen. Dies ermöglicht es dem Admin, sich mit dem root-Passwort einzuloggen und das Problem zu lösen. Der Fall in Abbildung 9.8 resultierte daraus, dass sich ein Tippfehler in die Datei /etc/fstab eingeschlichen hatte. Nicht gefundene LUKS-verschlüsselte Partitionen oder unformatierte Logical Volumes lösen ähnliche Meldungen aus. In diesem Fall loggt man sich als root ein, kommentiert die fehlerhafte Zeile in /etc/crypttab und/oder /etc/fstab aus und startet den Rechner mit [Strg]+[D] neu.

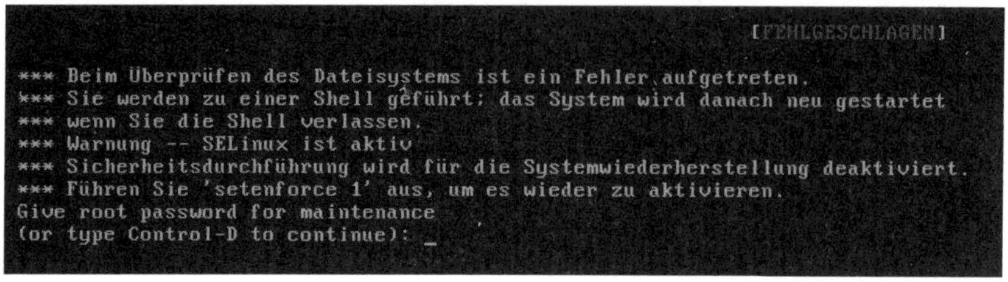

Abbildung 9.8:
Not-Login bei Boot-Problemen

```
                                                        [FEHLGESCHLAGEN]
*** Beim Überprüfen des Dateisystems ist ein Fehler aufgetreten.
*** Sie werden zu einer Shell geführt; das System wird danach neu gestartet
*** wenn Sie die Shell verlassen.
*** Warnung -- SELinux ist aktiv
*** Sicherheitsdurchführung wird für die Systemwiederherstellung deaktiviert.
*** Führen Sie 'setenforce 1' aus, um es wieder zu aktivieren.
Give root password for maintenance
(or type Control-D to continue): _
```

Wenn sich die genannten Dateien wegen unerklärlicher read-only-Meldungen nicht editieren lassen, so liegt das an dem Schalter ro in der GRUB-Konfiguration, zwischen der Angabe des Kernels und der Root-Partition. Nicht die jeweilige Datei, sondern die ganze Root-Partition ist read-only gemountet. Man behebt das, indem man die Root-Partition read-writable mountet:

```
mount -o remount,rw /
```

Danach sollte root wieder alles dürfen. Frühere Versionen von RedHat 6 hatten einen Fehler in der SELinux-Konfiguration: Die Konfiguration ließ sich nicht ändern, weil SELinux etwas dagegen hatte. Ein setenforce 0 zog SELinux diesen Zahn, und root konnte wieder schalten und walten.

Fehler, die erst in der *Runlevelphase* auftauchen, sind sogar noch leichter zu beheben. Etliche Dienste sind Netzwerkdienste. Da ist es einfach, beim Booten nicht einen Runlevel anzusteuern, der das Netz startet. Statt, wie im Abschnitt vorher, an der GRUB-Zeile eine 3 einzutragen, kann man ja auch einen anderen Wert eintragen: eine 2, besser noch die 1 oder auch single (siehe nächster Abschnitt). Den Rechner starten, nach dem Login den problematischen Dienst mit chkconfig <dienstname> off ausschalten und in den Ziel-Runlevel wechseln. Da der kranke Dienst nicht gestartet wird, stehen den Benutzern immerhin alle anderen Dienste auf der jetzt laufenden Maschine zur Verfügung. Und der Admin hat alle Zeit der Welt, um herauszufinden, was dem einen Dienst fehlt und wie er ihn wieder in Gang setzt.

9.4.4 In den Single-User-Modus wechseln

Anders als andere Distributionen haben RedHat-artige eine regelrechte Hintertür in den Bootvorgang eingebaut. Hat man z. B. das Root-Passwort verloren, genügt es, an der GRUB-Zeile (wie oben beschrieben) als Ziel-Runlevel single oder 1 anzugeben. Der Rechner startet dann normal, aber anders als praktisch alle anderen Distributionen landet dieser Bootvorgang in einer Root-Shell – kein Login, keine Abfrage, nur eine Shell mit root-Rechten. Das Root-Passwort ändern? Kein Problem! Danach ist es möglich, einfach mit einem init 5 den Rechner bis in die grafische Oberfläche hochzufahren und sich mit dem neuen Passwort einzuloggen.

Als lokale Sicherheit soll das praktisch allen gängigen (auch militärischen) Sicherheitsstandards genügen. Dort wird als Ausprägung der sogenannten „C2-Security"[3] einfach deklariert: „Der Feind kommt nicht physikalisch an die Maschine heran"...

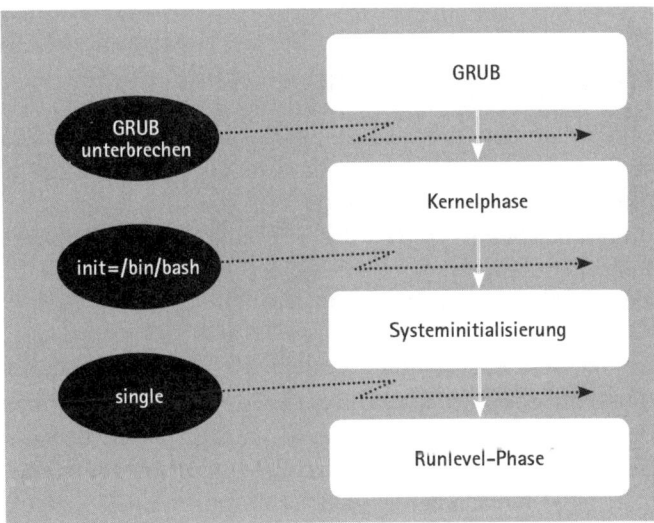

Abbildung 9.9: Überblick über die Eingriffsmöglichkeiten

Um andere Linux-Distributionen zu „knacken", ist der Aufwand auch nicht deutlich höher. Dort startet das Gegenstück von RedHats und CentOS single-Modus zwar inklusive lokaler Sicherheit, und schon im Rettungsmodus muss man das Root-Passwort kennen. Aber was, wenn die lokale Sicherheit gar nicht startet, weil der Bootvorgang vorher abgebrochen wurde? Dieses Kunststück erreicht man, indem man in der kernel-Zeile von GRUB nicht single oder 1 einträgt, um von /sbin/init einen bestimmten Runlevel anfahren zu lassen. Man tauscht init einfach aus. Die Vorgehensweise: GRUB auf die bekannte Art und Weise anhalten, die kernel-Zeile öffnen, alles, was nicht benötigt wird, erneut löschen und statt des Ziel-Runlevels folgendes in die Zeile eintragen:

```
kernel /vmlinuz-versionsnummer root=/dev/vg_flosse/root init=/bin/bash
```

[3] http://de.wikipedia.org/wiki/ Trusted_Computer_System_Evaluation_Criteria

Der kleine, aber feine Unterschied: Hier endet der Bootvorgang praktisch direkt nach der Kernelphase, /sbin/init wird nicht gestartet — nach dem Kernel startet eine Shell. Freilich, eine deutsche Tastaturbelegung muss dann erst geladen werden (loadkeys de-latin1-nodeadkeys oder einfach loadkeys de), wenn man denn eine benötigt, und mit Sicherheit braucht es ein mount -o remount,rw /, um das Root-Dateisystem schreibbar zu machen. Aber dann ist wieder alles möglich. Sollten Teile des Dateisystems auf andere Partitionen und Logical Volumes ausgelagert sein, richtet es ein mount -a.

Ein sehr schöner Artikel über etliche Boot-Probleme, die man direkt an der GRUB-Konsole löst, stammt von George Hacker.[4]

9.5 Prüfungsvorbereitung

Boot-Probleme werden in der Praxis oft dadurch gelöst, dass einfach ein neues Image auf den Rechner gespielt wird. Diese Option gibt es in der Prüfung nicht. Entweder bekommen die Teilnehmer funktionierende Rechner, oder der Fehler ist Teil der Prüfung. Da Boot-Probleme in der Praxis eher selten sind, simulieren Sie die drei häufigsten oder wahrscheinlichsten, indem Sie sie herstellen:

- Tippen Sie einen fehlerhaften Gerätepfad in die Datei /etc/fstab. Das simuliert zittrige Finger während der Prüfung, die entweder den Block-ID Wert oder den Namen des Logical Volumes falsch tippen statt ihn mit der Maus zu kopieren und dann in die Datei einzufügen. Alternativ könnten Sie einen Fehler in den Mountpfad tippen — das Ergebnis sollte das gleiche sein.

- Erzeugen Sie ein LUKS-verschlüsseltes Gerät, aber entfernen Sie den Eintrag aus der /etc/crypttab. Beim Booten wird das Gerät nicht richtig identifiziert, und schon gibt es einen Boot-Fehler.

- Booten Sie in den Runlevel 1 oder single. Wie oben geschildert, kann damit das Root-Passwort zurückgesetzt werden, außerdem steht die ganze Welt der Rechner-Rettung und -Wartung offen. Nur wenn Partitionen nicht (erfolgreich gecheckt und dann) gemountet werden können, kommt das System gar nicht so weit, dass es einen bestimmten Runlevel anstarten könnte.

---

[4] http://magazine.redhat.com/2007/03/21/using-grub-to-overcome-boot-problems/

Während der Systeminitialisierung stoppt das System bei den ersten beiden Übungen in einer Root-Shell (ausgelöst durch /etc/init/rcS-emergency .conf. Sie können nach Eingabe des Root-Passworts die fehlkonfigurierte /etc/fstab bzw. /etc/crypttab korrigieren und nach einem [Strg]+[D] den Rechner durchstarten lassen. Die Maschine sollte dann fehlerfrei hochfahren. Wenn Ihnen nicht sofort einfallen sollte, wie die /etc/crypttab zu reparieren ist, dann nehmen Sie den Eintrag für die verschlüsselte (oder sollte man sagen: entschlüsselte?) Partition wenigstens aus der /etc/fstab heraus. Das gibt der Maschine die Chance, wieder hochzukommen. Dann stehen Ihnen auch die Manpages wieder zur Verfügung. Und nicht vergessen: Eine Maschine mit einer gelösten Aufgabe weniger hat die Prüfung vermutlich noch nicht verloren. Eine Maschine, die nicht bootet, schon.

Versuchen Sie nicht, ein System zu retten, dessen /-Verzeichnis (oder /var) Sie gelöscht haben. Sollte Ihnen das passiert sein, lassen Sie den Rechner resetten. Ein weiterer Grund dafür, die Partitionsaufgaben sehr früh in der Prüfung zu erledigen.

10 Kapitel

Netzwerk einrichten

RedHat Enterprise Linux ist ein Serversystem. Auch wenn es eine grafische Benutzeroberfläche besitzt und alle möglichen Endbenutzerprogramme nachinstallieren kann, lebt ein Serversystem vor allem davon, dass es über das Netzwerk erreichbar ist und Dienste anbietet. Voraussetzung dafür ist, dass der Rechner einer feste IP-Adresse bekommt, die im besten Fall über den Rechnernamen per DNS-Abfrage ermittelt werden kann. Umso seltsamer finden es viele Administratoren, dass RHEL mit einem *NetworkManager* ausgestattet ist, wie er auf Notebooks gute Dienste leistet. Dort allerdings hat der NetworkManager vor allem die Aufgabe, auch Endbenutzern die Netzwerkeinstellungen zugänglich zu machen. Notebooks wandern von WLAN-Umgebungen zu Dockingstations mit Netzwerkkarten und -Kabeln oder, wie bei EDV-Trainern, von einem Schulungshaus zum anderen — mit ständig wechselnden Netzwerken. Serversysteme tun das üblicherweise nicht.

Zur Ehrenrettung des NetworkManagers auf dem RedHat-Serversystem sei angeführt, dass bei RHEL Root-Berechtigungen notwendig sind, um die Netzwerkkonfiguration zu ändern. Insofern ist es egal, ob man zum Einstellen oder Ändern der Konfiguration ein grafisches Tool verwendet oder nicht. Ein normaler Benutzer könnte den Server nicht versehentlich unbrauchbar machen, weil er oder sie mal eben die Netzwerkadresse geändert hat.

10.1 Mal eben das Netz ändern

Jahrzehntelang haben Linux-Administratoren ifconfig benutzt, um die IP-Adressierung einer Netzwerkkarte zu ändern, und route, um die Routing-Tabelle anzupassen. Seit rund zehn Jahren schulen alle großen Distributionen in ihren Kursen, stattdessen ip zu nutzen – doch vermutlich ist das veraltete ifconfig ebensowenig ausrottbar wie nslookup.

10.1.1 IP-Adressen ändern

Um die aktuelle Netzwerkkonfiguration anzusehen, gibt es das Kommando ip a. Das ist die Kurzform von ip address show, und auch normale Benutzer dürfen es ausführen. Aber für die meisten der ip-Kommandos sind root-Berechtigungen notwendig. Damit sie wirken, müssen nur wenige Kommandokombinationen von ip ausgeschrieben oder in einer bestimmten Kombination von Anfangsbuchstaben (der Unterbefehle) angegeben werden. Das ist praktisch die perfekte Kombination von Leistungsstärke und völligem Unverständnis für Außenstehende, die Kommandos für eine bestimmte Sorte Unixer und Linux-Nerds attraktiv macht. Eine neue IP-Adresse setzen:

```
ip a a 192.168.1.100/24 brd + dev eth0
```

Das doppelte a steht für address add; die Adresse wird mit der kürzeren CIDR-Schreibweise angegeben. Das brd + weist das Kommando an, die für die aktuelle Subnettierung passende Broadcast-Adresse selbst zu berechnen. Vergisst man dies, verwendet ip eine Broadcast-Adresse von 255.255.255.255. Das ist zwar ebenfalls eine, aber nicht die für das aktuelle Subnetz passende. Genauso die Angabe für die Subnetzmaske: Lässt man sie weg, verwendet ip die Maske /32. Das ist zwar eine gültige Adresse, aber in den meisten Fällen nicht die gewünschte. Eine IP-Adresse löschen:

```
ip a d 192.168.1.100/24 dev eth0
```

Die Broadcast-Adresse kann man in diesem Fall weglassen, nicht aber die Subnetzmaske — eigentlich. Die Software beschwert sich deutlich, wenn man die Subnetzmaske nicht mit angibt. Es könnte auf der gleichen Karte ja eine zweite Adresse mit anderer Subnetzmaske liegen. Die Adressen nur einer Netzwerkschnittstelle anzeigen:

```
ip a s dev eth0
```

10.1.2 Warum nicht mehr ifconfig?

Das Kommando `ifconfig` funktioniert nach wie vor und wie erwartet. Der folgende Befehl setzt eine zweite IP-Adresse auf das Interface eth0 (von broadcast bis zum Ende der Befehlszeile könnte man die Angaben auch weglassen):

```
ifconfig eth0:1 192.168.100.10 netmask 255.255.255.0 broadcast 192.168.100.0 ↵
up
```

Dasselbe kann auch `ip`:

```
[root@flosse ~]# ip a a 192.168.100.10/24 brd + dev eth0
[root@flosse ~]# ip a
...
2: eth0: <BROADCAST,MULTICAST,UP,LOWER_UP> mtu 1500 qdisc pfifo_fast state UP qlen 1000
    link/ether 52:54:00:02:32:b6 brd ff:ff:ff:ff:ff:ff
    inet 192.168.150.144/24 brd 192.168.150.255 scope global eth0
    inet 192.168.100.10/24 brd 192.168.100.255 scope global eth0
    inet6 fe80::5054:ff:fe02:32b6/64 scope link
       valid_lft forever preferred_lft forever
[root@flosse ~]# ifconfig
eth0      Link encap:Ethernet  Hardware Adresse 52:54:00:02:32:B6
          inet Adresse:192.168.150.144  Bcast:192.168.150.255  Maske:255.255.255.0
          inet6 Adresse: fe80::5054:ff:fe02:32b6/64 Gültigkeitsbereich:Verbindung
          UP BROADCAST RUNNING MULTICAST  MTU:1500  Metric:1
          RX packets:15536 errors:0 dropped:0 overruns:0 frame:0
          TX packets:749 errors:0 dropped:0 overruns:0 carrier:0
          Kollisionen:0 Sendewarteschlangenlänge:1000
          RX bytes:966806 (944.1 KiB)  TX bytes:80580 (78.6 KiB)

lo        Link encap:Lokale Schleife
          inet Adresse:127.0.0.1  Maske:255.0.0.0
          inet6 Adresse: ::1/128 Gültigkeitsbereich:Maschine
          UP LOOPBACK RUNNING  MTU:16436  Metric:1
          RX packets:40 errors:0 dropped:0 overruns:0 frame:0
          TX packets:40 errors:0 dropped:0 overruns:0 carrier:0
          Kollisionen:0 Sendewarteschlangenlänge:0
          RX bytes:2760 (2.6 KiB)  TX bytes:2760 (2.6 KiB)

[root@flosse ~]#
```

Oops! Das betagte `ifconfig` zeigt eine Adresse, die mit `ip` gesetzt wurde, nicht an! Der Grund dafür liegt darin, dass `ifconfig` automatisch ein „Label" erzeugt, `ip` aber nicht. Ein Label erzeugen, kann `ip` ebenfalls:

```
[root@flosse ~]# ip a
...
2: eth0: <BROADCAST,MULTICAST,UP,LOWER_UP> mtu 1500 qdisc pfifo_fast state UP
qlen 1000
    link/ether 52:54:00:02:32:b6 brd ff:ff:ff:ff:ff:ff
    inet 192.168.150.144/24 brd 192.168.150.255 scope global eth0
    inet 192.168.100.10/24 brd 192.168.100.255 scope global eth0
...
[root@flosse ~]# ip a d 192.168.100.10/24 dev eth0
[root@flosse ~]# ip a a 192.168.100.10/24 brd + dev eth0 label eth0:1
[root@flosse ~]# ip a s dev eth0
2: eth0: <BROADCAST,MULTICAST,UP,LOWER_UP> mtu 1500 qdisc pfifo_fast state UP
qlen 1000
    link/ether 52:54:00:02:32:b6 brd ff:ff:ff:ff:ff:ff
    inet 192.168.150.144/24 brd 192.168.150.255 scope global eth0
    inet 192.168.100.10/24 brd 192.168.100.255 scope global eth0:1
    inet6 fe80::5054:ff:fe02:32b6/64 scope link
       valid_lft forever preferred_lft forever
[root@flosse ~]# ifconfig
eth0      Link encap:Ethernet  Hardware Adresse 52:54:00:02:32:B6
          inet Adresse:192.168.150.144  Bcast:192.168.150.255
Maske:255.255.255.0
          inet6 Adresse: fe80::5054:ff:fe02:32b6/64
Gültigkeitsbereich:Verbindung
          UP BROADCAST RUNNING MULTICAST  MTU:1500  Metric:1
          RX packets:16245 errors:0 dropped:0 overruns:0 frame:0
          TX packets:870 errors:0 dropped:0 overruns:0 carrier:0
          Kollisionen:0 Sendewarteschlangenlänge:1000
          RX bytes:1018886 (995.0 KiB)  TX bytes:96663 (94.3 KiB)

eth0:1    Link encap:Ethernet  Hardware Adresse 52:54:00:02:32:B6
          inet Adresse:192.168.100.10  Bcast:192.168.100.255
Maske:255.255.255.0
          UP BROADCAST RUNNING MULTICAST  MTU:1500  Metric:1
...
[root@flosse ~]#
```

Wer offen für Neues ist, wird mit `ip` eine leistungsfähige Software kennenlernen, die ihn fürstlich belohnt für die Mühe, Altes einer Prüfung zu unterziehen.

Natürlich kann man auch die Adressen nur einer einzigen Schnittstelle anzeigen lassen: `ip a s dev eth0` listet alle Adressen an `eth0` auf, unabhängig davon, ob sie ein Label haben oder nicht. Das ist annähernd das, was `ifconfig eth0` tat, nur dass die Zweitadressen hier nicht aufscheinen.

10.1.3 Routen ändern

Unter Linux „mal eben" die Routen anzuzeigen, erledigen traditionell die Befehle route -n oder netstat -rn — und nun eben auch ip -r. Die Ausgaben sind sehr ähnlich.

```
[root@flosse ~]# route -n
Kernel IP Routentabelle
Ziel            Router          Genmask         Flags Metric Ref    Use Iface
192.168.100.0   0.0.0.0         255.255.255.0   U     0      0        0 eth0
192.168.150.0   0.0.0.0         255.255.255.0   U     0      0        0 eth0
169.254.0.0     0.0.0.0         255.255.0.0     U     1002   0        0 eth0
0.0.0.0         192.168.150.1   0.0.0.0         UG    0      0        0 eth0
[root@flosse ~]# ip r
192.168.100.0/24 dev eth0  proto kernel  scope link  src 192.168.100.10
192.168.150.0/24 dev eth0  proto kernel  scope link  src 192.168.150.144
169.254.0.0/16 dev eth0  scope link  metric 1002
default via 192.168.150.1 dev eth0
[root@flosse ~]#
```

Die Route in das Netz 169.254.0.0/16 entsteht durch das „Zeroconf", „APIPA" oder „Bonjour" genannte selbstkonfigurierende Netz eines DHCP-Clients, der vorübergehend oder dauerhaft keinen DHCP-Server finden konnte und sich dann selbst eine Nummer aus dem Pool von 65000 Nummern gibt. Unter Linux ist dieser Vorgang auch als „Multicast DNS Responder" bekannt. Das Auftauchen der Nummer in der Routingliste ist nicht zwangsläufig besorgniserregend.

Eine Route setzt man mit folgendem Befehl:

```
ip r a 10.0.0.0/8 via 192.168.150.100
```

Das ist noch kürzer als das ältere

```
route add -net 10.0.0.0 netmask 255.0.0.0 gw 192.168.150.100
```

Der Linux-Admin wählt seine Werkzeuge — ein Trainer oder ein Buch können nur Vorschläge machen.

Eine Route löschen:

```
ip r d 10.0.0.0/8 via 192.168.150.100
```

allerdings nur dann, wenn es eine zweite Route ins 10.0.0.0-er Netz gäbe, so dass das Gateway entscheidend wäre, die beiden Routen zu unterscheiden. Sonst: ip r d 10.0.0.0/8

10.1.4 Netzwerk und Interfaces neu starten

Weder die Routen noch die IP-Adressen aus den vorherigen Abschnitten sind dauerhaft gesetzt. Sie verschwinden mit einem service network restart. Das offizielle Kommando, nur eine Netzwerkschnittstelle neu zu starten oder frisch zu initialisieren, ist ein:

```
[root@flosse ~]# ifdown eth0 ; ifup eth0
```

Dabei wird nur die Konfigurationsdatei der genannten Netzwerkschnittstelle neu eingelesen. Die anderen Interfaces bleiben „oben". Den gesamten Netzwerkdienst neu zu starten bedeutet, dass bis zum Loopback-Interface alle Netzwerkschnittstellen neu gestartet werden, nachdem alle Verbindungen zu ihnen vorher beendet wurden. Gerade bei Servern will das gut überlegt sein.

10.1.5 Link stoppen

Eine Aktion, die vermutlich für eine Prüfung weniger relevant ist, aber dennoch sehr wichtig:

```
ip link set dev eth0 down
```

kappt die Verbindung zwischen IP-Adressierung und der Hardware. Bei einer statischen Adresse bleibt die IP-Adresse sogar erhalten. Dennoch ist der Rechner z.B. nicht pingbar. Die Maschine glaubt also immer noch, für die eigene IP-Adresse zuständig zu sein. Aber von außen ist sie nicht erreichbar. Von innen übrigens auch nicht, denn während die Netzwerkschnittstelle down ist, sind auch alle Routen weg. Mit der Kurzform ip l s dev eth0 up setzt man die Karte wieder in Gang; ist die Karte per DHCP konfiguriert, dauert es ein paar Sekunden, bis die IP-Adresse erneut geholt ist und die Routen wiederhergestellt sind.

10.2 NetworkManager

Nach der grafischen Anmeldung wird das *NetworkManager Applet* in der rechten oberen Ecke angezeigt, genauer im Systembereich des Panels. Es ist das grafische Frontend eines Hintergrunddienstes mit den Namen *NetworkManager* (Klein-Großschreibung beachten). Mit dem Applet ist es möglich, recht bequem die IP-Adresse des Rechners zu ändern und sogar mehrere Netzwerkprofile anzulegen. Sollte das Icon nicht im Panel zu sehen sein, startet man es mit dem Kommando nm-applet & auch von Hand. Das funktioniert allerdings nicht, wenn nicht im Hintergrund der NetworkManager-Dienst läuft. Mit dem Kommando service NetworkManager status (auch hier die Klein-Großschreibung beachten!) lässt sich (als root) leicht überprüfen, ob der Dienst läuft. Damit er nach dem Reboot auch sicher wiederkommt, muss der NetworkManager-Dienst mit chkconfig Network-

Manager on aktiv geschaltet sein. Da das NetworkManager Applet seine aktive Konfiguration in die gleiche(n) Datei(en) schreibt wie eine vollständig manuelle Konfiguration, ist das grafische Tool für normale Konfigurationen vollkommen ausreichend. Bis zum RHCSA-Level ist es ohne Belang, ob man den NetworkManager-Dienst und sein grafisches Frontend benutzt oder von Hand konfiguriert. Schwierigere Konfigurationen wie *Bonding* sind mit dem NetworkManager Applet allerdings nicht möglich.

„Schwebt" man mit der Maus über das Icon des NetworkManager Applets, zeigt es den aktuellen Netzwerk-Status mit einer „Sprechblase" an. Aber auch so erkennt man, was der NetworkManager glaubt: Wenn das Icon ein kleines rotes Quadrat mit einem Kreuz darin enthält, ist aktuell keine Verbindung aktiv.

Abbildung 10.1:
Das NetworkManager-Icon bemerkt keine Verbindung

Mit einem Klick der linken Maustaste klappt ein Menü aus, das alle automatisch erkannten (z. B. WLAN-) und von Hand angelegten Verbindungen anzeigt. Die Verbindung System eth0 ruft standardmäßig den DHCP-Client, um die Netzwerkkarte eth0 zu konfigurieren. Ein Klick auf solch ein Listenmitglied startet die Verbindung, die hinter dem Menüpunkt definiert ist.

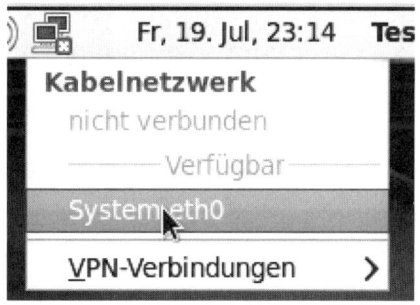

Abbildung 10.2:
Eine Verbindung im NetworkManager-Icon auswählen

Solange die vom NetworkManager verwaltete DHCP-Verbindung noch eine IP-Adresse ermittelt, zeigt das NetworkManager Applet ein Icon mit rotierendem Symbol, danach ein anderes, das zwei Monitore darstellen soll und anzeigt, dass eine funktionierende Verbindung besteht.

Abbildung 10.3:
Eine Verbindung wird gesucht und gefunden

Verbindungen verwaltet man, indem man mit der rechten Maustaste auf das Icon des NetworkManager Applets klickt. Dort findet sich ein Menüpunkt Verbindungen bearbeiten..., der mit einem linken Mausklick den Dialog Netzwerkverbindungen öffnet.

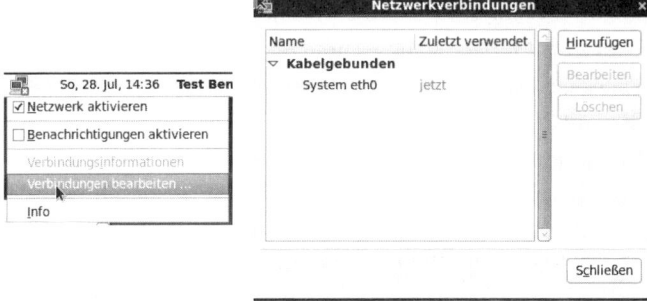

Abbildung 10.4: Netzwerk-Profile im NetworkManager Applet verwalten

Die Inhalte der Dialoge sind weitgehend selbsterklärend. Auf dem Startdialog sind alle definierten Netzwerkumgebungen aufgelistet, mit den Buttons Hinzufügen, Bearbeiten und Löschen auf der rechten Seite des Dialogs verwaltet man die jeweils ausgewählten Netzwerkprofile. Mit Bearbeiten kann z. B. aus der DHCP-Kofiguration `System eth0` eine statische werden. Auf dem Register Kabelgebunden ist die MAC-Adresse der Netzwerkkarte aufgeführt; interessant wird es erst auf IPv4-Einstellungen. Dort kann man von der DHCP-Orientierung mit einer Drop-Down-Liste auf eine statische IP-Adresse umstellen und sowohl Nummer als auch DNS-Server und Suchdomäne einstellen. Von einem Feld zum nächsten springt man mit ⇥.

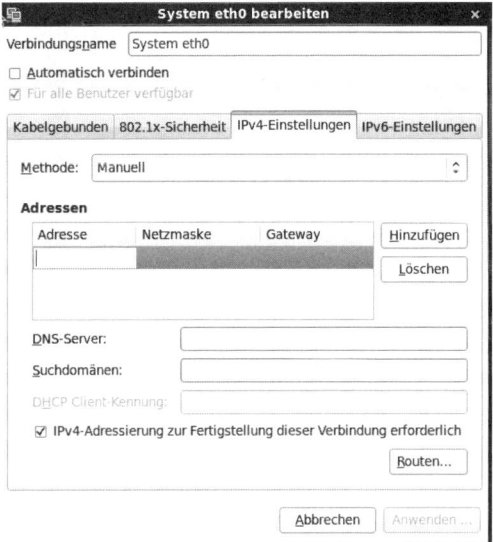

Abbildung 10.5: Netzwerk-Profile im NetworkManager Applet bearbeiten

Ein Klick auf Anwenden... übernimmt die Einstellungen, die der NetworkManager dann in das Dateisystem überträgt.

> **TIPP**
>
> **Der NetworkManager bemerkt nicht alles**
> Dass der NetworkManager ein rotes Quadrat mit Kreuz anzeigt, bedeutet noch lange nicht, dass gar keine Netzwerkverbindung besteht. Es könnte durchaus mit dem Kommando dhclient eth0 eine IP-Adresse geholt und das Netz in Gang gesetzt sein. Oder der Admin hat mit ip das Netz von Hand konfiguriert. Wenn das Icon auf dem NetworkManager Applet ein rotes Kreuz zeigt, bedeutet das lediglich, dass der NetworkManager keine Verbindung in die Wege geleitet hat.

Zwar ist es möglich, mit ip oder dem eigentlich überholten ifconfig die Netzwerkdresse des Rechners zu ändern, während der NetworkManager mit einer DHCP-Konfiguration konfiguriert ist — aber nicht dauerhaft! Nach einer Weile (spätestens der Hälfte der DHCP-Lease) wird sich der NetworkManager (bzw. in dessen Auftrag der DHCP-Client) wieder aktiv ins Geschehen einmischen und die manuell gegebene Nummer ändern.

10.3 Statische Netzwerkkonfiguration

Der NetworkManager schreibt in dieselben Dateien, mit denen man den RHEL-Server auch händisch konfiguriert. Das bedeutet nichts anderes, als dass man dem Rechner dort sowohl eine statische als auch eine DHCP-Konfiguration geben kann. Bevor man anfängt, in diese Dateien Änderungen von Hand einzutragen, sollte man sich Gedanken darüber machen, wie wichtig der NetworkManager für diese Maschine sein soll. Darf der NetworkManager die Datei nicht mehr editieren, kann man ihn ebensogut abschalten. Zwar ist es möglich, nur eine von mehreren Netzwerkschnittstellen manuell, und den Rest mit NetworkManager zu konfigurieren. Doch welcher Administrator erinnert sich einige Monate später noch daran?

10.3.1 Netzkarten-Datei

Eine gute Übung, um herauszufinden, wie die Datei heißt, mit der z. B. eth0 konfiguriert wird: der Netzwerkschnittstelle eine statische Konfiguration mit dem NetworkManager Applet geben und anschließend mit grep danach suchen. Dabei zeigt sich, dass das NetworkManager Applet als Netzmaske nicht dreimal 255, sondern die CIDR-Schreibweise /24 für eine Klasse-C-Adresse bevorzugt.

Abbildung 10.6:
Statische Netzwerkadresse im NetworkManager Applet vergeben

Dateien zu finden, in denen die Festlegung der IP-Adresse enthalten ist, ist vergleichsweise einfach. Ein `grep -ri` sucht rekursiv nach dem Suchbegriff – man darf nur nicht vergessen, zuletzt noch anzugeben, in welchen Dateien gesucht werden soll. Das `2> /dev/null` soll Fehlermeldungen ausblenden. Bei Benutzer `root` sind keine Fehlermeldungen zu erwarten, denn der darf überall lesen. Führt man das gleiche Kommando allerdings als Benutzer `student` aus, kommen so viele Meldungen über nicht lesbare oder nicht durchsuchbare Verzeichnisse, dass die Gefahr besteht, die erfolgreichen Zeilen zu überlesen.

```
[root@flosse ~]# cd /etc/
[root@flosse etc]# grep -ri 192.168.150.144 * 2> /dev/null
sysconfig/network-scripts/ifcfg-eth0:IPADDR=192.168.150.144
[root@flosse etc]#
```

Das Kommando läuft eine Weile, denn es gibt eine ganze Menge Dateien unterhalb von `/etc`. Fündig wird es schließlich in `/etc/sysconfig`. In diesem Verzeichnis findet sich das Unterverzeichnis `network-scripts`. Darin stehen die Dateien, die die Netzwerkschnittstellen definieren. Die aktuell gesuchte Datei heißt `ifcfg-eth0`; sie enthält alle Angaben, die zur Konfiguration der Netzwerkschnittstelle notwendig sind.

```
[root@flosse sysconfig]# cd network-scripts/
[root@flosse network-scripts]# ls
ifcfg-eth0
ifcfg-lo
...
[root@flosse network-scripts]# cat ifcfg-eth0
DEVICE=eth0
```

```
TYPE=Ethernet
UUID=4ab07198-cff7-4314-bdcb-67037dd1612b
ONBOOT=no
NM_CONTROLLED=yes
BOOTPROTO=none
HWADDR=52:54:00:02:32:B6
IPADDR=192.168.150.144
PREFIX=24
GATEWAY=192.168.150.1
DNS1=192.168.150.1
DOMAIN=beispiel.loc
DEFROUTE=yes
IPV4_FAILURE_FATAL=yes
IPV6INIT=no
NAME="System eth0"
LAST_CONNECT=1374268593
[root@flosse network-scripts]#
```

Nicht alle diese Informationen sind notwendig, um die Netzwerkkarte zu konfigurieren. Etliche Zeilen wurden offensichtlich von NetworkManager Applet angelegt, um eigene Angaben zu speichern. So gesehen ist die Zeile `NM_CONTROLLED=yes` am wichtigsten, denn sie entscheidet, dass der NetworkManager diese Kartenkonfiguration kontrollieren darf. Stellt man den Wert auf no und speichert die Datei, schaltet das NetworkManager Applet sofort auf das „gesperrt"-Icon um. Und je nachdem, ob die Verbindung als automatisch verbinden markiert ist oder nicht, sorgt der NetworkManager auch sofort dafür, dass die Verbindung wieder aktiviert wird, sobald er in der Konfigurationsdatei als zuständig deklariert ist.

Eigentlich benötigt das RedHat/CentOS-System nicht so viele Angaben in der Konfigurationsdatei. Soll der NetworkManager nicht regeln, genügen die Angaben über den Namen der Netzwerkschnittstelle, die Entscheidung, ob die Karte automatisch gestartet werden soll, und wie sie konfiguriert werden soll. Am einfachsten ist die Konfiguration als DHCP-Client. So einfach kann es sein, wenn mit `service NetworkManager stop` der automatische Dienst beendet ist und die Netzwerkschnittstelle mit der Minimalkonfiguration ausgerüstet ist — es bleiben noch drei Zeilen:

```
[root@flosse network-scripts]# cat ifcfg-eth0
DEVICE=eth0
ONBOOT=yes
BOOTPROTO=dhcp
[root@flosse network-scripts]# service NetworkManager stop
NetworkManager-Daemon beenden:                            [  OK  ]
[root@flosse network-scripts]# service network restart
Schnittstelle eth0 beenden:                               [  OK  ]
Loopback-Schnittstelle beenden:                           [  OK  ]
Loopback-Schnittstelle hochfahren:                        [  OK  ]
Schnittstelle eth0 hochfahren:
IP-Informationen für eth0 werden bestimmt ... erledigt.   [  OK  ]
[root@flosse network-scripts]#
```

Soll die Karte mit einer bestimmten statischen IP-Adresse gestartet werden, müssen freilich die notwendigen Angaben mitgeliefert werden. Das *Boot-Protokoll* heißt dann nicht mehr dhcp, sondern none oder static (beides funktioniert). IPADDR und PREFIX müssen angegeben werden, wobei statt PREFIX auch NETMASK stehen kann, mit der Angabe der Subnetzmaske in 255.255.-Manier statt der CIDR-Schreibweise. Offenbar benutzt der NetworkManager diese Datei als Ablage auch für andere Daten, die bei RedHat und CentOS auch anderswo stehen können. Das GATEWAY könnte z.B. auch in der Datei /etc/sysconfig/network stehen. Die Werte aus den Variablen DNS1 (bis 3) und DOMAIN stehen üblicherweise in der Datei /etc/resolv.conf.

Eine Reihe von Angaben, die der NetworkManager in der Konfigurationsdatei der Netzwerkkarte speichert, sind sogar Doubletten bzw. spiegeln einen älteren Entwicklungsstand von RedHat und CentOS wider. Es ist heute nicht mehr notwendig, die MAC-Adresse oder die UUID der Karte abzuspeichern, um sie eindeutig zu identifizieren. Welche Karte den Namen eth0 bekommt, legt heute eine Regel in der Datei /etc/udev/rules.d/70-persistent-net-rules fest. Stünde dort eine andere MAC-Adresse als in der Datei ifcfg-eth0, wäre das wohl ein Fehler, den man eine Weile lang sucht, bis man ihn findet.

10.3.2 Festgeschriebene Routen

Alle Netzwerke, mit denen der Rechner über eine gemeinsame IP-Adresse verbunden ist, haben eine automatische Route. ip r (oder ip route show) zeigen diese an. Routen für Netzwerke zu setzen, die hinter einem Gateway liegen, ist nicht schwierig: ip r a 10.0.0.0/8 via 192.168.150.10 legt eine Route ins 10.0.0.0 Netz, Subnetzmaske 255.0.0.0, über das Gateway 192.168.150.10. Setzen muss man sie, denn der Rechner kann solche Routen nicht automatisch wissen. Sollen diese statischen Routen nach dem Reboot oder dem Neustart des Netzwerkdienstes erneut zur Verfügung stehen, müssen sie in eine Datei abgelegt werden. Für jede Netzwerkschnittstelle gibt es dabei eine eigene Datei, die z.B. route-eth0 für die Schnittstelle eth0 heißt. Die Angaben darin sind einfach:

```
[root@flosse network-scripts]# cat route-eth0
ADDRESS0=10.10.10.0
NETMASK0=255.255.255.0
GATEWAY0=192.168.150.10
[root@flosse network-scripts]#
```

In einer solchen Datei können viele Routen hinterlegt sein. Das System erkennt anhand der Nummern hinter der Deklaration (ADRESS0, ADRESS1 etc.) leicht, welche Nummern zu welchem Netz gehören.

10.3.3 /etc/sysconfig/network

Die zentrale Netzwerk-Datei im Verzeichnis /etc/sysconfig ist network. Sie enthält wenige Angaben, aber wichtige. Der Schalter NETWORKING=yes legt fest, ob das Netzwerksystem hochgefahren werden soll. Noch wichtiger, weil andere Distributionen diese Angaben in einer Datei /etc/HOSTNAME oder /etc/hostname hinterlegen: Das Statement HOSTNAME=flosse.beispiel.loc bestimmt den Rechnernamen. Bei Solaris stand diese Information in einer Datei /etc/nodename, und auch der Domänenname steht bei verschiedenen anderen Linuxen und Unixen an anderer Stelle. In der Datei network kann auch die Information hinterlegt sein, welches das Default-Gateway für das TCP/IP-Netzwerk ist (GATEWAY=); auch der NISDOMAINNAME steht dort, wenn diese Angabe definiert ist.

> **HINWEIS** **Die sysconfig-Bibel**
> Alle Angaben, die man in den verschiedenen Dateien des Verzeichnisses /etc/sysconfig ablegen kann und in welchen Dateien welche zulässig sind, findet man in der Datei /usr/share/doc/initscripts<aktuelle-Version>/sysconfig.txt

10.4 Prüfungsvorbereitung

Versuchen Sie nicht zu experimentieren. Sind Netzwerkparameter zu ändern, dann tragen Sie *sehr sorgfältig* in den NetworkManager statisch ein, was die Aufgabe vorgibt. Das kann man üben. Ermitteln Sie mit dem ip-Kommando die aktuelle (von DHCP vergebene) Nummer und tragen Sie sie statisch in den NetworkManager ein. Ermitteln Sie dann z. B. mit grep -r <IP-Adresse> /etc/sysconfig/*, wo diese Nummer eingetragen wurde. Wenn Sie wissen, was Sie tun (nach mehrfachem Üben), können Sie den NetworkManager-Dienst auch einfach ausschalten und deaktivieren. Wenn Sie dann die geforderten Werte in die Konfigurationsdatei (z. B.) /etc/sysconfig/network-skripts/ifcfg-eth0 eintragen, wissen Sie genau, welche Konfiguration der Rechner hat. Hier sauber zu arbeiten entscheidet darüber, ob Sie an das Prüfungsnetzwerk herankommen werden oder nicht. Es entscheidet auch darüber, ob Ihr Rechner (z. B. bei der Auswertung Ihrer Arbeit) vom Prüfskript zu erreichen ist.

Sollten Sie sich das manuelle, textorientierte Eintragen per Editor in die Konfigurationsdatei nicht zutrauen, arbeiten Sie mit dem NetworkManager — dafür ist der da.

Prozesse und Logs

11.1 Prozessverwaltung

Werden Programme aufgerufen, starten sie einen *Prozess* auf der Maschine. Kleinere Programme haben nur einen Prozess, größere stehen dagegen gleich mehrfach im Speicher. Kleinere Programme und Skripte laufen durch und beenden sich dann, während Serverdienste durchaus die ganze Zeit laufen und ein ganzes Rudel Unterprozesse gestartet haben können. Der Apache Webserver ist bekannt dafür, dass er einen Prozess besitzt, der mit Root-Rechten den Port 80 öffnet, während die „Kunden" des Webservers von anderen Prozessen bedient werden, die zwar ebenfalls Instanzen des httpd sind, aber einem nicht privilegierten Benutzer gehören und darum auch beträchtlich weniger Schaden anrichten können.

Eines der pfiffigeren Programme, um herauszufinden, ob es selbst noch läuft und ob die grafische Oberfläche noch aktualisiert oder nicht, ist das gute alte xeyes. RedHat hat es leider aus der Default-Paketauswahl für den RHEL genommen.

11.1.1 Prozesse aus der gleichen Shell

Wer auf xeyes verzichten muss, kann auch mehrere Instanzen von gcalctool aufrufen. Das ist bei weitem nicht so anschaulich, zeigt aber die Idee: Der Gnome Taschenrechner, einfach mit dem Kommando gcalctool aus dem Terminal heraus aufgerufen, blockiert das Terminal — zumindest so lange, bis man im Taschenrechner-Fenster mit der Maus Taschenrechner ▸ Beenden anklickt oder das Programm mit einem [Strg]+[C] (mit dem Fokus im Terminal) beendet. Sobald das Programm beendet ist, kann das Terminal weitere Befehle ausführen. Der Cursor wird „frei", sobald das letzte Programm durchgelaufen ist.

Anders, wenn man — während gcalctool läuft — das Terminal anklickt und dann [Strg]+[Z] drückt. Das Terminal wird sofort wieder „frei". Eine Meldung Angehalten erscheint in der gleichen Zeile wie der Programmname gcalctool. Ein Klick auf das gcalctool-Fenster zeigt: das Fenster wird nicht nachgezeichnet oder aktualisiert, wenn man es verschiebt oder andere Fenster über das gcalctool-Fenster bewegt. Es ist auch nicht möglich, Zahlen anzuklicken oder gar zu rechnen. Das Verhalten ändert sich, wenn man erneut das Terminal-Fenster anklickt, bg eintippt und Return drückt. Plötzlich wird das gcalctool aktualisiert, aber das Terminal ist trotzdem „frei". Im Terminal wird als Reaktion auf das bg die Ausgabe gcalctool & angezeigt. Das Kommando hat den Prozess in den Hintergrund geschickt. Das &-Zeichen (auch „Ampersand" oder „Kaufmanns-Und" genannt) ist ein Zeichen dafür.

```
[student@flosse ~]$ gcalctool
^Z
[1]+  Angehalten              gcalctool
[student@flosse ~]$ bg
[1]+ gcalctool &
[student@flosse ~]$
```

Gibt man dieses gcalctool & direkt beim Befehlsaufruf ein, erscheint erwartungsgemäß der Taschenrechner auf dem Bildschirm. Das Besondere gegenüber vorher: das ist mehrfach hintereinander möglich, und doch ist dazwischen das Terminal jedesmal „frei" für einen nächsten Befehl. Das Kommando jobs listet alle gestarteten gcalctool auf, zusammen mit einer *Jobnummer* am Anfang der Zeile.

```
[student@flosse ~]$ gcalctool &
[2] 2565
[student@flosse ~]$ gcalctool &
[3] 2566
[student@flosse ~]$ gcalctool &
[4] 2568
[student@flosse ~]$ jobs
[1]    Läuft                  gcalctool &
[2]    Läuft                  gcalctool &
```

```
[3]-   Läuft                   gcalctool &
[4]+   Läuft                   gcalctool &
[student@flosse ~]$
```

War das Kommando bg gut dafür, den gcalctool-Prozess in den Hintergrund zu schicken, so holt fg einen Prozess in den Vordergrund. Während Job Nummer 3 im Vordergrund weilt, „klemmt" das Terminal wieder. Ein [Strg]+[C] beendet gcalctool. Das beweist ein erneutes jobs:

```
[student@flosse ~]$ fg 3
gcalctool
^C
[student@flosse ~]$ jobs
[1]    Läuft                   gcalctool &
[2]-   Läuft                   gcalctool &
[4]+   Läuft                   gcalctool &
[student@flosse ~]$
```

Sogar gezielt „abschießen" lässt sich ein Prozess anhand seiner Jobnummer. Allerdings muss man ein Prozent-Zeichen voranstellen. Wenn der Prozess dann zwar beendet, aber noch nicht aus dem Speicher entfernt ist, erscheint die Meldung Beendet; das hat allerdings keine Auswirkung.[1]

```
[student@flosse ~]$ kill %2
[student@flosse ~]$ jobs
[1]    Läuft                   gcalctool &
[2]-   Beendet                 gcalctool
[4]+   Läuft                   gcalctool &
[student@flosse ~]$
```

Die Langform jobs -l bringt nun endlich auf den Bildschirm, was „ernsthafte" Administratoren immer verwenden, um Prozesse zu meucheln: die JobID der Prozesse, die hinter dem gcalctool-Aufruf stecken. Entsprechend kann man den einen dieser übriggebliebenen Taschenrechner auch beenden, indem man ihn mit kill und seiner ProzessID in einer Befehlszeile nennt:

```
[student@flosse ~]$ jobs -l
[1]-   2289 Läuft              gcalctool &
[4]+   2568 Läuft              gcalctool &
[student@flosse ~]$ kill 2568
[student@flosse ~]$ jobs -l
[1]-   2289 Läuft              gcalctool &
[4]+   2568 Beendet            gcalctool
[student@flosse ~]$
```

Für die letzte Etappe dieser Demonstration benötigen wir einige weitere gcalctool. Das Kommando killall nimmt sich aller Kommandos gleichen Namens an: Es ist nicht wichtig, welche Jobnummer, ProzessID oder sogar welchen Eigentümer die Prozesse haben (allerdings: Nur root darf Prozesse

---

[1] Diese Übung hat auf verschiedenen virtuellen Umgebungen mit älteren RHEL-Versionen (älter als RHEL 6.4) nicht funktioniert.

anderer Benutzer einfach abschießen) oder von welcher Umgebung aus sie gestartet wurden:

```
[student@flosse ~]$ gcalctool &
[2] 2622
[student@flosse ~]$ gcalctool &
[3] 2623
[student@flosse ~]$ gcalctool &
[4] 2624
[student@flosse ~]$ jobs
[1]    Läuft                   gcalctool &
[2]    Läuft                   gcalctool &
[3]-   Läuft                   gcalctool &
[4]+   Läuft                   gcalctool &
[student@flosse ~]$ killall gcalctool
[student@flosse ~]$ jobs
[1]    Beendet                 gcalctool
[2]    Beendet                 gcalctool
[3]-   Beendet                 gcalctool
[4]+   Beendet                 gcalctool
[student@flosse ~]$
```

Allerdings sollte man als verantwortungsvoller Admin seinen Mitbenutzern auf der Linux-Maschine Bescheid geben, bevor man z. B. Bürosoftware und Browser auf diese Weise beendet...

Was diese Demonstrationen möglich macht, ist der Umstand, dass alle gcalctool-Instanzen offensichtlich Tochterprozesse *einer* Shell waren, von der aus sie gestartet wurden. Die Taschenrechner hätten sich auch alle aus dem Staub gemacht, hätte man dieses Terminal geschlossen. Einzige Ausnahme: Startet man den Prozess mit dem Präfix nohup, also nohup gcalctool &, so ist er von der startenden Shell *detached*. Das bedeutet: Selbst wenn die Shell beendet wird, läuft dieser Prozess weiter, weil er sich von der Starter-Shell abgehängt hat. Unter Angabe der ProzessID oder mit killall erwischen wir sie trotzdem alle.

11.1.2 ps

Das Kommando ps hat nur zwei Buchstaben, aber unzählige Schalter und Optionen, die man miteinander kombinieren kann. Ruft man die Prozessliste ohne alle Schalter auf, ist die Ausgabe recht ähnlich der von jobs: Nur die Prozesse, die als Tochter des aktuellen Terminals gestartet wurden, stehen in der Liste.

```
[student@flosse ~]$ ps
  PID TTY          TIME CMD
 2224 pts/1    00:00:00 bash
 2717 pts/1    00:00:00 gcalctool
 2718 pts/1    00:00:00 gcalctool
```

```
2719 pts/1    00:00:00 gcalctool
2720 pts/1    00:00:00 gcalctool
2723 pts/1    00:00:00 ps
[student@flosse ~]$
```

Verschiedene Schalter verändern die Ausgabe der Liste. Die am häufigsten verwendeten Kombinationen sind `ps ax` und `ps -ef`; beide listen *alle* Prozesse auf der aktuellen Maschine, allerdings mit verschiedenen Informationen in Spaltenform. Die Ausgabe von `ps -ef` punktet mit einer Spalte, in der die PPID, die *Parent Process IDs* erscheinen. Hier sieht man unmittelbar, welcher Prozess der Vater- bzw- Mutterprozess eines bestimmten Vorgangs ist (bzw. welche ID der Prozess hat). Oft genug bleiben Prozesse als *Zombie* im Speicher stehen, weil der startende Elternprozess ein Problem hat. Weil der Sprössling selbst das Problem aber nicht zeigt, ist das Betriebssystem auch nicht in der Lage, den Prozess zu beenden. Tötet man den Elternprozess, ist auch der Zombie in der Regel beendet.

Auch `ps lax` zeigt alle Prozesse und ihre Eltern, aber deutlich ausführlicher. Mehr noch zeigt `ps wax`, das keinen „long", sondern einen „wide" Output liefert — und wehe dem Admin, der auf seiner Befehlszeile ein Passwort mit übergeben hat. Solange dieser Prozess läuft, sieht jedermann auf dem Rechner das Kommando inklusive aller übergebenen Optionen. Ist die Kommandozeile zu lang für die Terminalbreite, umbricht es auf die nächste Zeile.

Verwendet man den Schalter u bei `ps`, wie bei `ps aux`, sieht man die Eigentümer der Prozesse nicht nur mit UID, sondern mit Benutzernamen. Ebenfalls schön: `ps faux`. Da liefert ps eine ASCII-Art Darstellung aller Prozesse und ihrer Abhängigkeiten zueinander ab. Man sollte für dieses Kommando die Schriftart klein, und das Terminal so breit wie möglich machen.

Gerne verwendet wird auch `pstree`, für eine noch geschicktere Darstellung der Prozessabhängigkeiten. Normalerweise zeigt `pstree` an, welche Prozesse mit wie vielen Instanzen laufen. Mit der Kombination `pstree -up` verdichtet `pstree` die Ausgabe jedoch nicht, sondern zeigt wirklich alle Prozesse, inklusive ProzessID und Benutzer. Hierbei erkennt man sehr gut, wenn sich jemand von einem Terminal und dessen Shell mit su in einen anderen Benutzer verwandelt hat. Die beiden folgenden Ausgabezeilen zeigen einerseits, wie sich in einer grafischen Anmeldung Benutzer `instructor` mit sudo (`sudo 'su -'`) in root verwandelt hat, und darunter eine SSH-Anmeldung, in der root sich anschließend in `instructor` verwandelte, der wiederum root wurde:

```
[root@instructor ~]# pstree -up
...
|-gnome-terminal(6572,instructor)-+-bash(6574)---sudo(6596,root)---su(6597)---
```

```
bash(6600)
...
|-sshd(5599)---sshd(6225)---bash(6234)---su(8682)---bash(8683,instructor)---su(
8793,root)---bash(8802)-+-grep(8846)
...
[root@instructor ~]#
```

Um herauszufinden, ob bestimmte Programme laufen, wie viele davon und welche ProzessIDs sie haben, verwendet man ps ax oder ps -ef meist in Kombination mit einem grep, der aus der langen Liste die wenigen Treffer herausfiltert. Dabei ist ps -ef oft noch interessanter aufgrund der geschickteren Spaltenauswahl: Sehr gut zu sehen ist von all den Apache-Webserver-Prozessen (httpd) der eine root-Prozess, der den Port 80 öffnet (PID 5763), und seine unprivilegierten Apachen-Helfer, die die Kundenwünsche bedienen (23329 und höher).

```
[root@instructor ~]# ps ax | grep httpd
 5763 ?        Ss     0:37 /usr/sbin/httpd
 6268 pts/4    S+     0:00 grep httpd
23329 ?        S      0:00 /usr/sbin/httpd
23330 ?        S      0:00 /usr/sbin/httpd
...
23336 ?        S      0:00 /usr/sbin/httpd
23337 ?        S      0:00 /usr/sbin/httpd
[root@instructor ~]#
[root@instructor ~]# ps -ef | grep httpd
root      5763     1  0 Sep17 ?        00:00:37 /usr/sbin/httpd
root      6355  6234  0 08:53 pts/4    00:00:00 grep httpd
apache   23329  5763  0 Oct06 ?        00:00:00 /usr/sbin/httpd
apache   23330  5763  0 Oct06 ?        00:00:00 /usr/sbin/httpd
...
apache   23336  5763  0 Oct06 ?        00:00:00 /usr/sbin/httpd
apache   23337  5763  0 Oct06 ?        00:00:00 /usr/sbin/httpd
[root@instructor ~]#
```

Meist verwendet der geübte Admin dieses Kommando, weil er anschließend einen oder mehrere der aufgelisteten Prozesse beenden will. Dazu gibt es mehrere Möglichkeiten.

11.1.3 kill

Das scheinbar brachiale Kommando kill ist oft völlig missverstanden, denn darüber signalisiert der Admin (oder im Fall der eigenen Prozesse auch ein normaler Benutzer) dem Prozess oder dem Betriebssystem lediglich seine Wünsche. Und das kann durchaus etwas anderes sein als das unmittelbare Ende.

Die komplette Aufstellung aller Signale, die man mit kill geben kann, listet man 7 signal. Ein kill <ProzessID> ohne weitere Angabe ist tatsächlich ein `kill -15 <ProzessID>` bzw. ein `kill -TERM <ProzessID>`. Das ist die normale terminate-Anweisung, als hätte man der Software z.B. per Mausklick Datei ▸ Beenden befohlen, sich wie üblich aus dem Speicher zu begeben. Hat die Software aber schon Probleme, hilft meist ein `kill -9 <ProzessID>` — das ist die echte, ultimative kill-Variante. Auch die Textvariante funktioniert: `kill -TERM` bzw. `kill -KILL` leisten das gleiche.

Häufig kommt auch das Kommando `kill -HUP` bzw. `kill -1` vor; damit bringt man (vorwiegend größere Prozesse) dazu, die Konfiguration neu einzulesen. Das Programm selbst wird nicht gestoppt; ein bereits laufender Download von einem Apache Webserver würde z.B. davon nicht beendet. Das würde er wohl, gäbe man z.B. `service httpd restart` ein. Häufig wird bei einem `service xxx reload` der `kill -1` geschickt.

Schließlich gibt es unter den häufig verwendeten noch die Signale `SIGSTOP` und `SIGCONT(inue)` mit den Werten 19 und 18. Um einen Prozess zu stoppen, schickt der Admin (oder der Eigentümer des Prozesses) ein `kill -19 <ProzessID>` — um dann zu bemerken, dass der Zustand, in dem sich der Prozess befindet, genau der gleiche ist wie ein mit [Strg]+[Z] angehaltenes gcalcool. Den Zustand sieht man in der STAT-Spalte eines `ps ax` (z.B. T wie „traced"):

```
[root@flosse ~]# ps ax
  PID TTY      STAT   TIME COMMAND
    1 ?        Ss     0:00 /sbin/init
...
 2674 ?        Tl     0:01 /usr/lib64/firefox/firefox %u
 2691 ?        Z      0:00 [firefox] <defunct>
 2715 pts/0    T      0:00 gcalcool
[root@flosse ~]#
```

Das Fenster der Applikation lässt sich bewegen, aber der Inhalt bleibt unverändert — kein Wunder, denn solange der Prozess in diesem Zustand ist, bearbeitet das Betriebssystem seine *Message Queue* nicht. Selbst ein normales `kill <ProzessID>` wird nicht bearbeitet, bis der Prozess mit `kill -18 <ProzessID>` wieder die Erlaubnis bekommt, ein paar Runden auf der CPU zu fahren.

Prozesse mit `kill -19` einzufrieren ist eine Möglichkeit, die CPU für andere Tätigkeiten frei zu bekommen. Voraussetzung: Der Rechner hat genügend RAM, und keiner der eingefrorenen Prozesse muss dauerhaft erreichbar sein. Dies wäre z.B. keine Strategie für Admins, die Kundenprozesse gehostet haben. Der Kunde zahlt schließlich für die Verfügbarkeit. Allerdings besteht die Möglichkeit, die Priorität der Anwendung zu verändern.

Abbildung 11.1:
Eingefrorene Prozesse: gcalcool und firefox

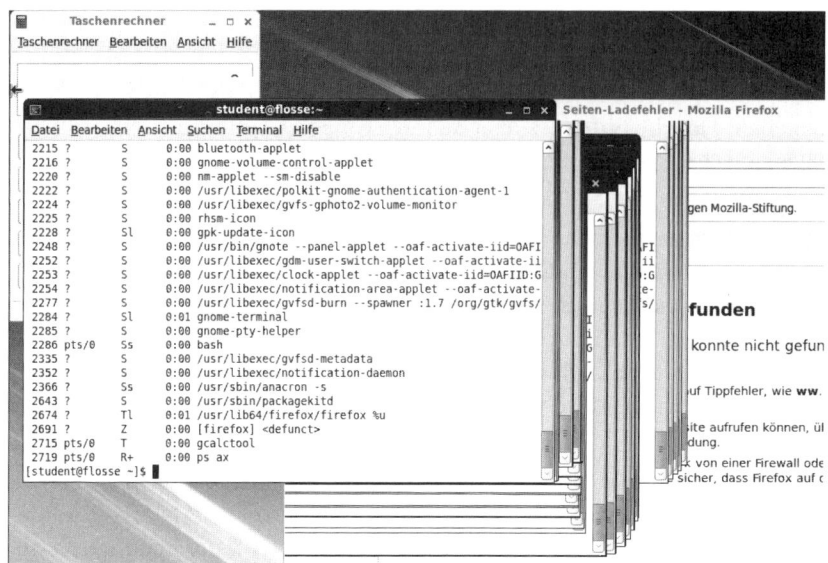

11.1.4 Priorität von Prozessen ändern

Je „netter" (nice) ein Prozess, desto eher weicht er einem anderen, der weniger nett ist, also eine höhere Priorität besitzt. Die Skala reicht von -20 bis 19. Startet man einen Prozess „einfach so", bekommt er die Priorität 0. Vor allem systemnahe Prozesse, die häufig direkt unter der Kontrolle des Kernels stehen, haben oft einen sehr niedrigen *nice-Wert*. Allerdings zeigt der udevd, der auf Veränderungen am System lauscht und dann z. B. eine Device-Datei für einen neu eingesteckten USB-Stick erzeugt, eine Priorität von -4. Ein kernelbasierter hugepaged dagegen flieht vor jedem anderen Prozess.[2]

```
[root@flosse ~]# ps lax
F   UID    PID  PPID PRI  NI    VSZ    RSS WCHAN  STAT TTY   TIME COMMAND
...
1     0     30     2  39  19      0      0 khugep SN    ?    0:00 [khugepaged]
...
5     0    454     1  16  -4  11240   1392 poll_s S<s   ?    0:00 /sbin/udevd -d
...
5     0   1217     1   2 -18 115492  25420 poll_s S<Lsl ?    0:00 /sbin/dmeventd
...
```

Der dmeventd ist „the event monitoring daemon for device-mapper devices", erklärt die Manpage; darum braucht er auch eine Priorität von -18. Er regelt alles, was Crypto-Partitionen oder LVMs anbelangt. Wie dem eventd ver-

---

[2] man 2 getpriority

zeiht man solchen Diensten, dass sie gewissermaßen immer auf der Überholspur fahren.

Mit dem Kommando `nice` als Befehlsvorsatz startet man Prozesse gleich mit der gewünschten Priorität. Normale Benutzer können ihre Programme aber nur „netter" machen. Um die Priorität zu erhöhen oder schon beim Starten einen negativen `nice`-Wert zu setzen, benötigt man `root`-Berechtigungen. Fehlen diese, fällt der Prozess auf seinen Standardwert 0 zurück.

```
[student@flosse ~]$ nice -n 5 gcalctool &
[2] 3293
[student@flosse ~]$ nice -n -2 gcalctool &
[3] 3294
[student@flosse ~]$ nice: kann Priorität nicht setzen: Keine Berechtigung

[student@flosse ~]$ ps lax | grep gcalc
0   500  2715  2286  20   0 272560 13432 poll_s S    pts/0    0:00 gcalctool
0   500  3293  2286  25   5 272560 13428 poll_s SN   pts/0    0:00 gcalctool
0   500  3294  2286  20   0 272564 13428 poll_s S    pts/0    0:00 gcalctool
0   500  3296  2286  20   0 105308   856 pipe_w S+   pts/0    0:00 grep gcalc
[student@flosse ~]$
```

Einen bestehenden Prozess verändert der Befehl `renice`. Der Prozess mit der PID 3294 soll beispielsweise einen höheren `nice`-Wert bekommen:

```
[root@flosse ~]# ps lax | grep gcalctool
0   500  2715  2286  20   0 272560 13432 poll_s S    pts/0    0:00 gcalctool
0   500  3293  2286  25   5 272560 13432 poll_s SN   pts/0    0:00 gcalctool
0   500  3294  2286  20   0 272564 13428 poll_s S    pts/0    0:00 gcalctool
0     0  3327  2726  20   0 105308   856 pipe_w S+   pts/1    0:00 grep gcalctool
[root@flosse ~]# renice -n 10 3294
3294: Alte Priorität: 0, neue Priorität: 10
```

Weil in diesem Fall `root` angemeldet ist, kann der Prozess mit der ID 2715 auch gleich einen negativen Wert bekommen. Normalsterbliche können nur „netter":

```
[root@flosse ~]# renice -n -3 2715
2715: Alte Priorität: 0, neue Priorität: -3
[root@flosse ~]# ps lax | grep gcalctool
0   500  2715  2286  17  -3 272560 13432 poll_s S<   pts/0    0:00 gcalctool
0   500  3293  2286  25   5 272560 13432 poll_s SN   pts/0    0:00 gcalctool
0   500  3294  2286  30  10 272564 13428 poll_s SN   pts/0    0:00 gcalctool
0     0  3335  2726  20   0 105308   856 pipe_w S+   pts/1    0:00 grep gcalctool
[root@flosse ~]#
```

11.1.5 top

Das Programm `top` ist wichtig genug, ihm einen eignen Abschnitt zu widmen. Es zeigt eine Liste von Prozessen an, die sich nach verschiedenen

Kriterien auswählen und sortieren lassen. Dazu listet es am dem oberen Rand der Anzeige die Quintessenz einer ganzen Reihe von Programmen an, angefangen von uptime bis hin zu free, das die Speicherauslastung meldet, und verschiedene andere Werte, wie die Anzahl der Prozesse, in welchem Zustand sich diese befinden und ob es z.B. Zombies gibt. Für Multiprozessor-Maschinen (das ist heute fast jede physikalische Maschine) gibt es mtop und das farblich aufgepeppte htop. Beide müssen nachinstalliert werden, top gehört hingegen zur Grundausstattung.

Standardmäßig sortiert das Programm alle Prozesse auf der Maschine unabhängig vom Eigentümer nach der CPU-Last: Die oberen Einträge in der Liste sind diejenigen Prozesse, die am meisten Last für die CPU erzeugen. Das sind in der Regel der X-Server, weil der eine Reihe von Aktualisierungen berechnen lassen muss, wenn sich die Darstellung auf dem Bildschirm ändert. Die Sortierung ändert sich, wenn man zuerst ⇧ + F drückt und dann aus der Liste das neue Sortierkriterium auswählt. Häufig interessiert die CPU-Last weniger als die Liste der Top-10-Speicherverbraucher (n). Meist ist ein firefox dabei...

```
top - 18:07:29 up  4:11,  3 users,  load average: 2.00, 2.00, 2.00
Tasks: 158 total,   2 running, 156 sleeping,   0 stopped,   0 zombie
Cpu(s): 0.3%us,  0.3%sy,  0.0%ni, 99.3%id,  0.0%wa,  0.0%hi,  0.0%si,  0.0%st
Mem:   1020596k total,   792324k used,   228272k free,    46672k buffers
Swap:  2047992k total,        0k used,  2047992k free,   396048k cached

  PID USER      PR  NI  VIRT  RES  SHR S %CPU %MEM    TIME+  COMMAND
 3569 root      20   0 15032 1228  908 R  0.3  0.1   0:00.12 top
    1 root      20   0 21428 1544 1224 S  0.0  0.2   0:00.83 init
    2 root      20   0     0    0    0 S  0.0  0.0   0:00.00 kthreadd
    3 root      RT   0     0    0    0 S  0.0  0.0   0:00.00 migration/0
    4 root      20   0     0    0    0 S  0.0  0.0   0:00.08 ksoftirqd/0
...
```

Wenn die Maschine gerade nicht anderweitig beschäftigt ist, kann top durchaus der Haupt-CPU-Auslaster sein. Das Programm aktualisiert im Zwei-Sekunden-Takt. Neben der Anzeige selbst ist interessant, dass top die Auswahl der Programme ändern lässt; zudem kann man sowohl den nice-Wert eines Prozesses ändern als auch kill-Signale schicken. Mit einem u wählt man die Prozesse eines bestimmten Benutzers aus:

```
Which user (blank for all): student
```

Ein r steht für renice, ein k für kill. Im einen Fall wird man anschließend gefragt, welche Priorität und welche ProzessID bearbeitet werden sollen, im anderen Fall, welches Signal (Voreinstellung 15) an welche ProzessID geschickt wird.

11.2 Syslog-Server

Kleinere und größere Dienste und Programme werfen nicht nur Meldungen auf das Terminal aus, von dem aus sie gestartet wurden; gerade die im Hintergrund laufenden Dienste sind ja gar nicht mit einem Terminal verbunden. Wenn solch ein Dienst einmal eine Meldung auf jedes geöffnete Terminal ausgibt, dann ist meist schon das Feuer auf dem Dach. Entweder meldet der Dienst dann, dass er selbst gerade stirbt oder gar die ganze Maschine zu Boden reißt. Kleinere Dienste wie der DHCP-Client schreiben in die zentrale Logdatei /var/log/messages. Größere Dienste wie Samba oder Apache haben ihre eigenen Logdateien, häufig sogar in eigenen Verzeichnissen unterhalb von /var/log/. Das ist vernünftig, da z.B. jeder virtuelle Apache Server mindestens zwei Logdateien hat (access.log und error.log), und bei einem knappen hundert virtueller Server würde man wohl in /var/log den Wald vor Logdateien nicht mehr sehen. Dienste mittlerer Größe haben vielleicht kein eigenes Verzeichnis, schreiben aber besser doch in eine eigene Datei. News- und Mailserver sind per Definition sehr geschwätzig, so dass man wohl kaum mehr etwas Sinnvolles in der messages finden würde, müsste man es zwischen Millionen Einträgen eines Mailservers suchen, der ordentlich zu tun hat. Je nach Distribution sehen die Macher verschiedene Log-Quellen wichtig genug, um eine eigene Logdatei zu bekommen. Während bei SUSE alle Firewall-Meldungen nach /var/log/firewall laufen, schreibt RedHat diese standardmäßig gar nicht auf. Dafür gehen alle su - und sudo Aufgaben in die Datei /var/log/secure, bei SUSE laufen sie normal in die messages.

Log-Meldungen haben zwei Komponenten: facility und priority. Die Facilities sind die absendenden Dienste, wie der Mailserver, die Authentifizierungsstelle (authpriv), Druck- oder FTP-Server — es gibt ganz allgemein daemon und sogar den kernel. Die komplette Liste ist in der Manpage (man 3 syslog) beschrieben. Interessant ist, dass es acht frei verfügbare Facilities gibt, die man als Benutzer für eigene Zwecke verwenden kann. Die Priority (oder der level) beschreibt die Schwere des Vorfalls, der die Logmeldung auslöst. Die Kategorien reichen von Debug, Info, Notice, Warning, Error, Crit(ical), Alert und schließlich bis Emerg(ency). Es ist ein weiter Weg von einer (noch) harmlosen Warnung bis zu kritischem Zustand, doch erst bei Alert muss sofort gehandelt werden, bevor eine Emergency-Meldung kommt, die berichtet, dass das System nunmehr unbenutzbar ist.

Die Meldungen werden in der Schreibweise <facility>.<priority> abgegeben. Dies ist wichtig zu wissen, denn dann erschließt sich sofort die Konfigurationsdatei des Syslog-Daemon rsyslog namens /etc/rsyslog/rsyslog.conf. Der Aufbau der Konfigurationsdatei ist einfach. Im ersten, globalen Bereich wird durch die Statements $ModLoad festgelegt, dass einerseits ein Socket (/dev/log) erzeugt wird, in die die lokalen Facilities ihre Meldungen abgeben. Andererseits sorgt das Modul imklog dafür, dass die Meldungen, die früher von einem Kernel Log Daemon abgearbeitet wurden, heute vom syslog-Daemon behandelt werden. Nach einer Zeile, die das Aussehen der Log-Ausgaben bestimmt, kommt eine weitere, die alle Dateien mit der Endung .conf aus dem Verzeichnis /etc/rsyslog.d/ interpretieren soll.

Schließlich folgen die Regeln. Die erste nicht-auskommentierte Regel beschreibt schon alles, was in osp:/var/log/messages[] erscheint: alles von der Priority info an (*.info) und schwerer. Nichts aus dem Mailsystem, keine Login- oder su-Meldungen, nichts vom Cron-Daemon. Mit anderen Worten: So ziemlich alles. Login und andere Authentifizierungen gehen nach /var/log/secure, das Mailsystem schreibt nach /var/log/maillog. Der Bindestrich vor der Zielangabe bedeutet, dass die Meldungen nicht in Realzeit geschrieben werden müssen, sondern zwischengespeichert („gecachet") werden dürfen. Das ist für Mail und News-Meldungen vielleicht in Ordnung. Andere Einträge müssen so schnell wie möglich auf die Festplatte, sonst kann man hinterher nicht mehr feststellen, woran die Maschine eigentlich „gestorben" ist. Alle Meldungen von der Schwere Emerg(ency), egal welcher Dienst sie auch schickt, gehen hinaus an alle Terminals (*). Den eigentlich frei definierbaren Log-Kanal local7 nutzen RedHat und CentOS, um in die Datei /var/log/boot.log zu schreiben.

Einen eigenen Log-Kanal zu definieren, ist denkbar einfach. Ein Log-Kanal für local3 sieht z. B. so aus:

```
local3.*                /var/log/opensourcepress.log
```

Nach einem Neustart des Logservers (service rsyslog restart) gibt es die Datei /var/log/opensourcepress.log. Sobald man in den Logkanal hineinschreibt, füllt sich die Datei.

Die folgende Übung ist besonders leicht in einer grafischen Umgebung durchführbar, wo man zwei Terminalfenster gleichzeitig öffnen und nebeneinander stellen kann: In einem Fenster öffnen Sie die Logdatei mit dem Kommando tail -f /var/log/opensourcepress. Der Cursor steht dann am Ende der Datei und wartet darauf, dass neue Logmeldungen kommen. Drücken Sie ruhig ein paar Returns, um den Cursor ein paar Zeilen nach unten zu schieben. Das ist besonders wichtig bei Logdateien, die schon einigen Inhalt haben. Die Returns gehen nicht in die Logdatei hinein, sie setzen den Cursor nur ein wenig von der letzten Meldung ab. Im zweiten Terminal schreiben Sie mit dem Kommando logger -p local3.info "Open Source Press ist Klasse" und drücken die Return-Taste. Mit minimaler Verzögerung erscheint die Meldung in der Logdatei. Die Logdatei schließt man mit [Strg]+[C].

Bevor der Syslog-Server in der Runlevelphase startet, hat der Kernel bereits eine Menge Meldungen generiert. Die stehen zunächst, solange noch keine Festplatten gefunden, interpretiert und gemountet sind, im Arbeitsspeicher. Von dort können die Meldungen im sogenannten *Kernel Ring Buffer* mit dem Kommando dmesg abgerufen werden. Gibt es die Partitionen, vor allem die, in der das Verzeichnis /var liegt, schreibt rsyslog die im Ringpuffer aufgelaufenen Meldungen nach /var/log/dmsesg.

11.3 Überlaufen der Logdateien verhindern

Je mehr und reibungsloser Logmeldungen in die verschiedenen Dateien hineinfließen, desto früher stellt sich die Frage, wie viel Platz denn eigentlich auf der /var-Partition zur Verfügung steht. Damit die Partition nicht zu früh (oder besser noch: gar nicht) vollläuft, gibt es einen Mechanismus, der Logdateien nach Alter und Größe begutachtet und, wenn nötig, wegrotiert. Die alte Datei wird gepackt und nur eine definierte Anzahl von alten Versionen behalten. Wenn nötig, erzeugt der Mechanismus eine neue Datei. Logdateien müssen im Rahmen der Systemsicherung ohnehin weggesichert werden. Also ist es sinnvoll, sich von altem Gerümpel auf der Maschine zu trennen. Diese Reinigungsläufe führt die Maschine auf täglicher Basis mit cron durch. Die Software, die sich um die Logdateien kümmert, heißt logrotate.

Die Konfigurationsdatei von logrotate ist /etc/logrotate.conf. Wie bei vielen Diensten üblich, liegen viele Einstellungen nicht mehr in der zentralen Konfigurationsdatei, sondern in separaten Dateien in einem Unterverzeichnis, hier ist es /etc/logrotate.d. Bei der Installation von Diensten werden die dazu passenden logrotate-Einstellungen einfach in das Verzeichnis fallen gelassen. Dass logrotate einmal täglich automatisch ausgeführt wird, fällt in die Aufgabe des Systemrhythmus von cron.daily.

Der allgemeine Teil von /etc/logrotate.conf ist sehr einfach gehalten. Logrotate behält vier Kopien der wegrotierten Logdateien, wenn es pro Datei nicht noch eine spezielle Regel gibt. Es wird eine neue Datei erzeugt, wenn die alte wegrotiert wurde, und beim Rotieren bekommen die archivierten Exemplare einen Dateinamenteil mit dem aktuellen Datum — Kompression ist ausgeschaltet. Selbst ohne Kompression würde das /var/log-Verzeichnis vermutlich nicht überlaufen, denn es werden nur vier Kopien gehalten. Mit Kompression wären die Kopien eben kleiner. Die letzte Zeile vor einzelnen Datei-Regeln ist das include-Statement, das die Dateien in /etc/logrotate.d mit an Bord holt.

```
# see "man logrotate" for details
# rotate log files weekly
```

```
weekly
# keep 4 weeks worth of backlogs
rotate 4
# create new (empty) log files after rotating old ones
create
# use date as a suffix of the rotated file
dateext
# uncomment this if you want your log files compressed
#compress
# RPM packages drop log rotation information into this directory
include /etc/logrotate.d
...
```

Sowohl im Konfigurationsverzeichnis als auch im Rest der Konfigurationsdatei befinden sich Regeln, wie mit einzelnen Logdateien umgegangen werden soll. Diese Regeln können sehr einfach sein wie die in der Datei ; dort wird für fünf Dateien die gleiche Behandlung festgelegt, nämlich nach dem Rotieren der Dateien den syslogd neu zu starten (kill -HUP). Die Regeln könnten aber sehr viel komplexer sein.

```
/var/log/cron
/var/log/maillog
/var/log/messages
/var/log/secure
/var/log/spooler
{
    sharedscripts
    postrotate
        /bin/kill -HUP `cat /var/run/syslogd.pid 2> /dev/null` 2> /dev/null || true
    endscript
}
```

11.3.1 Regelmäßige Routinen

Was der „Scheduler" für den Windows-Menschen, ist dem Unixer sein cron. Sollen einzelne Kommandos einmal zu einem bestimmten Zeitpunkt ausgeführt werden, verwendet man at, und die Manpage liefert hierzu eine anschauliche Beschreibung.

Geht es um regelmäßige und pünktliche Wiederholungen, ist es ein Eintrag in die *Cron Table*. Vor Jahrzehnten gab es hierfür im Wesentlichen zwei Möglichkeiten, heute sind es mindestens vier: Die zentrale Datei für Steuerungstabellen für den crond war damals /etc/crontab. Diese Datei würde heute zwar noch gelesen, ist bei RedHat und CentOS aber bis auf ein paar Zeilen Kommentare leer. Die zentrale Steuerungsdatei ist heute die /etc/anacron. Anacron ist eine Erweiterung für cron, die der Tatsache Rechnung trägt, dass viele Rechner — sogar Server — aus Effizienzgründen oft gar nicht 24 Stunden mal 7 Tage durchlaufen. Cronjobs, die in die

Nachtstunden gelegt sind, um das System nicht zu Geschäftszeiten zu belasten, kämen dann aber nie zur Ausführung. Anacron bemerkt, wenn über Nacht solche Aufgaben anstehen, und startet sie innerhalb eines festgelegten Zeitfensters. Um das System nich übermäßig zu belasten, werden die Tätigkeiten auch nicht gleichzeitig, sondern strikt nacheinander gestartet. Darüber hinaus ist Anacron die Ursache für Systemrhythmen, die zu bestimmten Zeiten durchgeführt werden. Es gibt stündliche, tägliche, wöchentliche und monatliche Rhythmen, repräsentiert durch jeweils eigene Dateien und Verzeichnisse.

```
[root@flosse etc]# pwd
/etc
[root@flosse etc]# ls -ld *cron*
-rw-r--r--. 1 root root  541  4. Mär 2011  anacrontab
drwxr-xr-x. 2 root root 4096  4. Jul 22:36 cron.d
drwxr-xr-x. 2 root root 4096  4. Jul 22:37 cron.daily
-rw-r--r--. 1 root root    0  4. Mär 2011  cron.deny
drwxr-xr-x. 2 root root 4096  4. Jul 22:37 cron.hourly
drwxr-xr-x. 2 root root 4096  4. Jul 22:36 cron.monthly
-rw-r--r--. 1 root root  457  3. Jun 2011  crontab
drwxr-xr-x. 2 root root 4096  3. Jun 2011  cron.weekly
[root@flosse etc]#
```

Sowohl in /etc/crontab als auch /etc/anacrontab müssen die Zeitpunkte, an denen die Jobs ausgeführt werden sollen, in einer eigentümlichen Cron-Schreibweise beschrieben werden. Die genaue Syntax ist in der Manpage der Konfigurationsdatei crontab erläutert (man 5 crontab). Am Anfang jeder Zeile stehen fünf Felder, die für verschiedene Zeitpunkte und -Einheiten stehen. Das erste Feld steht für Minuten, das zweite für Stunden, Monatstag, Monat und Wochentag. Damit lässt sich jeder Zeitpunkt und -raum darstellen. Die Zeilen im Anschluss an diesen Absatz sind ein Ausschnitt aus dieser Manpage:

```
field          allowed values
-----          --------------
minute         0-59
hour           0-23
day of month   1-31
month          1-12 (or names, see below)
day of week    0-7 (0 or 7 is Sun, or use names)
...
#run at 10 pm on weekdays, annoy Joe
0 22 * * 1-5   mail -s "It's 10pm" joe%Joe,%%Where are your kids?%
```

Musste man früher die exakte Schreibweise kennen (und root-Rechte haben, damit man die Regel in die Datei eintragen konnte), genügt es heute, ein Skript mit der Tätigkeit, die ausgeführt werden soll, in dasjenige Verzeichnis in /etc zu legen, das im entsprechenden Rhythmus ausgeführt wird. Die Datei, aufgrund derer der Logrotate ausgeführt wird, liegt z. B. in /etc/cron.daily und heißt: logrotate. Sie muss ausführbar sein.

Dennoch ist es keine gute Idee, eigene Regeln in eine zentrale Steuerungsdatei wie die /etc/anacrontab zu schreiben. Bei einem System-Update könnte diese Datei überschrieben werden, weil jemand von RedHat oder CentOS der Ansicht ist, diese Datei sei persönliches Eigentum der Entwickler. Darum gibt es das Verzeichnis /etc/cron.d. Dort liegen Dateien mit Cron-Regeln in Cron-Schreibweise. Dort eine Datei zu hinterlegen, löst eine der Schlampigkeiten, die Anacron eingeführt hat: Zwar ist sicher, dass cron.daily einmal täglich ausgewertet wird. Zu welcher Uhrzeit genau das aber passiert, darf keine Rolle spielen. Dateien in /etc/cron.d können dagegen auf die Minute genau geschrieben sein.

Ebenfalls schon immer gab es die Möglichkeit, einen Cronjob nicht in die zentrale Datei zu legen, sondern als privat-persönlichen Cronjob zu definieren. Dazu gibt es das Program crontab. Dieses Kommando öffnet bei crontab -e einen vi mit einer temporären Datei. Pro Zeile trägt man hier Regeln für cron ein. Solche persönlichen Cronjobs kann freilich auch root pflegen. Man sollte als Admin nicht vergessen, auch dort mit crontab -l nachzusehen, ob es private Cronjobs für den Systemadministrator gibt. Als root ist auch ein Blick in das Verzeichnis /var/spool/cron möglich. Für jeden Benutzer, der so privat-persönliche Cronjobs angelegt hat, steht dort eine Datei. Mit crontab -r löscht man alle seine Cronjobs auf einmal, crontab -e erlaubt es, mit dem Editor einzelne Jobs zu editieren oder zu löschen.

11.4 Prüfungsvorbereitung

Eine übliche Aufgabe bei Sysad-Prüfungen ist das Einrichten eines Log-Ziels für einen bestimmten Dienst. Welches Log-Facility ein Dienst nutzt, steht häufig in der Konfigurationsdatei des Dienstes, sonst in der Manpage. Anschließend trägt man für das geforderte Facility eine Zeile in die /etc/rsyslog.conf ein. Die Datei, in die geloggt werden soll, muss natürlich ebenfalls angegeben sein.

Ein Cronjob kann zentral oder persönlich eingerichtet sein. Achten Sie darauf, wessen Cronjob Sie in der Prüfung einrichten sollen! Ist es ein persönlicher, erstellt root diesen unmittelbar mit crontab -e <username>. Bei zentralen Crontabs reicht es häufig (wie z. B. bei logrotate), ein Skript in das entsprechende cron-Rhythmusverzeichnis zu stellen, z. B. /etc/cron.daily. Bei minutengenauen Jobs bieten sich entweder /etc/cron.d oder /etc/crontab an.

… Kapitel

Kernelmodule und Einstellungen

12.1 Module anzeigen, laden und entladen

Unterstützung für Hardware und Protokolle oder sonstige Methoden können in den Linux-Kernel fest einkompiliert sein oder zur Laufzeit als sogenannte *Module* geladen werden. Heutzutage sind nur noch spezielle, handgefertigte Kernel *monolithisch*, d.h. aus einem Guss, z.B. der des CentOS Live-Systems. Die Kernel des RedHat Enterprise Linux sind hingegen modular, und die Lizenzkunden dürfen Kernel nicht selbst kompilieren, da sonst der Supportanspruch verfällt. Ein fehlerhafter oder problematischer „Homebrew" Kernel wäre von RedHat- oder Oracle/SAP/IBM-Supportern nur sehr schwer bis gar nicht supportbar.

Welche Treiber der modulare Kernel aktuell geladen hat, erfährt man mit dem Kommando `lsmod`. Manche Modulnamen erschließen sich sofort, wie z.B. ext3 und ext4. Auch die Gigabit Realtek-Netzwerkkarte r8169 und ihr Hilfstreiber mii sind auf Anhieb erkennbar — andere nicht.

```
[root@flosse ~]# lsmod
Module                  Size  Used by
ext3                  240636  0
jbd                    80433  1 ext3
fuse                   66891  0
ip6table_filter         2889  0
ip6_tables             19458  1 ip6table_filter
ebtable_nat             2009  0
ebtables               18135  1 ebtable_nat
ipt_MASQUERADE          2466  3
iptable_nat             6158  1
nf_nat                 22759  2 ipt_MASQUERADE,iptable_nat
nf_conntrack_ipv4       9506  4 iptable_nat,nf_nat
nf_defrag_ipv4          1483  1 nf_conntrack_ipv4
...
r8169                  51803  0
mii                     5335  1 r8169
...
ext4                  371331  7
...
```

Module können sehr verschiedene Dinge sein bzw. erledigen: Ein Treiber für IP Version 6, eine Netzwerk- oder Grafikkarte, die Unterstützung von CIFS oder das Soundsystem. Mit welchen Treibern ein Hilfs- oder Untermodul zusammenarbeitet, ist in der rechten Spalte zu sehen. Die Zahl links neben den Untermodulen verrät, wie viele Module zusammenspielen, um eine bestimmte Arbeit zu erledigen.

Vor Jahren musste man bei Kernel Version 2.4 praktisch jeden Treiber, der geladen werden sollte, in eine Datei /etc/modules.conf eintragen. Das geschah mit Hilfsprogrammen oder wurde schon bei der Installation (hoffentlich) richtig erkannt und eingetragen. Ab Version 2.6 hieß die Datei dann /etc/modprobe.conf, und ein Verzeichnis /etc/modprobe.d wurde eingeführt. Heute ist die zentrale Konfigurationsdatei /etc/modprobe.conf weitgehend verschwunden; dafür müssen alle Dateien in /etc/modprobe.d die Dateiendung .conf haben.[1]

Bei RedHat und CentOS nimmt die /etc/modprobe.d/dist.conf weitgehend die Rolle der alten, zentralen Datei ein. Die Alias-Statements rufen bestimmte Module auf, wenn dazu passende Geräte angesprochen werden. Allerdings erkennen neuere Kernel die Hardware inzwischen wesentlich besser als frühere, und finden bei Bedarf die passenden Module, um sie auch gleich zu laden. Darum ist der Datei /etc/modprobe.d/blacklist.conf ebenfalls eine zentrale Rolle zugefallen: Darin stehen solche Module,

---

[1] Bei Debian gibt es eine Datei /etc/modules, die an Stelle der alten Datei eingeführt wurde.

12.1 Module anzeigen, laden und entladen

die der Kernel *nicht* automatisch laden soll. Treibermodule, die dort mit `blacklist` gebannt werden, lassen sich später problemlos von Hand oder mit einem Startskript laden. Selbst wenn sie durch einen Vorgang automatisch nachgezogen werden, ist das möglich. Doch zur Boot-Zeit zieht der Kernel sie nicht an, wenn sie auf der Schwarzen Liste stehen. Das System erkennt die Hardware an ihrer Modalias-Information, die der Kernel im /sys-Verzeichnis bereitstellt.[2]

Die Auswirkungen des Ladens eines Moduls können vielfältig sein. Wird ein Netzwerk- oder Video-Treiber geladen, bemerkt das vermutlich jeder. Weniger augenscheinliche Veränderungen sind aber meist kaum weniger wichtig. Im folgenden Beispiel lädt der Administrator den Treiber für ein Netzwerk-Dateisystem: CIFS, das *Common Internet File System*. Dieses Modul ist eine der Grundlagen für die Kommunikation mit Windows-Systemen.

```
[root@flosse ~]# lsmod | grep cifs
[root@flosse ~]# cat /proc/filesystems
...
        iso9660
...
nodev   selinuxfs
        ext4
...
        ext3
[root@flosse ~]# modprobe cifs
[root@flosse ~]# lsmod | grep cifs
cifs                  278868  0
[root@flosse ~]# cat /proc/filesystems
...
nodev   selinuxfs
        ext4
...
        ext3
nodev   cifs
[root@flosse ~]#
```

Der Treiber lässt sich mit dem Kommando `modprobe -r cifs` wieder aus dem Speicher entfernen. Dabei werden nicht mehr benutzte abhängige Module ebenfalls entfernt. Folglich verschwindet auch die Zeile in /proc/filesystems:

```
[root@flosse ~]# lsmod | grep cifs
cifs                  278868  0
[root@flosse ~]# modprobe -r cifs
[root@flosse ~]# lsmod | grep cifs
[root@flosse ~]#
```

---

[2] https://wiki.archlinux.org/index.php/Modalias#Where_does_this_modules.alias_file_come_from.3F

Informationen über das einzelne Modul gibt das Kommando `modinfo <modulname>`. Neben einer ganzen Reihe von Aliasnamen zeigt die Ausgabe des Befehls u.a. den Dateinamen, unter dem das Modul auf der Festplatte zu finden ist, die Lizenz, unter der es steht, den Namen des Autors bzw. Projekteigentümers, aber auch die Kernelversion, für die es kompiliert wurde. Interessiert nur ein bestimmtes Feld, kann man es — leider immer nur eines — in der Befehlsziele angeben. Die Ausgabe kann allerdings mehrzeilig sein, wenn der gesuchte Feldname mehrfach vorkommt.

```
[root@flosse ~]# modinfo e100
filename:       /lib/modules/2.6.32-279.el6.x86_64/kernel/drivers/net/e100.ko
firmware:       e100/d102e_ucode.bin
firmware:       e100/d101s_ucode.bin
firmware:       e100/d101m_ucode.bin
version:        3.5.24-k2-NAPI
license:        GPL
author:         Copyright(c) 1999-2006 Intel Corporation
description:    Intel(R) PRO/100 Network Driver
...
[root@flosse ~]# modinfo -F firmware e100
e100/d102e_ucode.bin
e100/d101s_ucode.bin
e100/d101m_ucode.bin
[root@flosse ~]#
```

12.2 Kerneltuning

Die gute Nachricht zuerst: Will ein bestimmter Hersteller eine bestimmte Kerneloptimierung haben, wird er sie vermutlich in der Installationsanleitung einfordern oder gar ein Installationsskript mitliefern, das die gewünschte Optimierung durchführt. Datenbankhersteller finden eine Anpassung der *Swappiness* oftmals sinnvoll. Das ist der Kennwert, mit welcher Vorliebe das System bereits Daten in den Swapbereich auslagert; bei Datenbanken soll das in der Regel früher geschehen als bei z.B. Datei- und Druckservern.[3]

Kernelregister wie das Beschriebene finden ihre Darstellung im Verzeichnis /proc/sys; die Swappiness etwa liegt in vm.swappiness. Das Kommando `sysctl -a` listet alle relevanten Werte auf; dort kann man mit `grep` suchen. Ein geschicktes `find` führt allerdings auch zum Ziel.

```
[root@flosse ~]# sysctl -a | grep swappi
vm.swappiness = 60
[root@flosse ~]# find /proc/sys -name "*swap*"
```

---

[3] Wenn der Hersteller nicht der Ansicht ist, das Swapping lieber seiner Datenbank zu überlassen. In diesem Fall kann die Anweisung kommen, das Swapping ganz abzuschalten oder erst spät auszulagern. In der Installationsanleitung wird es stehen.

```
/proc/sys/vm/swappiness
[root@flosse ~]# cat /proc/sys/vm/swappiness
60
[root@flosse ~]#
```

Wie hält das System es mit dem Ping? Das betroffene Netzwerkprotokoll ist `icmp`, der Dialekt ein `echo`. Das System nimmt Ping-Broadcasts nicht an, ein direkter Ping würde aber beantwortet.

```
[root@flosse ~]# sysctl -a | grep icmp
...
net.ipv4.icmp_echo_ignore_all = 0
net.ipv4.icmp_echo_ignore_broadcasts = 1
...
```

Dieses Verhalten ließe sich ändern: root kann mit echo eine 1 in die Datei /proc/sys/net/ipv4/icmp_echo_ignore_all schicken, und schon ignoriert das System alle `icmp echo requests`. Die elegantere Vorgehensweise ist aber sysctl mit der Option -w. Das Kommando echo wird dafür verwendet, um den Wert wieder zurückzusetzen:

```
[root@flosse ~]# sysctl net.ipv4.icmp_echo_ignore_all
net.ipv4.icmp_echo_ignore_all = 0
[root@flosse ~]# sysctl -w net.ipv4.icmp_echo_ignore_all=1
net.ipv4.icmp_echo_ignore_all = 1
[root@flosse ~]# echo 0 > /proc/sys/net/ipv4/icmp_echo_ignore_all
[root@flosse ~]# sysctl net.ipv4.icmp_echo_ignore_all
net.ipv4.icmp_echo_ignore_all = 0
[root@flosse ~]
```

Soll der Kernelwert genau der gleiche sein, nachdem das System durchge bootet wurde, muss er in einer Konfigurationsdatei eingetragen sein: /etc/sysctl.conf. Dort steht bereits eine Reihe von Einstellungen, angefangen von der Entscheidung, ob das System routet, d.h. IP-Pakete von einer Netzwerkkarte zu anderen durchschleust (*IP Forwarding*), über die Weigerung, *source-routed* Pakete zu akzeptieren, und vieles mehr.

```
[root@flosse ~]# cat /etc/sysctl.conf
...
# Controls IP packet forwarding
net.ipv4.ip_forward = 1

# Controls source route verification
net.ipv4.conf.default.rp_filter = 1

# Do not accept source routing
net.ipv4.conf.default.accept_source_route = 0
[root@flosse ~]
```

Soll die Einstellung bezüglich der icmp-Pakete auch nach einem Reboot wieder gelten, muss die Zeile

```
net.ipv4.icmp_echo_ignore_all = 1
```

12 Kernelmodule und Einstellungen

in die Datei /etc/sysctl.conf eingetragen werden. Ist die Konfiguration abgespeichert, überträgt ein `sysctl -p` die Einstellungen aus der Datei in den Kernelspeicher.

```
[root@flosse ~] sysctl -p
net.ipv4.ip_forward = 1
net.ipv4.conf.default.rp_filter = 1
net.ipv4.conf.default.accept_source_route = 0
...
net.ipv4.icmp_echo_ignore_all = 1
```

12.3 Prüfungsvorbereitung

Wer weiß schon, welcher Wert in der Prüfung zu ändern ist? Versuchen Sie es einmal mit den beiden gängigsten: ICMP-Broadcasts und IP-Forwarding. Ermitteln Sie den sysctl-Pfad und seinen Wert mit `sysctl -a | grep icmp` bzw. `forward` und tragen Sie die entsprechenden Werte in die /etc/sysctl.conf ein. Ein `sysctl -p` liest die Datei ein und setzt die Werte entsprechend. Überprüfen Sie, ob es geklappt hat.

Kapitel 13

Fernzugriff mit Secure Shell

Secure Shell (SSH) ist ein Thema, das in keiner Linux-Prüfung des letzten Jahrzehnts gefehlt hat. Gerade wenn Netzwerkdienste eingerichtet werden, ist SSH eine hervorragende Möglichkeit, diese Dienste zu steuern und zu testen. Hinzu kommt, dass die Tastaturbelegungen der virtuellen Maschinen in grafischen Fenstern immer wieder Probleme machten. Da war eine SSH-Verbindung von der Basis-Maschine in die virtualisierte hinein immer ein sicherer Weg.

Letztendlich hat das SSH-Team von openBSD eine Software geschaffen, die alle bisherigen nicht-verschlüsselten Netzwerk-Zugriffsprotokolle der letzten 40 Jahre erfolgreich ablösen konnte, und das unter Beibehaltung der Arbeitstechnik. Wenn auch Windows-Migranten die Handhabung von ssh und seiner Geschwister scp und sftp ein wenig spröde scheint — wer sich bereits mit telnet, den „r-Diensten" (rsh, rcp, rexec und selbst xon) oder ftp herumgeschlagen hat, der findet das gleiche „Look and Feel" in

SSH wieder. Das ist nicht zuletzt deshalb wichtig, weil sich z.T. über Jahrzehnte entstandene Skripte und Tools nicht einfach umstellen lassen.

13.1 SSH benutzen

Die Vorgehensweise ist einfach und unter Linux sogar einfacher als z.B. mit dem Programm *Putty* unter Windows. Wenn im folgenden Beispiel Benutzer dieter per ssh Kontakt mit dem Rechner 192.168.0.121 aufnehmen will, gibt er ssh 192.168.0.121 ein. Will er aber auf dem angesprochenen Rechner nicht als dieter, sondern als root arbeiten, muss er das explizit angeben. Gültig ist auch noch die alte SSH-Version1-Schreibweise -l root — üblich ist heute aber die neuere Schreibweise ssh <benutzer>@<rechnername>. Damit <rechnername> statt der IP-Adresse funktioniert, muss die Namensauflösung im Netzwerk korrekt arbeiten.

Das Besondere an SSH ist, dass die Kommunikation verschlüsselt vonstatten geht. Dabei werden während des Sitzungsaufbaus im Hintergrund Schlüssel ausgetauscht, die einerseits die Kommunikation vor Lauschern verschleiern. Andererseits dienen die Schlüssel auch dazu, die beiden Gegenstellen der Kommunikation eindeutig zu identifizieren.

Beim Erstkontakt schickt der SSH-Server der Client-Seite seinen Schlüssel (*Host Key*), den das SSH-Programm im Schlüsselring des Benutzers dieter ablegt. So weit, so gut — nur kann man in einem TCP/IP-Netz niemals davon ausgehen, dass der Rechner, der sich mit der angesprochenen IP-Adresse oder dem Rechnernamen meldet, auch wirklich der ist, für den er sich ausgibt bzw. für den der Initiator der Verbindung ihn hält. Es ist sehr leicht, in einem TCP/IP-Netz eine andere Identität vorzutäuschen.

Sobald der Host-Schlüssel des angesprochenen Rechners auf der Seite von dieter (in dessen Heimatverzeichnis in der Datei .ssh/known_hosts) abgelegt ist, wird Benutzer dieter die Gegenstelle *immer* als korrekt ansehen, solange der präsentierte Host-Schlüssel derselbe ist. Der kritische Moment ist also der, wenn dieser Schlüssel zum ersten Mal angeboten und akzeptiert wird. Hat sich ein Angreifer an die Stelle des „richtigen" Rechners gesetzt, akzeptiert Benutzer dieter diesen Schlüssel und wird in Zukunft den Betrüger für die echte Gegenstelle halten. Dabei verrät er womöglich Geheimes, Wichtiges oder Peinliches an die falsche Person bzw. der „richtigen" Benutzer-Identität auf der „falschen" Maschine. Damit das nicht so einfach geschieht, schickt der SSH-Server der Gegenstelle zuerst nur eine Prüfsumme des Host-Keys, den sogenannten *Fingerprint*. Der sollte genügen, um den Schlüssel auf der Gegenseite eindeutig zu identifizieren. Erst wenn Benutzer dieter den Schlüssel mit einem geschriebenen yes akzeptiert, wird er in den Schlüsselring eingetragen.

Abbildung 13.1:
Schlüsselübergabe bei SSH-Erstkontakt

Schließlich (wenn das Ganze innerhalb eines kleinen Zeitfensters geschieht) ist der lokale Benutzer dieter auf der Gegenseite (flosse.beispiel.loc) eingeloggt, und zwar als root. Mit dem Kommando exit loggt er sich wieder aus, um dann — wie vorher — wieder dieter auf dem Rechner dingo zu sein.

```
dieter@dingo:~$ ssh root@192.168.0.121
The authenticity of host '192.168.0.121 (192.168.0.121)' can't be established.
RSA key fingerprint is 8e:b6:f6:f9:37:e9:a0:77:c2:63:97:4b:64:a6:cc:ef.
Are you sure you want to continue connecting (yes/no)? yes
Warning: Permanently added '192.168.0.121' (RSA) to the list of known hosts.
root@192.168.0.121's password: [roots passwort...]
Last login: Mon Oct  7 20:42:38 2013 from 192.168.150.1
[root@flosse ~]# hostname
flosse.beispiel.loc
[root@flosse ~]# whoami
root
[root@flosse ~]# exit
Abgemeldet
Connection to 192.168.0.121 closed.
dieter@dingo:~$ whoami
dieter
dieter@dingo:~$
```

Beim zweiten Login auf der Maschine flosse erscheint die Abfrage zum Fingerprint nicht mehr. Da ist der Schlüssel schließlich schon in Schlüsselring-Datei /home/dieter/.ssh/known_hosts eingetragen.

TIPP

Host-Fingerprint überprüfen

Den Fingerprint auf dem angesprochenen Host zu überprüfen, ist leicht. Die Host-Keys des SSH-Servers liegen in /etc/ssh/ und heissen ssh_host _rsa_key und ssh_host_dsa_key, die zugehörigen sogenannten *Public Keys* haben die Endung .pub. Wenn, wie im Beispiel oben, ein RSA Key fingerprint geschickt wurde, dann ist eine der rsa_key-Dateien zu prüfen (der Fingerprint ist bei Public und Private Keys identisch). Das Kommando lautet

```
ssh-keygen -l -f ssh_host_rsa_key[.pub]
```

Ist der Fingerprint der Server-Host-Key-Datei, der dann angezeigt wird, identisch mit dem, der bei der Kontaktaufnahme angezeigt wurde, ist die Wahrscheinlichkeit höher, dass der Rechner wirklich der ist, für den er sich ausgibt. Eine hundertprozentige Sicherheit gibt es freilich nicht. Das gleiche Bild entstünde auch, wenn der Host-Schlüssel gestohlen und auf den Angreifer-Rechner kopiert worden wäre. Oder der Angreifer-Rechner wäre von der gleichen Sicherheitskopie geklont, wie der „richtige", und man hätte vergessen, neue Schlüssel anzulegen.

13.2 Grafische Programme mit SSH

Benutzer `dieter` kann so auf der Zielmaschine `root` werden und wäre in der Lage, die Partitionstabelle oder alle Dateien auf dem Dateisystem zu löschen — aber er könnte kein einziges grafisches Programm ausführen, denn es gibt ein Problem mit dem `display`:

```
dieter@dingo:~$ ssh root@192.168.0.121
Last login: Wed Oct  9 14:00:51 2013 from 192.168.0.1
[root@flosse ~]# gcalctool
... eine Menge Fehlermeldungen ...
(gcalctool:3548): Gtk-WARNING **: cannot open display:
[root@flosse ~]#
```

Grafische Programme benutzen eine Variable mit dem Namen `DISPLAY` zur Navigation, um herauszufinden, auf welchem Bildschirm die Information ausgegeben werden soll. Die SSH-Server geben die grafische Ausgabe zwar an den Client weiter, aber die Standardeinstellung der Datei `/etc/ssh/ssh_config` ist, den Wert `ForwardX11` auf no zu stellen. Wer diesen Wert nicht auf yes stellen will, kann immerhin für eine Sitzung das X-Forwarding einschalten, indem er `ssh -X ...` verwendet. Dann kann `dieter` z.B. die Ausgabe von palimpsest oder jedes anderen grafischen Diagnoseprogramms auf dem Client-Rechner sehen. Der SSH-Login passt die `DISPLAY`-Variable entsprechend an.

13.3 Gegenseitiges Vertrauen

Sobald der lokale Rechner (genauer: der lokale Benutzer auf der lokalen Maschine) den Schlüssel der Gegenseite akzeptiert hat, nimmt er immer an, der Rechner auf der Gegenseite sei der, für den wir ihn halten. Ein solches Vertrauen hegt die Gegenseite für uns nicht: Immer noch muss Benutzer `dieter` ein Passwort angeben, wenn er auf der Gegenseite root sein will. Allerdings ist es möglich, ähnlich wie für den SSH-Server auf der anderen Seite der Netzwerkkommunikation, für den Benutzer `dieter` ein Schlüsselpaar zu generieren, das ihn eindeutig identifiziert.

Die Netzwerkkommunikation mit SSH wird mit zwei Schlüsseln abgesichert. Es gibt einerseits einen asymmetrischen Schlüssel mit Public und Private Key. Diese Schlüssel sind sehr schwer zu knacken und haben überdies den Vorteil, dass sie nur in eine Richtung arbeiten: Verschlüsselt wird mit dem Public Key, entschlüsselt mit dem Private Key. Es ist nicht möglich, z.B. mit einem gestohlenen Public Key das zu entschlüsseln, was ein anderer mit dem gleichen Public Key verschlüsselt hat. Mit dem Private Key kann man Nachrichten *signieren*, d.h. statt den Inhalt zu verschleiern, kann man zur übermittelten Nachricht eine Prüfsumme über den Text stellen, die der Public Key auswertet. Schon ein einziger veränderter Buchstabe würde auffallen. Diese Schlüssel werden verwendet, um die Sitzung aufzubauen und die Gesprächspartner zu identifizieren. Allerdings sind die asymmetrischen Schlüssel aufwendig zu entschlüsseln, mit anderen Worten: sie sind langsam.

Darum gibt es in der gleichen Sitzung auch einen symmetrischen Schlüssel, mit dem die eigentlichen Nachrichten verschlüsselt werden. Diese Art der Verschlüsselung ist viel schneller wieder entschlüsselt. Symmetrische Verschlüsselung hat aber den Nachteil, dass auf beiden Seiten der gleiche Schlüssel verwendet wird; geht also die Sicherheit auf einer der beiden Seiten verloren, ist die gesamte Sicherheit dahin. Das bekannteste historische Beispiel für die Folgen verlorener Sicherheit durch verlorene Schlüssel ist die erbeutete Verschlüsselungsmaschine *Enigma* während des Zweiten Weltkriegs: Als die Briten in der Lage waren, die zweifellos sehr gut verschlüsselten Nachrichten zu entschlüsseln, war der U-Boot-Krieg für Deutschland verloren. SSH verschlüsselt die Kommunikation mit „schnellen" symmetrischen Schlüsseln und tauscht diese in relativ kurzen Abständen aus, um die Sicherheit zu erhöhen.

13.3.1 Schlüsselpaar erstellen

Ein Schlüsselpaar für den Benutzer `dieter` ist sehr einfach erstellt: Das Kommando `ssh-keygen`, das den Fingerprint eines Schlüssels ausgibt, erstellt auch ein solches Schlüsselpaar. Mit dem Schalter `-t` gibt man den Verschlüsselungsalgorithmus an, mit dem das Paar erzeugt wird. Die Schlüssel werden normalerweise in das Verzeichnis `.ssh` gestellt und heißen als Private Key `id_rsa` oder `id_dsa` — die Public Keys haben jeweils die Endung `.pub`.

Sind die Schlüssel einmal erstellt, kann der Benutzer anhand seines Schlüssels identifiziert werden. Nach einem Passwort zu fragen, erübrigt sich dann. Damit nicht jeder einfach aus der Sitzung des Benutzers heraus im Netz Dinge tun kann, fragt `ssh-keygen` während der Erstellung nach einer Passphrase: Das ist ein Passwort, das man eingeben muss, um den Schlüssel zu benutzen. Mit dem Anmelden an sich hat das nichts zu tun. Viele verzichten darauf, eine Passphrase einzugeben und drücken an dieser Stelle zweimal *Return*. Das hat zwar später Vorteile bei der Benutzung, reißt aber eine immense Sicherheitslücke auf, wenn der Ausgangs-Rechner geknackt würde!

```
[student@flosse ~]$ ssh-keygen -t rsa
Generating public/private rsa key pair.
Enter file in which to save the key (/home/student/.ssh/id_rsa):
Enter passphrase (empty for no passphrase):
Enter same passphrase again:
Your identification has been saved in /home/student/.ssh/id_rsa.
Your public key has been saved in /home/student/.ssh/id_rsa.pub.
The key fingerprint is:
e5:88:cb:25:29:25:46:31:59:77:4a:bd:4a:cd:07:73 student@flosse.beispiel.loc
The key's randomart image is:
+--[ RSA 2048]----+
|      ++. o..    |
|     ... o o+ E  |
|      o . .o.=   |
|     . o o.++ .  |
|      . +.S...   |
|       o +.      |
|        o        |
|                 |
|                 |
+-----------------+
[student@flosse ~]$
```

Neuere Versionen von `ssh` erstellen nach dem Generieren des Schlüssels eine randomart, eine grafische, für Menschen besser erkennbare Variante des Key Fingerprints. Die meisten Benutzer würdigen aber das eine so viel wie das andere.[1]

13.3.2 Schlüssel installieren

Das Schlüsselpaar ist noch völlig wertlos, solange der Public Key nicht verwendet wird, um den Benutzer zu identifizieren. Dazu muss er im Heimatverzeichnis des Benutzers auf dem Rechner liegen, als der (und auf dem) sich Benutzer `dieter` später einloggen will.

---

[1] http://superuser.com/questions/22535/what-is-randomart-produced-by-ssh-keygen

Früher konnte man dazu zwischen zwei Methoden (`scp` und `sftp`) wählen, die beide ihre Nachteile hatten. Inzwischen gibt es das Kommando `ssh-copy-id`, das diesen Vorgang vereinfacht. Letztlich geht es darum, den Public Key auf dem Zielrechner und dem Zielbenutzer in die Datei `$HOME/.ssh/authorized_keys` einzutragen; pro Zeile steht dort ein Schlüssel nach dem anderen, genau wie die Host-Keys in der Datei `known_hosts` auf der Seite des Benutzers `dieter`.

```
dieter@dingo:~$ ssh-copy-id -i .ssh/id_rsa.pub root@192.168.0.121
root@192.168.0.121's password:
Now try logging into the machine, with "ssh 'root@192.168.0.121'", and check ↵
in:

  .ssh/authorized_keys

to make sure we haven't added extra keys that you weren't expecting.

dieter@dingo:~$ ssh root@192.168.0.121
Last login: Wed Oct  9 11:22:03 2013 from 192.168.0.1
[root@flosse ~]# cat .ssh/authorized_keys
ssh-rsa
AAAAB3NzaC1yc2EAAAADAQABAAABAQDAR6U2b+bXyPq34ZYhBgFUyRqOtUTxSZ7HcjJhQt/dJk//
...
mCkWMG62m1ie1nn dieter@dingo
[root@flosse ~]#
```

Solange der Schlüssel in der Datei `.ssh/authorized_keys` im Heimatverzeichnis des Benutzers `root` auf dem Rechner `192.168.0.121` steht, kann sich `dieter` vom Rechner `dingo` von nun an dort anmelden. Dazu muss er nicht einmal mehr ein Passwort angeben. Das System „identifiziert" den Benutzer über den Schlüssel, und das reicht dem SSH-Server auf `192.168.0.121` (`flosse.beispiel.loc`), um ihn auch zu *authentifizieren*.

Schlüssel auf diese Weise zu erzeugen und auf eine Zielmaschine zu übertragen, reicht als Kenntnis aktuell bis zum RHCE-Level aus. Dabei beginnt hier der Spaß erst.

13.3.3 Transparente Shell

Die Fernkonsole mit SSH arbeitet als „transparente Shell", d.h. Befehle werden direkt auf der Zielmaschine ausgeführt, ohne sich erst umständlich mit einem Anmeldeprotokoll herumzuschlagen. Die Ausgabe der Befehle landet auf der Shell der lokalen Maschine. Praktisch jeder textorientierte Befehl ist so auf der Zielmaschine ausführbar.

```
dieter@dingo:~$ ssh root@192.168.0.121 "fdisk -cul /dev/vda"

Platte /dev/vda: 21.5 GByte, 21474836480 Byte
16 Köpfe, 63 Sektoren/Spur, 41610 Zylinder, zusammen 41943040 Sektoren
```

```
Einheiten = Sektoren von 1 × 512 = 512 Bytes
Sector size (logical/physical): 512 bytes / 512 bytes
I/O size (minimum/optimal): 512 bytes / 512 bytes
Disk identifier: 0x0001ee90

   Gerät  boot.     Anfang         Ende      Blöcke   Id  System
/dev/vda1   *         2048       411647      204800   83  Linux
/dev/vda2           411648     20891647    10240000   8e  Linux LVM
/dev/vda3         20891648     41943039    10525696   8e  Linux LVM
dieter@dingo:~$
```

Wenn man so ein Kommando in einer simplen Shell-Schleife patziert, lassen sich so die gleichen Kommandos auf einer beliebigen Anzahl von Rechnern ausführen...

13.4 Prüfungsvorbereitung

Die Anforderungen für die RHCSA-Prüfungen sind recht überschaubar. Erzeugen Sie für die Prüfungsvorbereitung ein neues Schlüsselpaar und übertragen Sie es auf einen Zielrechner. Sie können das mit scp oder sftp tun, wobei das für diese Aufgabe geschriebene ssh-copy-id vermutlich bequemer ist. Überprüfen Sie, ob in der Datei $HOME/.ssh/authorized_keys auf der Gegenseite auch nur ein Schlüssel für den autorisierten Benutzer eingetragen ist. Im Zweifelsfalle (oder bei einer längeren Übungssitzung mit mehreren Versuchen) löschen Sie den Inhalt dieser Datei und übertragen den Schlüssel erneut. Überprüfen Sie, ob Sie dann beliebige Kommandos auf der Gegenseite ausführen können.

14 Kapitel

Zentralisierte Benutzerkontendatenbank

So einfach das Erzeugen lokaler Benutzer mit useradd und Co. auch sein mag: Im Grunde bewegt sich eine Linux-Maschine auf dem gleichen Terrain wie seinerzeit eine Windows NT Workstation im „Arbeitsgruppenmodus". Soll sich jeder Benutzer des Netzes auf jedem Rechner einloggen können, so müssten die Dateien passwd und shadow aller betroffenen Rechner abgeglichen werden. Das ist in kleineren Netzen vielleicht noch möglich, aber nicht sinnvoll. Schon vor mehr als 20 Jahren präsentierte SUN mit NIS (*Network Information System*) eine zentralisierte Benutzerkontendatenbank, die von einem Master-Rechner aus mit sogenannten *Maps* Benutzerinformationen und andere Einstellungen über den Rechner und das Netzwerk, die in verschiedenen Dateien standen, zu Clients exportierte. Sicherheitslöcher und Strukturmängel machen NIS heute zu einer Art Dinosaurier, der längst überholt ist, aber wenigstens noch als Vorlage für das Windows Domänenkonzept herhalten konnte.

14 Zentralisierte Benutzerkontendatenbank

In modernen Netzwerken ist heute LDAP (*Lightweight Directory Access Protocol*) mit SSL- oder Kerberos-Verschlüsselung das Maß der Dinge. Das ist nicht zuletzt deshalb so, weil Microsoft mit seinem *Active Directory* genau diese Technologien einsetzt. LDAP wäre auch ohne Microsoft ein sehr weit verbreitetes Protokoll, um an eine zentralisierte Benutzerkontendatenbank heranzutreten. Weil aber weder im RHCSA- noch im RHCE-Level das Aufsetzen eines LDAP-Servers thematisiert wird, kann es bei der Prüfungsvorbereitung nur um das Anbinden des lokalen Rechners an einen LDAP-Server gehen. Das ist einfach, denn es bedarf nur weniger Informationen:

- der abgefragte LDAP-Server — sowohl IP-Adresse als auch Rechnername sind zulässige Angaben.

- *Base-DN* — das ist die Angabe, an welchem Punkt der LDAP-Struktur die Benutzer einsteigen, um die notwendigen Informationen zu suchen.

- ein herunterladbarer Schlüssel, um die LDAP-Abfragen zu verschlüsseln, bzw. Angaben darüber, wo sich das Kerberos *Key Distribution Center* (KDC) und der *Administration Server* befinden bzw. unter welchem Namen diese zu finden sind, und der Name des benutzten REALM.

Da diese Angaben benötigt werden, um den lokalen Rechner an einen LDAP-Server anzubinden, müssen sie — wenn dies Teil der Aufgabe sein sollte — im Fragen-Teil der Prüfung angegeben sein. Die gute Information: RedHat Enterprise Linux besitzt ein hervorragendes Tool, um mit diesen Angaben und wenigen Mausklicks eine solche Anbindung zu bewerkstelligen. Es wird mit dem Kommando `system-config-authentication` aufgerufen, lässt sich aber auch unter System ▸ Administration ▸ Authentifizierung per Mausklick starten.

14.1 Wie es funktioniert

LDAP ist ein Zugriffsprotokoll für einen Datenbankserver. Auch wenn es in der Vergangenheit praktisch zum Synonym für einen Anmelde- und Authentisierungsserver geworden ist, können in der Datenbank praktisch beliebige Informationen gespeichert sein: Kalender, Bestellnummern — oder eben auch Anmeldeinformationen von Benutzern und Gruppen. Sogar die Datenbank hinter einem LDAP-Server ist mehr oder weniger frei wählbar. Es gibt einfache Berkeley-Textdatenbanken ebenso wie SQL-RDBMs oder DB2.

Was LDAP so interessant macht, ist die Möglichkeit, Informationen hierarchisch gegliedert abzulegen. Andere Systeme konnten letztlich nur eine vergrößerte Version der „Flat-File"-Struktur einer /etc/passwd im Netz darstellen. Die LDAP-Struktur ermöglicht es dagegen, die Benutzer so darzustellen, wie sie innerhalb der Firma geographisch verteilt sind, oder systematisch im Umfeld der Tätigkeit, oder in Benutzer-Containern. Dabei legt die sogenannte *Base-DN* fest, an welcher Stelle im Informationsbaum der jeweilige Client anfängt, nach Informationen zu suchen. Eine geschickte Struktur vermeidet unnötige Netzwerkzugriffe und beschleunigt die Abfragen.

Die Grundlage für den Zugriff legen dabei einerseits die Datei /etc/nsswitch.conf, die aus dem Umfeld der DNS-Abfragen bereits bekannt sein könnte, sowie eine oder zwei Dateien namens ldap.conf. Die erste (und für die Anmeldeinformation wichtigere) befindet sich direkt in /etc, die andere womöglich in /etc/openldap. Die Dateien /etc/nsswitch.conf und /etc/ldap.conf gibt es auf einer Maschine, die die Benutzer im Netz authentifiziert, immer. Dagegen ist /etc/openldap/ldap.conf nur vorhanden, wenn das Paket openldap installiert ist; es wird sinnvollerweise aber nur von den Tools aus openldap-clients verwendet. Der Vorgang der Authentifizierung verlässt sich auf die ersten beiden Dateien. Um aber z.B. mit ldapsearch prüfen zu können, ob der LDAP-Server überhaupt auf Anfragen reagiert, ist es meist empfehlenswert, auch die openldap-clients zu installieren.

Die Datei /etc/nsswitch.conf liefert dem Rechner die Information, dass er zur Auflösung von Hostnamen — und nun auch Benutzernamen — auch andere Quellen benutzen darf als die lokalen Dateien /etc/hosts und passwd/shadow. Damit der Rechner nun auch noch weiß, welchen LDAP-Server im Netz er nach Benutzern fragen soll, gibt es die ldap.conf-Dateien. In beiden muss daher stehen, welcher HOST bzw. URI gefragt werden soll, und dazu noch die richtige BASE. Wenn mit TLS verschlüsselt werden soll, muss das richtige Zertifikat oder Verzeichnis angegeben sein, worin die gültigen Authentifizierungsinformationen liegen. Alle benötigten Informationen trägt das grafische Konfigurationswerkzeug von RedHat/CentOS richtig ein (Abschnitt 14.2).

Eine Anmeldung benötigt freilich mehr Angaben als nur Rechnernamen und Base. Die Datei /etc/ldap.conf ist daher deutlich größer als /etc/openldap/ldap.conf, weil sich dort unter anderem die Ersetzungstabelle befindet, welche Datenbankfelder welchem lokalen Wert entsprechen. Für eine Datenbankabfrage reichen die wenigen Zeilen der anderen ldap.conf allemal aus.

Neben der Angabe, dass und wo ein LDAP-Server angefragt wird, muss der Rechner auch noch eine Instanz haben, die die Antwort des LDAP-

Servers für wichtig genug hält, dass einem Benutzer der Zugriff auf den Rechner gewährt wird. Eine solche Umstellung hat also auch Auswirkungen auf die PAM-Module. All diese Einträge erledigt das Programm system-config-authentication. Zuletzt startet es den sssd, den *System Security Service Daemon*. Dieser Server stellt die Zugriffs- und Authentifizierungswerkzeuge zur Verfügung und ersetzt so die früher verwendeten Module pam_ldap und nss_ldap. SSSD macht aber noch mehr: Da der LDAP-Server per Design auch einmal nicht zur Verfügung stehen kann, wenn das Netz oder der Server Probleme haben, speichert sssd vorübergehend Zugriffsinformationen von Benutzern. So können Zugriffe eine kurze Zeit lang auch erlaubt werden, in der der LDAP-Server nicht erreichbar ist.

14.2 Wie es gemacht wird

Den LDAP-Zugriff einzurichten ist denkbar einfach: Alle Angaben, die in den Dialog von system-config-authentication einzutragen sind, müssen vorgegeben sein. Erraten kann man sie nicht. Die drei Angaben über den Server, die Base-DN und das SSL-Zertifikat stehen im oberen Teil des Dialogs. Die Eingabefelder stehen erst zur Verfügung, nachdem die Authentifizierungsmethode von *Nur lokale Benutzerkonten* auf *LDAP-Passwort* umgestellt ist. Zum Schluß *Anwenden* klicken.

Abbildung 14.1: Das aktuelle System auf LDAP-Authentifizierung umstellen

Soll die Authentifizierung darüber hinaus noch mit Kerberos-Schlüsseln absolviert werden, sind drei weitere Angaben notwendig: Der REALM (in der Regel der Domänenname in Großbuchstaben) und die Rechnernamen oder IP-Adressen für das *Key Distribution Center* (KDC) und den *Adminis-*

trationsserver. Dies kann auch derselbe Rechner sein. Hier lässt sich ebenfalls nichts erraten: Alle Angaben müssen dem Client bereitgestellt (und dem Prüfling angegeben) werden. Die Angaben für Kerberos lassen sich auch hier erst eintragen, wenn die Authentifizierungsmethode von ospmen:[LDAP-Passwort] auf Kerberos-Passwort umgestellt ist. Zuletzt noch Anwenden anklicken – fertig.

Abbildung 14.2: LDAP-Authentifizierung mit Kerberos Verschlüsselung

Ein gutes Zeichen für den Erfolg ist es, wenn z. B. im Terminalfenster, von dem aus `system-config-authentication` aufgerufen wurde, die Meldung `sssd starten` (und am rechten Rand der Zeile ein `OK`) erscheint. Die Meldung bleibt aus, wenn die Software aus dem Menü per Mausklick geholt wurde.

Wie prüft man, ob's wirkt? In der Datei `/etc/nsswitch.conf` muss neben den `files` auch noch `sss` stehen:

```
[root@flosse ~]# grep sss /etc/nsswitch.conf
passwd:     files sss
shadow:     files sss
group:      files sss
services:   files sss
netgroup:   files sss
[root@flosse ~]#
```

Damit darf der `sssd` seine Netzwerkinformationen ausspielen. Welche er ausspielt, verrät die Datei `/etc/sssd/sssd.conf`. Offensichtlich ist der `sssd` nicht groß auf die Angaben anderer Dateien angewiesen. Alles, was die Software benötigt, wurde im Dialog bereits abgefragt und steht in der Konfigurationsdatei.

```
[root@flosse ~]# cat /etc/sssd/sssd.conf
[domain/default]

ldap_id_use_start_tls = True
cache_credentials = True
ldap_search_base = dc=beispiel,dc=loc
```

```
krb5_realm = BEISPIEL.LOC
krb5_server = kerberos.beispiel.loc
krb5_kpasswd = kerberos.beispiel.loc
id_provider = ldap
auth_provider = krb5
chpass_provider = krb5
ldap_uri = ldap://192.168.170.254/
ldap_tls_cacertdir = /etc/openldap/cacerts
[sssd]
services = nss, pam
config_file_version = 2

domains = default
[nss]
...
```

Am einfachsten zeigt sich Erfolg oder Nicht-Erfolg, wenn man einen Benutzer aus der LDAP-Datenbank abfragt. Das Kommando getent zeigt auf Wunsch alle möglichen Systemtabellen an: passwd, services, networks. Ein getent passwd ldapuser zeigt die Angaben genau eines einzigen Benutzers, des Benutzers ldapuser. Aber auch id ldapuser sollte etwas über den Benutzer aussagen:

```
[root@flosse ~]# getent passwd ldapuser
ldapuser:*:12012:12012:LDAP Test User:/home/ldap/ldapuser:/bin/bash
[root@flosse ~]#
```

> **TIPP** **getent holt nicht alle Netzbenutzer**
> Während alle lokalen Benutzer leicht mit dem Kommando getent passwd (ohne weitere Angaben) aufgelistet erscheinen, wollen die LDAP-Benutzer einzeln gerufen werden. Das ist sinnvoll: Würde ein einfaches getent passwd plötzlich alle 20000 oder mehr Benutzer auf einmal aus der zentralisierten Benutzerdatenbank auf den Monitor werfen, wäre das wohl wenig übersichtlich.

14.3 Das Problem mit dem Heimatverzeichnis

Auch wenn root versucht, sich mit su - ldapuser in einen LDAP-gestützten Benutzer zu verwandeln, zeigt sich der Erfolg oder Misserfolg der Umstellung. Gelingt es, hat system-config-authentication ganze Arbeit geleistet. Funktioniert es nicht, können evtl. die Logdateien des sssd in /var/log/sssd/ Aufschluss geben. In der Regel sind es nur Tippfehler, die bis zum RHCE-Level einen sofortigen Erfolg verhindern. Einen LDAP-Server aufzusetzen und dazu passende X509-Schlüssel zu verwalten, ist ein anderes, anspruchsvolleres Kapitel. Aber schon bei einer lokalen LDAP-

Umstellung stellt sich ein interessantes Problem: Woher kommt das Heimatverzeichnis des Benutzers, wenn sein Konto im Netzwerk geführt wird? Es kann ja nicht auf jedem Rechner eines angelegt werden. Nicht davon gesprochen, wie kompliziert es wäre, diese Heimatverzeichnisse abzugleichen.

Der erste Versuch, sich in den Benutzer ldapuser zu verwandeln, ist jedenfalls bestenfalls ein halber Erfolg:

```
[root@flosse ~]# su - ldapuser
su: Warnung: es ist nicht möglich, in das Verzeichnis /home/ldap/ldapuser zu
wechseln: Datei oder Verzeichnis nicht gefunden
-bash-4.1$ exit
Abgemeldet
[root@flosse ~]#
```

Der *Automounter* war immer ein Thema der RedHat-Distribution. Während sich andere Distributionen mit statischen Buttons auf den Desktop-Oberflächen herumschlugen, die im Hintergrund mount-Befehle ausführten, um z. B. eine einfache CD einzumounten, während manche sogar soweit gingen, den *Devicefilesystem-Daemon* einzurichten, war für RedHat die Antwort auf ein dynamisch heranzuholendes Gerät oder Dateisystem immer der Automounter. Auch heute ist dies noch so, und trotz nfs Version 4 ist die Vorgehensweise nicht schwieriger geworden.

14.3.1 Auto.master

Der Kern aller vom Automounter verwalteten Ressourcen ist die Datei /etc/auto.master. Sie könnte Kommandos enthalten, welche Dateisysteme von woher geholt werden. Üblicherweise enthält die Datei aber nur die Namen der Verzeichnisse, an denen etwas automatisch angeflanscht wird. In der zweiten Spalte verweist die Datei auto.master auf andere Dateien, in denen sich die Regeln befinden, nach denen dies geschieht. Meist heißen diese Dateien auch so ähnlich wie die Mount-Ressourcen.

```
[root@flosse ~]# cat /etc/auto.master
...
/misc     /etc/auto.misc
...
/net      -hosts
...
[root@flosse ~]#
```

Die Verzeichnisse /misc und /net sind üblicherweise ganz leer, bis man mit einer Software oder einem einfachen cd quasi „durch" das Verzeichnis ans Ziel greift. Wer das noch nicht gesehen hat, findet das oft geradezu gruselig. Wer allerdings weiß, dass z. B. der Rechner trainer.beispiel.loc

NFS-Freigaben hat, kann vorher noch mit showmount -e <rechnername> abfragen, was es hinterher zu sehen gibt:

```
[root@flosse ~]# ls /net
[root@flosse ~]# showmount -e trainer.beispiel.loc
Export list for trainer.beispiel.loc:
/home/ldap    192.168.0.0/255.255.255.0
/var/nfs      192.168.1.0/255.255.255.0,192.168.0.0/255.255.255.0
/kickstart    192.168.1.0/255.255.255.0,192.168.0.0/255.255.255.0
/var/ftp/pub  192.168.1.0/255.255.255.0,192.168.0.0/255.255.255.0
[root@flosse ~]# cd /net/trainer.beispiel.loc
[root@flosse trainer.beispiel.loc]# ls
home   kickstart   var
[root@flosse trainer.beispiel.loc]#
```

Damit der ldapuser sein Heimatverzeichnis bekommt, müssen zwei Angaben übereinstimmen: Das Heimatverzeichnis in der Benutzerdefinition im LDAP-Server und die Freigabe auf der Server-Seite. Dies als Automounter-Ressource abzubilden, ist dann wieder relativ einfach. Zuerst muss der Ort, der vom Automounter verwaltet werden soll, in /etc/auto.master eingetragen werden. Die Zeile mit dem gewünschten Unterverzeichnis kann an einer beliebigen Stelle der Datei stehen, und der Name der Datei, die die Regel enthält, ist völlig unerheblich. Normalerweise wählt man einen Namen, an dem man die Regel auch später leicht wiederfindet. Achtung: Das Einstiegsverzeichnis in eine Automounter-Ressource ist keines, das man vorher anlegen muss. Ohne Automounter gibt es diese Verzeichnisse auch nicht. Wenn ein RedHat/CentOS heruntergefahren oder der Automounter gestoppt ist, gibt es im Dateisystem weder ein /misc- noch ein /net-Verzeichnis. Auch das Verzeichnis /home/ldap wird hier durch den Automounter-Daemon erst erzeugt.

```
[root@flosse ~]# cat /etc/auto.master
...
/misc      /etc/auto.misc
/home/ldap /etc/auto.ldap
...
```

Der nächste Schritt: die Regel-Datei /etc/auto.ldap erzeugen. Als Muster für Regeln dient die Datei /etc/auto.misc. Wie der Name schon andeutet, sind dort verschiedene Zugriffsmethoden vorgesehen.

```
[root@flosse ~]# cat /etc/auto.misc
...
# Details may be found in the autofs(5) manpage

cd          -fstype=iso9660,ro,nosuid,nodev  :/dev/cdrom

# the following entries are samples to pique your imagination
#linux      -ro,soft,intr           ftp.example.org:/pub/linux
```

Der Hinweis auf die Manpage (man 5 autofs) ist Gold wert. In der server-Zeile in den EXAMPLES findet sich eine Anweisung, wie eine nfs-Zeile aussehen muss. In unserem Falle wäre das etwa so:

```
[root@flosse ~]# cat /etc/auto.ldap
...
ldap      -rw     trainer.beispiel.loc:/home/ldap/ldap
ldap1     -rw     trainer.beispiel.loc:/home/ldap/ldap1
ldap2     -rw     trainer.beispiel.loc:/home/ldap/ldap2
...
```

Im „richtigen Leben" würde man in der zweiten, der Optionen-Spalte mehr als nur -rw für *read-writeable* eintragen, z.B. macht sich dort ein soft,timeo=20 recht gut; die komplette Liste möglicher Schalter findet sich mit man 5 nfs. In einer Prüfungsvorbereitung reicht der eine Schalter allemal. Was man im „richtigen Leben" aber niemals machen würde, ist eine Regel-Zeile für jeden möglichen Benutzer. Kaum kommen ein paar Benutzer hinzu, würde das Konstrukt schon nicht mehr funktionieren. Dafür gibt es Wildcards:

```
[root@flosse ~]# cat /etc/auto.ldap
...
*         -rw     trainer.beispiel.loc:/home/ldap/&
```

In dieser Zeile stehen zwei verschiedene Wildcards, der klassische Fehler für jeden Automounter-Einsteiger: Der Stern links bedeutet: „Welcher Benutzer auch immer hier verlangt wird", am Ende steht aber ein Ampersand. Dieses Zeichen besagt: „der gleiche nochmal". So steht z.B. für den Benutzer ldap auch hinten ein ldap, für ldapuser vorne stunde entsprechend auch ein ldapuser hinten.

Damit die Heimatverzeichnisse auch neu eingelesen werden, muss der Dienst mit service autofs restart oder service autofs reload neu gestartet werden. Sofort sieht der Identitätswechsel anders aus:

```
[root@flosse ~]# su - ldap
[ldap@flosse ~]$ pwd
/home/ldap/ldap
[ldap@flosse ~]$ exit
Abgemeldet
[root@flosse ~]#
```

HINWEIS **Fehler im Automounter**
So geläufig der Automounter bei RedHat eingesetzt wird, so berüchtigt sind auch die Fehler, die sich immer wieder darin finden. Allein in den letzten Jahren und bei den modernen RHEL6-Versionen wurde einmal kein NFS4 unterstützt, ein andermal funktionierte er beim allerneuesten RHEL 6.4 nur, wenn man auf der Server-Seite in die /etc/exports die

Option `insecure` für die Automounter-verwendeten Heimatverzeichnisse eintrug. Danach ging's, das Beispiel aus diesem Buch konnte 1:1 so durchgespielt werden. Als Dauerlösung in der Firma ist das aber nicht zu tolerieren.

14.4 Prüfungsvorbereitung

Admins kleinerer Netzwerkumgebungen haben oft keine vernünftige LDAP-Umgebung. Bis inklusive RHCE-Level ist das Einrichten dieses Dienstes auch nicht Kursthema. Darum können Bücher, Artikel[1] oder Videos[2] helfen, sich dieses Hilfsmittel zu schaffen. Wer keinen LDAP-Server hat, kann immerhin den Dialog von `system-config-authentication` durchsehen.

Die Einrichtung des Automounters ist eine alte RedHat-Spezialität. Wenn man auch nicht in der Lage ist, für die Prüfungsvorbereitung einen LDAP-Server auf die Beine zu stellen, sollte man doch einige Mühe auf einen NFS-Server und den Automounter-Zugriff verwenden.

---

[1] Z.B. `http://linuxserverathome.com/articles/installing-and-configuring-openldap-2423-centos-63`

[2] Wie etwa das von Suresh Chand auf `http://www.youtube.com/watch?v=jQL-X8xQi20`

15 Kapitel

SELinux überprüfen und in Gang setzen

Kaum ein Thema ist bei so vielen Linux-Administratoren so unbeliebt wie *SELinux*. Die Abkürzung steht für *Security-Enhanced Linux*. Bei dieser Software geht es im Kern darum, dass der allmächtige Benutzer root eigentlich ein permanentes Sicherheitsrisiko für das Linux-Systems darstellt. Für verschiedene Aufgaben, wie z.B. das Öffnen eines Netzwerkports, benötigt ein Dienst root-Rechte. Diese Aussage betrifft zwar nur die Ports unterhalb von Port 1024, aber da sind nun einmal die interessantesten. Wenn solch ein Dienst dann einen Fehler hat, können Angreifer womöglich mit den root-Berechtigungen des Dienstes beliebigen Unfug anstellen.

Die Entwickler verschiedener Serverdienste wie *Apache* oder *Postfix* versuchen das Problem zu umgehen, indem sie dem Client nur Prozesse zeigen, die unberechtigten Benutzern gehören. Dennoch bleibt die Problematik bestehen: Würde der root-berechtigte Dienst über seine Grenzen hinausgreifen, nichts könnte ihn aufhalten.

15.1 Zwanghaftes Zugriffssystem

Das SELinux-Handbuch in der RedHat-Dokumentation spricht von „mandatory access control", einem zwingenden, Kernel-basierten Zugriffssystem, das neben dem normalen „discretionary access control" System etabliert wurde. Ein Beispiel: Während ein Benutzer die Rechte z.B. seines Heimatverzeichnisses beliebig (discretionary) weit öffnen kann, so dass jeder Benutzer darauf zugreifen könnte, kann ein Dienst wie der Apache Web Server nur dorthin greifen, wo eine genau definierte Vorlage (aus einer langen Liste von Vorlagen) ihn hingreifen lässt. Alle anderen Zugriffe sind ihm verwehrt — und das, obwohl der Hauptprozess Root-Rechte besitzt. Das Bild einer Zwangsjacke für den Dienst ist vielleicht nicht ganz falsch. In jedem Fall ist es möglich, mit SELinux sogar solche Angriffe auf Dienste abzuwehren, für die es noch gar keine spezielle Abwehr gibt. Sollte ein Angriff z.B. in der Lage sein, von einem httpd oder vsftpd Dinge zu verlangen, für die er gar nicht programmiert wurde — das ist das normale Muster eines erfolgreichen Angriffs — dann findet dieser Angriff sein Ende im zwingenden Zugriffssystem von SELinux, das dem Dienst die verlangte Tat nicht erlaubt.

15.2 SELinux anzeigen

Leider ist SELinux ein Beispiel dafür, wie für ein Problem keine einfache Lösung gefunden wurde. Entwickelt wurde das System bei der amerikanischen (zuletzt sehr in Verruf geratenen) *National Security Agency* (NSA). Das Basiskonzept — soweit es bis zum RHCE-Level bekannt sein muss — ist Folgendes: Jedes Objekt im SELinux-Land bekommt einen user, eine role, einen context und einen level. Solange SELinux aktiviert ist, wirkt dies überall, aber weitgehend unsichtbar. Dass man jahrelang mit RedHat oder CentOS Linux arbeiten kann, ohne mit SELinux zusammenzustoßen, zeigt, dass die Voreinstellungen gut gewählt wurden.

Diese Dinge kann man leicht beobachten. Ein ls -l für eine Datei im Heimatverzeichnis zeigt die Informationen aus dem *Discretionary* Rechtekonzept an. SELinux-Rechte sieht man mit dem Zusatzschalter -Z.

```
[student@flosse ~]$ pwd
/home/student
[student@flosse ~]$ ls -l einfachedatei
-rwxrw-r--. 1 student student    0 17. Jul 12:43 einfachedatei
```

```
[student@flosse ~]$ ls -Z einfachedatei
-rwxrw-r--. student student unconfined_u:object_r:user_home_t:s0 einfachedatei
[student@flosse ~]$
```

Der SELinux-Block zwischen Eigentümern und Dateinamen listet von links nach rechts den User-Kontext (_u), den Rollen-Kontext (_r), den Dateikontext (_t) und schließlich den Security Level (s0). Da der Prüfungsumfang sich laut RedHat auf den Dateikontext konzentriert, tun wir das hier auch. Eine wichtige Information: Jede Datei, jedes Verzeichnis kann nur einen einzigen Dateikontext haben.

Immerhin: An dem Punkt nach dem Rechte-Komplex auf der linken Seite zeigt sich auch bei der normalen Anzeige von ls -l, dass die Datei einen SELinux-Kontext besitzt. Bei den meisten anderen Distributionen gibt es weder den Punkt noch den SELinux-Kontext. Das hat wohl mehrere Gründe: Einerseits sucht RedHat Linux als seriöses, kommerzielles Produkt die Nähe zu amerikanischen Behörden, andere Distributionen wie SUSE verfolgen ein anderes Konzept namens *AppArmor*, und viele Distributionen sind zwar SELinux-kompatibel, suchen aber nicht die Nähe des Staates oder haben die zusätzliche lokale Sicherheit aus anderen Gründen nicht aktiviert.

SELinux-Kontexte gibt es nicht nur für Dateien und Verzeichnisse, sondern auch für Prozesse. Ein simples ps -Z des unprivilegierten Benutzers student zeigt, dass auch seine beiden Terminal-Prozesse das SELinux-Spiel spielen. Ein ps -axZ oder -efZ zeigt die Kontexte aller Prozesse an, ohne dass man im Moment etwas damit anfangen könnte.

```
[student@flosse ~]$ ps -Z
LABEL                             PID TTY          TIME CMD
unconfined_u:unconfined_r:unconfined_t:s0-s0:c0.c1023 12741 pts/0 00:00:00 ↵
bash
unconfined_u:unconfined_r:unconfined_t:s0-s0:c0.c1023 12880 pts/0 00:00:00 ps
[student@flosse ~]$
```

Schließlich gibt es auch noch SELinux-Kontexte für *Netzwerkports*. Wenn man schon nicht verhindern kann, dass ein Apache Webserver mit root-Rechten den Port 80 öffnen muss oder der Mailserver Port 25, so kann man immerhin verhindern, dass diese Serverdienste beliebige andere Ports öffnen, wenn z.B. ein Angreifer sie dazu bringen will. Natürlich gibt es eine Reihe von Ports außer Port 80, die bei Bedarf von Apache geöffnet werden müssen. Das beginnt bei Port 443 für SSL-verschlüsseltes HTTP, über 3128 oder 8080 für Webproxy-Dienste oder die Ports 8008 und 8009, die Tomcat und Co. gerne verwenden. Es ist sinnvoll, Apache diese Ports zu erlauben. Genauso wären die Ports für *SMTP over SSL* sinnvoll für den Mailserver.

15.3 SELinux Verwaltungstool

Um die von SELinux verwalteten Ports anzuzeigen, gibt es kein besseres Tool als semanage, das standardmäßig nicht installiert ist. Im folgenden Beispiel findet root erst einmal heraus, welches Paket diese Software enthält und ob sie installiert ist; schließlich installiert er das Paket mit dem Namen policycoreutils-python (Ausgabe ein wenig verkürzt):

```
[root@flosse ~]# yum provides "*bin/semanage"
Loaded plugins: product-id, refresh-packagekit, security
weird/filelists                                   | 254 kB     00:00
policycoreutils-python-2.0.83-19.30.el6.x86_64 : SELinux policy core python
utilities
Repo        : dvd
Matched from:
Filename    : /usr/sbin/semanage

[root@flosse ~]# yum list policycoreutils-python
Loaded plugins: product-id, refresh-packagekit, security
Available Packages
policycoreutils-python.x86_64              2.0.83-19.30.el6              dvd
[root@flosse ~]# yum -y install policycoreutils-python
Loaded plugins: product-id, refresh-packagekit, security
Setting up Install Process
Resolving Dependencies
...
Installed:
  policycoreutils-python.x86_64 0:2.0.83-19.30.el6
Dependency Installed:
...
Complete!
[root@flosse ~]#
```

Jetzt lässt sich ermitteln, was SELinux mit den Ports so angestellt hat. Die Ausgabe mit grep zu filtern ist eine gute Idee, denn SELinux macht eine Menge:

```
[root@flosse ~]# semanage port -l | grep http
http_cache_port_t           tcp      3128, 8080, 8118, 8123, 10001-10010
http_cache_port_t           udp      3130
http_port_t                 tcp      80, 443, 488, 8008, 8009, 8443
pegasus_http_port_t         tcp      5988
pegasus_https_port_t        tcp      5989
```

Wer sich ein wenig schockieren will, kann semanage einmal nach den Dateikontexten fragen. Auch hier ist (bei über 4000 Regeln) der Einsatz von grep empfehlenswert. Die Dateikontexte (*File Context*) für den httpd sind viele, und auf den ersten Blick verwirrend. Aber für die Prüfungsansage von RedHat genügt es, wenn man die Kontexte anzeigen und – im nächsten Schritt – einen bestehenden Kontext wiederherstellen kann.

```
[root@flosse ~]# semanage fcontext -l | grep httpd
```

15.4 Kontexte wiederherstellen

Dateien und Verzeichnisse besitzen also einen Dateikontext. Normalerweise, gleich nach der Installation, stimmen diese Kontexte auch. Dann kommen Administratoren und bringen alles durcheinander. Ein kleines Beispiel: Benutzer root steht mit der Shell in seinem Heimatverzeichnis. Dort erzeugt er eine Datei resolv.conf (damit dort auch Sinnvolles steht, wird die bestehende /etc/resolv.conf einfach mit cat in die neue Datei hineingeschrieben). Die Datei resolv.conf im Heimatverzeichnis von root bekommt den Dateikontext admin_home_t, weil auch das Heimatverzeichnis diesen Dateikontext besitzt und beim Erstellen der Datei dieser Kontext vererbt wurde. Die originale /etc/resolv.conf hatte einen anderen Kontext: *net_conf_t*. Dies ist im Regelwerk von SELinux so festgelegt. Ein semanage fcontext -l | grep resolv zeigt diese Regel (unter anderen) an. Um die originale resolv.conf zu schützen, wird sie mit dem Kommando mv umbenannt in /etc/resolv.conf.orig. Nun begeht root einen Fehler: Er bewegt seine eigene Datei /root/resolv.conf mit mv (oder kopiert sie mit cp -a) aus dem Heimatverzeichnis in das Verzeichnis /etc — und überträgt damit offenbar auch den SELinux-Kontext der Datei mit. Bei einer RHEL 6.4 hatte das keine Auswirkung auf Befehle wie host oder die Fähigkeit eines Browsers, Rechnernamen aufzulösen. Aber das muss nicht bei jeder Version des RedHat-Servers so sein. Und nicht jede SELinux-Regel jedes Dienstes muss fehlertolerant geschrieben sein. Eine solche Aktion kann den Rechner durchaus durcheinander bringen, ohne dass man der Datei gleich etwas ansieht.

Das gute Ende: Mit dem Kommando restorecon -v /etc/resolv.conf wird der Dateikontext der Datei aus der SELinux-Datenbank wiederhergestellt.

```
[root@flosse ~]# pwd
/root
[root@flosse ~]# cat /etc/resolv.conf > ./resolv.conf
[root@flosse ~]# ls -Z resolv.conf
-rw-r--r--. root root unconfined_u:object_r:admin_home_t:s0 resolv.conf
[root@flosse ~]# ls -Z /etc/resolv.conf
-rw-r--r--. root root system_u:object_r:net_conf_t:s0  /etc/resolv.conf
[root@flosse ~]# mv /etc/resolv.conf /etc/resolv.conf.orig
[root@flosse ~]# mv ./resolv.conf /etc/resolv.conf
[root@flosse ~]# ls -Z /etc/resolv.conf
-rw-r--r--. root root unconfined_u:object_r:admin_home_t:s0 /etc/resolv.conf
[root@flosse ~]# restorecon -v /etc/resolv.conf
restorecon reset /etc/resolv.conf context
unconfined_u:object_r:admin_home_t:s0->unconfined_u:object_r:net_conf_t:s0
[root@flosse ~]#
```

Auch ganze Dateihierarchien lassen sich auf diese Weise zurücksetzen. Dazu versteht restorecon den Schalter -R für „rekursiv".

15.5 Ja oder Nein

Nicht lange muss man suchen, dann stößt man zwangsläufig auf Regeln, die sich nicht mit Dateikontexten realisieren lassen. Pro Datei oder Verzeichnis kann ja nur ein Kontext zugewiesen werden. Könnte man mehrere zuweisen, wäre das Konzept noch weitaus komplizierter. Sinnvollerweise tragen z. B. die Heimatverzeichnisse eines Benutzers den Kontext user_home_dir_t und die Dateien darin user_home_t.

```
[root@flosse ~]# ls -dZ /home/student
drwx------. student student unconfined_u:object_r:user_home_dir_t:s0 ↵
/home/student
[root@flosse ~]#
```

Wenn das gleiche Heimatverzeichnis plötzlich per Samba (CIFS) freigegeben werden soll, tauchen Probleme auf. Zwar gibt es den Dateikontext samba_share_t, aber der passt schwerlich auf Heimatverzeichnisse. Oder: Die Verzeichnisse des FTP-Server gehören normalerweise entweder dem Benutzer ftp oder root. Wenn ein anonymer Benutzer Dateien hochladen soll, sollte es nicht nötig sein, den Dateikontext zu ändern. Da wäre es einfacher, könnte man eine Entscheidung per SELinux treffen: „Die Heimatverzeichnisse dürfen per Samba exportiert werden", oder „Anonyme Benutzer dürfen Dateien hochladen". Das ist das theoretische Rüstzeug für die *SELinux Booleans*.

Es gibt viele SELinux Booleans, so dass man die Ausgabe am besten wieder mit grep filtert. So bleibt man nah am Beispiel: Alle Boolean Regeln, die sich mit samba befassen, zeigt getsebool -a | grep samba, alle FTP-Server-Regeln | grep ftp.

```
[root@flosse ~]# getsebool -a | grep samba
samba_create_home_dirs --> off
samba_domain_controller --> off
samba_enable_home_dirs --> off
samba_export_all_ro --> off
samba_export_all_rw --> off
samba_portmapper --> off
samba_run_unconfined --> off
samba_share_fusefs --> off
samba_share_nfs --> off
sanlock_use_samba --> off
use_samba_home_dirs --> off
virt_use_samba --> off
[root@flosse ~]#
```

Da sind sie schon alle: Ein setsebool ändert die Regel für die Zeit, die der Server läuft. Soll die Sache rebootfest sein, benötigt setsebool ein -P für „persistent". Mit dem Schalter -P dauert der Vorgang eine ganze Weile, denn der neue, dauerhafte Wert wird noch in die SELinux-Datenbank eingetragen.

```
[root@flosse ~]# setsebool -P samba_enable_home_dirs on
[root@flosse ~]# getsebool -a | grep samba_enable_home
samba_enable_home_dirs --> on
[root@flosse ~]#
```

Erst ein `setsebool allow_ftpd_anon_write on` auf der SELinux-Seite ermöglicht, was man vielleicht zuerst in der Konfiguration von `vsftpd` eingetragen hatte, und sich dann wunderte, warum es nicht funktioniert: Das ist die Bedeutung von *mandatory*, sprich zwingender Zugriffskontrolle.

15.6 SELinux ein- und ausschalten

Gerade in Prüfungssituationen verliert man schnell Nerven und Überblick. Wenn SELinux im Spiel ist, kann es sein, dass die Arbeit an der Server-Konfiguration fehlerlos ist, aber SELinux mit der einen oder anderen Regel den Spaß verdirbt. Ob SELinux der Schurke ist, der das erwartete Funktionieren des Dienstes verhindert, findet man leicht heraus.

Das Kommando getenforce zeigt an, ob SELinux eingeschaltet ist. SELinux kennt drei Zustände: *Enforcing*, *Permissive* und *Disabled*. Ohne etwas über die RedHat-Prüfung zu verraten, ist bei der geschilderten Einstellung von RedHat zu SELinux vermutlich der letzte Zustand, *Disabled*, keine Option. Sowohl *Enforcing* als auch *Permissive* sind also „eingeschaltete" Zustände von SELinux. Der Unterschied: Beim einen (*Permissive*) werden Übertretungen der SELinux-Regeln toleriert, aber sehr wohl ins Log eingetragen. In /var/log/audit/audit.log findet man die Übertretungen, wenn auch schwer lesbar. Der Zustand *Enforcing* dagegen meint es ernst: Wenn das SELinux seine Regeln durchsetzt, wird eine fehlkonfigurierte Serversoftware nicht arbeiten.

```
[root@flosse ~]# getenforce
Enforcing
[root@flosse ~]#
```

Um herauszufinden, ob SELinux die Ursache für die Fehlfunktion ist, muss root also nur auf *Permissive* schalten und noch einmal ausprobieren. Das ist mit dem einfachen Befehl setenforce 0 möglich:

```
[root@flosse ~]# setenforce 0
[root@flosse ~]# getenforce
Permissive
[root@flosse ~]# setenforce 1
[root@flosse ~]# getenforce
Enforcing
[root@flosse ~]#
```

Funktioniert's nach dem setenforce 0 immer noch nicht, gehört das Problem nicht SELinux, sondern dem aufgeregten Admin.

Eine typische Tätigkeit für den RHCSA-Level ist, SELinux dauerhaft ein- oder auszuschalten. Neue Regeln zuzuweisen ist eher eine Aufgabe auf RHCE-Level, und ganz neue Regeln für SELinux zu entwickeln, RHCA-Level. SELinux dauerhaft einzuschalten ist aber nicht mehr mit einem setenforce getan; dafür muss eine Konfigurationsdatei editiert werden. SELinux ist zwar kein normaler Dienst, den man mit chkconfig für den nächsten Reboot vormerkt oder nicht. Dennoch gehorcht er der RedHat-Logik, und die besagt, dass vermutlich eine Konfigurationsdatei für den Dienst im Verzeichnis /etc/sysconfig zu finden sein wird. Genau genommen ist es sogar nur ein symbolischer Link nach /etc/selinux/config. Aber das ist nah genug. Die Datei sieht aus wie alle anderen Konfigurationsdateien in diesem Verzeichnis: Im Wesentlichen werden dort ein paar Shellvariablen definiert, die der Bootvorgang bzw. das passende Startskript liest („sourced") und auswertet. Genau gesagt, sind es zwei Variablen.

```
[root@flosse ~]# egrep -v "^(#|$)" /etc/sysconfig/selinux
SELINUX=enforcing
SELINUXTYPE=targeted
[root@flosse ~]#
```

TIPP **Konfigurationsdateien nach Nutzzeilen durchsuchen**
Das egrep-Kommando zeigt alle Zeilen der durchsuchten Dateien an, die nicht (-v) am Beginn der Zeile (^) ein Kommentarzeichen (#) oder (|) das Zeilenende ($) haben. Zeilen, die am Zeilenanfang schon das Ende haben, sind leer.

Weil die Kommentare oft wichtige Informationen enthalten, hier noch die Ausgabe von head, das nur die ersten Zeilen einer Datei anzeigt (üblicherweise 10), mit -n 7 kann man das aber auf die gewünschten sieben Zeilen reduzieren. Die Kommentarzeilen zu Beginn der Datei zeigen die drei Werte an, die die Variable SELINUX haben darf. Ändert man den Wert auf permissive, wird der Rechner nach einem Reboot SELinux in den Permissive-Modus schalten. Ohne eine Vorhersage treffen zu können, wäre eine „typische" RedHat-Aufgabe aber wohl eher anders herum: eine auf Permissive stehende Maschine soll anschließend Enforcing sein.

```
[root@flosse ~]# head -n 7 /etc/sysconfig/selinux
# This file controls the state of SELinux on the system.
# SELINUX= can take one of these three values:
#     enforcing - SELinux security policy is enforced.
```

```
#       permissive - SELinux prints warnings instead of enforcing.
#       disabled - No SELinux policy is loaded.
SELINUX=enforcing
[root@flosse ~]#
```

15.7 Prüfungsvorbereitung

Dienste für SELinux aufzubereiten bzw. Dateisysteme mit den richtigen Kontexten auszustatten, ist eine Aufgabe, die in das Repertoire des RHCE gehört. Für den RHCSA genügt es zu wissen, wie man SELinux dauerhaft ein- und ausschaltet.

Firewalling mit dem RedHat Firewall Tool

Sicherheit im Netzwerk und Firewalling sind ein weites Feld. Mit Bordmitteln einer RHEL-Maschine lassen sich auch komplexe Lösungen konstruieren; das ist in dem Rahmen, den der RHCSA-Level vorgibt, aber wohl nicht unbedingt nötig. Das grafische Firewall-Tool, das sich nach dem Kommando system-config-firewall (oder mit der Maus System ▸ Administration ▸ Firewall) zeigt, kann auf denkbar einfache Weise alle Netzwerkports schützen, die nicht absichtlich offen sein sollen. Moderne Dienste wie Apache, SSHD und viele andere können ohnehin explizit auf eine Netzwerkkarte, auf ein Netz oder nach anderen Kriterien eingeschränkt werden. Vor allem ältere Dienste, wie der *Portmapper*, der nun rpcbind heißt, lassen sich jedoch weder auf Netzwerkadressen noch -karten begrenzen. Da hilft das RedHat Firewall Tool, indem es auf Mausklick passende Paketfilter-Regeln definiert.

Hinter den Kulissen arbeitet das Firewall Tool mit `iptables`, dem Software-Frontend des *Netfilter*-Moduls im Kernel. Mit der recht hakeligen Syntax dieser Software einen ganzen Schwarm von Regeln in der richtigen Reihenfolge anzulegen, geht nicht einfach von der Hand. Vor allem dann nicht, wenn man nicht täglich mit `iptables` arbeitet. Aus diesem Grund gibt es das grafische Tool, das in seinen Grenzen hervorragende Arbeit leistet.

16.1 Schützen auf Layer 3

Firewalls mit Paketfilter-Regeln arbeiten in der *Internet-Schicht* der Netzwerk-Schichtenmodelle. Je nach Modell wird sie als die dritte (*ISO/OSI Modell*) oder zweite (*DOD Netzwerkmodell*) angesehen. In dieser Schicht ist bereits entschieden, dass ein Netzwerkpaket für den aktuellen Rechner bestimmt ist. Das Netfiltersystem begutachtet das Paket für die weitere Verwendung . Im Wesentlichen wird entschieden,

- ob das Paket angenommen wird (INPUT)

- ob das Paket weitergeleitet wird (FORWARD)

- ob das Paket aus dem Rechner geschickt wird (OUTPUT)

Diese drei Kategorien werden als *Chains* bezeichnet. Eine einzelne Handlungsanweisung ist eine *Rule*. Trifft keine Handlungsanweisung in einer Chain zu, gibt es noch eine Grundregel für jede einzelne Chain, die sogenannte *Policy*.[1]

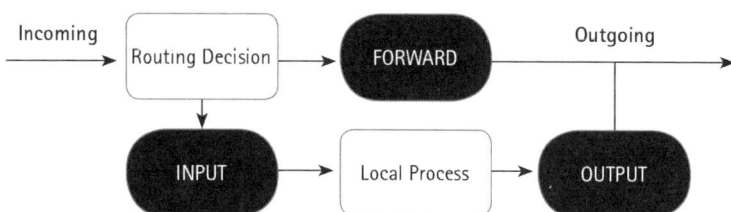

Abbildung 16.1: Chains des Netfiltersystems

Ist ein Rechner kein Netzwerkrouter, sondern bietet selbst Dienste wie Webservices, FTP, Samba oder andere an, wird er vorwiegend Regeln für die INPUT-Chain haben. Denn er ist der Endpunkt der Paketreise, und es muss entschieden werden, ob der Rechner das Paket annehmen will oder nicht.

---

[1] https://www.frozentux.net/iptables-tutorial/iptables-tutorial.html

Hat ein Rechner die Aufgabe, wie ein Torwächter zwischen zwei Netzen zu entscheiden, ob er die Pakete von außen überhaupt ins innere Netz lassen soll, oder nur zu einem bestimmten Rechner im inneren Netz, oder nur auf einen bestimmten Port eines bestimmten Rechners im inneren Netz — dann finden sich dort Regeln, die der FORWARD-Chain zugeordnet sind.

Seltener findet man Regeln, die beschränken, welche Pakete den Rechner verlassen dürfen. Deshalb ist es nicht ungewöhnlich, dass bei normalen Rechnern die OUTPUT-Chain ganz leer ist.

Für jede Chain kann aufgrund verschiedener Herausforderungen die Reaktion anders ausfallen. Grundsätzlich gibt es die Möglichkeit, ein Paket anzunehmen (ACCEPT), es abzulehnen (REJECT) oder es wortlos wegzuwerfen (DROP). Eine solche Entscheidung ist endgültig; sobald eine Regel zutrifft (*First Match*), handelt der Software-Wachtposten und lässt das Paket ein oder nicht — eine zweite Instanz gibt es nicht. Mit einer Ausnahme: Ein Paket kann auch protokolliert werden (LOG). Danach geht es in die Auswertung zurück. Benutzer können auch eigene, benutzerdefinierte Chains erzeugen. Die Auswertung kann in eine solche Chain geschickt werden, anschließend kehrt sie wieder zurück. Trifft keine der ACCEPT-, REJECT- oder DROP-Regeln der Chain zu, greift die Policy. Sie steht ebenfalls auf ACCEPT, REJECT oder DROP.

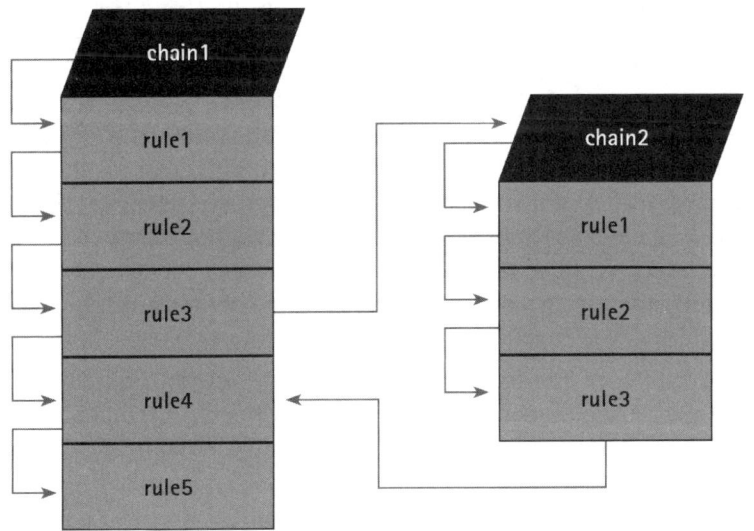

Abbildung 16.2: Regeln in Chains

Wie stellt man sich nun die angesprochenen „Herausforderungen" vor? Jedes Paket, das auf den Rechner trifft, hat verschiedene Eigenschaften:

- Es kommt aus einem bestimmten Quell-Netzerk oder sogar von einem bestimmten Rechner.
- Es will zu einem bestimmten Ziel-Netz oder -Rechner.
- Es benutzt ein bestimmtes Transportprotokoll (TCP oder UDP, aber es gibt auch andere, z.B. ICMP).
- Es möchte einen bestimmten Zielport ansprechen (TCP/UDP).
- Es kommt von einem bestimmten Quellport (TCP/UDP).
- Es ist ein TCP-Handshake-Paket, das eine Verbindung aufbauen will (*SYN-Flag*).
- Es ist kein TCP-Handshake-Paket, das eine Verbindung aufbauen will (Antwort-Paket).

Die Liste möglicher Merkmale und Herausforderung ließe sich verlängern, aber die wichtigsten sind hier schon aufgeführt. Der Zielport als Merkmal ist zwar nicht mehr strikt *Layer 3*, aber es wird schon klar, wie die Paketfilter-Firewall funktioniert: Sie liest die Eigenschaften des Pakets aus dem IP-Header des Pakets. Dabei untersucht sie zwar auch weiter innen liegende Informationen aus den Paket-Wrappern, wie die Information des Absende- und Zielports beweist. Was die paketfilternde Firewall jedoch auf keinen Fall macht: den eigentlichen Inhalt des Pakets begutachten. Das ist die Eigenschaft sogenannter *Application Level Gateways*. Die wohl bekannteste Software dieser Art ist der *Squid* Proxy Server. Application Level Gateways stellen deutlich weiter gehende Regeln z.B. auf Basis von Benutzerinformationen oder auch Software-Interna auf. Dafür erzeugen sie aber eine höhere Last auf dem Rechner, auf dem sie installiert sind, weil erst einmal alle Netzwerk-Wrapper vom Paket entfernt werden müssen (und eventuell die Information auch erst aus vielen Paketen zusammengefügt werden muss).

Die paketfilternde Firewall ist demgegenüber schnell und ressourcenschonend, weil sie all das nicht tut. Dafür ist es notwendig, bei einem Rechner zwischen zwei Netzwerken mit der Paketfilterung das Routing (IP-Forwarding) einzuschalten. Application Level Gateways können darauf verzichten, weil der Dienst, der die Überwachung vornimmt, das Paket selbst weiter auf die Reise schicken kann. Das ist sogar eine der Hauptaufgaben von Squid.

16.2 iptables-Regeln schreiben

Um alle aktuell gültigen Regeln anzeigen zu lassen, hilft das Kommando `iptables`. Diese Software kann auch alle Regeln löschen, Policies und Regeln setzen. Bis hin zum RHCE-Level genügt aber weitgehend das, was das Firewall-Tool von RHEL und CentOS, `system-config-firewall`, an Funktionalität anbietet.

Das vielleicht wichtigste Kommando für Einsteiger und Fortgeschrittene ist `iptables -nvL`. Es zeigt alle Regeln, die aktuell gelten, in einer Liste an. Der Einsteiger sieht, wenn (und dass) es viele sind, der Fortgeschrittene versteht nach einer kurzen Weile auch besser, was sie im Einzelnen bedeuten. Eine kurze Liste gibt es, wenn die Firewallregeln auf „Durchzug" stehen. Alle drei Chain-Policies stehen auf ACCEPT:

```
[root@flosse ~]# iptables -nvL
Chain INPUT (policy ACCEPT 0 packets, 0 bytes)
 pkts bytes target     prot opt in     out     source     destination

Chain FORWARD (policy ACCEPT 0 packets, 0 bytes)
 pkts bytes target     prot opt in     out     source     destination

Chain OUTPUT (policy ACCEPT 0 packets, 0 bytes)
 pkts bytes target     prot opt in     out     source     destination
[root@flosse ~]#
```

Um eine einfache Regel aufzustellen, genügt ein `iptables -A`. Dann muss man dem Netfilter-System in der gleichen Befehlszeile nur noch sagen, was man möchte. Die Regeln wirken wie ein Sieb: Was zutrifft, wird erledigt, was nicht zutrifft, wird weitergeleitet. Im folgenden Beispiel (das der CentOS-Wiki-Seite entnommen ist) wird erst die INPUT-Policy auf ACCEPT gestellt. Meist wird später eine letzte Zeile in die Regeln eingeführt, die „alles andere" auf `-j DROP` schickt, ein sogenanntes *Catch All*. Dann gäbe es keinen Fall, der bis zur Policy käme. Oder der Autor setzt die Policy wieder auf DROP. Trifft später bei einem der Netzwerkpakete keine der oben definierten Regeln zu, verwirft die Policy alles, was „unten ankommt".[2]

Der Schalter `-F` („flush") verwirft alle Regeln, die bisher gegolten haben; er verwirft aber keine Policies. Hier wird „gespült". Danach kommt eine der wichtigsten Regeln: Alle Pakete vom und zum eigenen Rechner, die über das *Loopback Device* (`lo`) kommen, werden akzeptiert. Sonst könnte die lokale Interprozesskommunikation nicht mehr arbeiten. Die Schalter `-m state --state ESTABLISHED,RELATED -j ACCEPT` leisten ebenfalls sehr

---

[2] http://www.online-tutorials.net/internet-netzwerk/iptables-tutorial/tutorials-t-29-214.html oder http://wiki.centos.org/HowTos/Network/IPTables oder http://www.cyberciti.biz/tips/linux-iptables-examples.html oder http://www.dr-lotz.de/iptables.php Es gibt wirklich viele.

Wichtiges: Alle Pakete, die zu einer bestehenden (established) Netzwerkverbindung gehören, also Teil eines TCP-Streams sind, oder etwas Nachvollziehbares tun (related), wie die etwas seltsame Kontaktaufnahme bei FTP, wird erlaubt. Nicht erlaubt ist eine neue Verbindung, die ein TCP-Handshake Paket (SYN, Syn-Flag) schicken würde. Solch eine Verbindung ist weder Teil einer established Verbindung, noch steht sie nachvollziehbar mit irgendeiner anderen Verbindung in direktem Zusammenhang (related). Solch ein Paket würde abgewiesen.

Einzig und allein ein Verbindungsaufbau auf den Destination Port --dport 22 mit tcp kommt von außen durch und bekommt ein ACCEPT; wenn der SSHD-Server nun auch noch läuft, dann ist der Fernlogin mit SSH auf dieser Maschine möglich. Statt eines *Catch All* setzt der Autor des Skripts die Policy der INPUT-Chain auf DROP, danach auch die der FORWARD-Chain. Offen bleibt die OUTPUT-Chain — offenbar will er keine Zugriffsbeschränkungen von der Maschine nach außen. Das letzte Kommando zeigt die bestehenden Regeln nur noch an:

```
# iptables -P INPUT ACCEPT
# iptables -F
# iptables -A INPUT -i lo -j ACCEPT
# iptables -A INPUT -m state --state ESTABLISHED,RELATED -j ACCEPT
# iptables -A INPUT -p tcp --dport 22 -j ACCEPT
# iptables -P INPUT DROP
# iptables -P FORWARD DROP
# iptables -P OUTPUT ACCEPT
# iptables -L -v
```

In einer ausgewachsenen Server-Installation finden sich Hunderte iptables-Regeln. Deren Reihenfolge ist ebenfalls wichtig, und darum ist eine Prüfungsfrage mit viel „Tiefgang" eher unwahrscheinlich. Aber es ist sinnvoll, eine konfigurierte Maschine mit Firewall-Regeln zu schützen. Damit das einfach geht, gibt es das Firewall Tool in der grafischen Oberfläche. Selbst wenn man sich mit ssh -X von einer anderen Maschine aus (z.B. von der Basis-Maschine in die virtuelle Test-Maschine) eingeloggt hat, kann man diese Software mit system-config-firewall aufrufen. Die Oberfläche ist ein wenig gewöhnungsbedürftig, aber sehr funktional.

Bevor man tatsächlich etwas tun kann, erscheinen zwei Dialoge auf dem Bildschirm: die Abfrage des root-Passworts (nicht jeder sollte an den Firewallregeln herumbasteln) und eine Meldung, die auf die Beschränkungen hinweist, die system-config-firewall zweifelsohne hat. Besonders sollte man bedenken, dass nicht jede handgeschriebene Firewall-Skriptlösung von dieser Software einfach eingelesen werden kann.

16.2 iptables-Regeln schreiben

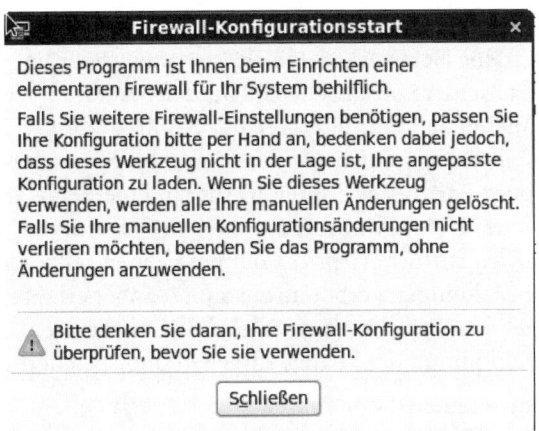

Abbildung 16.3:
Warnungsmeldung beim Start des Firewall-Tools

TIPP	**Bestehende Regeln abspeichern**

Feinziselierte Firewall-Regeln, die ihre Arbeit offenbar gut verrichten, kann man RedHat/CentOS-kompatibel wegschreiben lassen. Das Kommando `service iptables save` interpretiert die geltenden Regeln und schreibt sie in die Konfigurationsdatei des Firewall-Tools. Das erspart Zeit und Fehler, die bei der Umsetzung in Mausklicks auf dem Dialog entstehen könnten.

Ist die Meldung „weggeklickt", erscheint ein Dialog, der bei abgeschalteter (unkonfigurierter) Firewall erst aktiviert werden muss. Dazu befindet sich in einer Buttonleiste der Knopf *Aktivieren*.

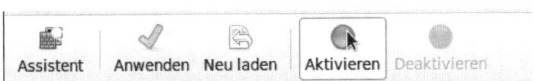

Abbildung 16.4:
Aktivieren vor Konfigurieren

Erst danach sind die Einträge in der großen Dienste-Liste anklickbar; einen Dienst für die Benutzung freizuschalten, ist nur eine Sache eines Hakens an der linken Seite. Die gute Nachricht: Alle Ports, die mit dem angeklickten Dienst zusammenhängen, sind bereits vorgemerkt und werden mit auf die Liste der geöffneten Ports gesetzt. Sogar Administratoren, denen jetzt nicht gleich und schon gar nicht unter Prüfungsbedingungen alle Ports eingefallen wären, die man für eine sichere Samba-Funktion benötigt, kommen hier ans Ziel. Lässt man die Maus über eine Dienste-Zeile nur „schweben", erscheint eine Beschreibung des Dienstes in einer Sprechblase. Auf der linken Seite des Dialogs stehen eine Reihe von Begriffen, die — angeklickt — auf der rechten Seite andere Dialog-Layouts hervorbringt. Da gibt es nicht nur vorgefertigte *Trusted* Dienste mit einer ganzen

16 Firewalling mit dem RedHat Firewall Tool

Liste von Ports auszuwählen. Je nach Bedarf ist es möglich, spezielle Ports anzugeben, einzelne Netzwerkkarten als „vertrauenswürdig" zu markieren (ein Denken, das dem misstrauischen Sicherheits-Admin wesensfremd sein sollte). Es ist auch möglich, weitergehende Konfigurationen zu vorzunehmen, wie *Masquerading* (eine besondere Form der *Network Address Translation*, NAT) oder Portweiterleitung. ICMP hat eine Reihe von Dialekten, die verschiedene Netzwerkinformationen transportieren. Das allseits bekannte *Echo Request/Echo Reply* ist nur ein kleiner Teilbereich. Sollte ein Teil der ICMP-Meldungen verboten, ein anderer aber erlaubt sein, können die entsprechenden Dialekte hier angeklickt werden. Selbst völlig frei definierte Regeln nimmt der Dialog entgegen und speichert sie ab.

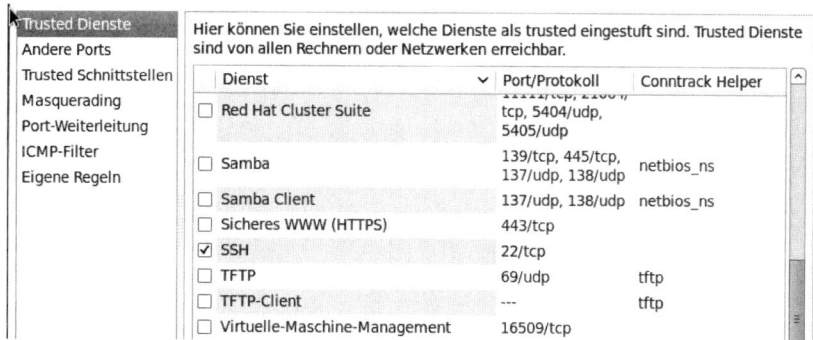

Abbildung 16.5: Dienste für die Firewall auswählen

Die Regeln der RedHat-Firewall werden vom Firewall-Tool aus der Liste in eine Datei /etc/sysconfig/iptables abgelegt, damit sie anschließend mit einem Startskript geladen werden können: `service iptables start` aktiviert, was darin steht. Wurde das Tool noch nie gestartet, existiert die Datei noch gar nicht. Selbst ohne konfigurierte Firewall gibt es allerdings eine Datei /etc/sysconfig/iptables-config. Sie enthält z.B. Einträge über Firewall-Module, die mit den Regeln geladen werden müssen. Ein gutes Beispiel sind die sogenannten *Conntrack-Module* für FTP, Samba oder NFS. Da bei FTP Verbindungsaufbau verhandelt wird, der nicht vollkommen vorhersagbar ist (hoher Port/hoher Port), konnte man früher nur generell die hohen Ports ungeschützt lassen, weil man nicht wusste, auf welchem hohen Port die Anfrage landen würde. Mit dem *Connection Tracking*-Modul werden nur die gewünschten Ports geöffnet, und auch nur in einem kleinen Zeitfenster seit dem letzten Verbindungsvorgang. Dies wären ja schließlich welche, die mit dem Vorgang `related` sind.

Sowohl das Kommando `service iptables save` als auch das reguläre Firewall-Tool schreiben in die Datei /etc/sysconfig/iptables. Für den oben beschriebenen Fall sieht diese Datei so aus:

16.2 iptables-Regeln schreiben

```
[root@flosse ~]# cat /etc/sysconfig/iptables
# Firewall configuration written by system-config-firewall
# Manual customization of this file is not recommended.
*filter
:INPUT ACCEPT [0:0]
:FORWARD ACCEPT [0:0]
:OUTPUT ACCEPT [0:0]
-A INPUT -m state --state ESTABLISHED,RELATED -j ACCEPT
-A INPUT -p icmp -j ACCEPT
-A INPUT -i lo -j ACCEPT
-A INPUT -m state --state NEW -m tcp -p tcp --dport 22 -j ACCEPT
-A INPUT -j REJECT --reject-with icmp-host-prohibited
-A FORWARD -j REJECT --reject-with icmp-host-prohibited
COMMIT
[root@flosse ~]#
```

Die Voreinstellungen des Firewall-Tools sind gut gewählt, weil der Admin dann wichtige Regeln nicht vergessen kann: ESTABLISHED,RELATED ist erlaubt, ICMP (Ping) ist erlaubt, Loopback-Verkehr ist schon eingeschaltet. Diese Konfiguration funktioniert vom ersten Moment an. Man darf nur nicht vergessen, alle in der Prüfung zu konfigurierende Dienste auch in der Firewall freizuschalten.

TIPP **REJECT statt DROP**

Kein ernstzunehmender Admin würde Firewallregeln aufsetzen, die dem möglichen Angreifer ein REJECT schicken. Das ist ein wenig so, als würde man sich über ungewünschte Werbung schriftlich beschweren. Man liefert der Gegenseite nur die Information, dass hier jemand ist, der sich beschwert — werbetechnisch rutscht man dann in eine andere Zielgruppe und bekommt in Zukunft nur andere Produkte angedient. Ein DROP macht das, was man normalerweise mit solcher Werbung macht: wortlos wegwerfen. So erfährt der lästige Klopfer nie, ob der Kunde überhaupt existiert, weggezogen ist, oder das Zeug einfach weggeworfen wurde.

Allerdings geht es in diesem Buch um eine Prüfung, und da werden Aufgaben danach bewertet, was Prüfungsauswertskripte aus der Maschine des Prüflings herausholen. REJECT sind wesentlich leichter auszuwerten als DROP. Wenn also in der Aufgabe nicht explizit steht, man solle eine Firewall mit DROP-Regeln erstellen, gebietet der gesunde Menschenverstand, es bei der Standardeinstellung zu belassen.

Selbstbewusste und mit dem Editor bewanderte Prüflinge editieren eine einmal angelegte Firewall-Datei in /etc/sysconfig/iptables von Hand. Einen Dienst hinzuzufügen ist nicht mehr, als eine Zeile zu duplizieren und anzupassen. Vergessen Sie dann nicht, die Firewall mit service iptables restart auch in Gang zu setzen und zu überprüfen. Es zählt nicht, was im Moment der Prüfung funktioniert. Es zählt, was das Prüfungsauswertskript findet. Und das geht von einer neu gestarteten Maschine aus.

16.3 Prüfungsvorbereitung

Richten Sie die Dienste zuerst ein und konfigurieren Sie die Firewall zuletzt. Arbeiten Sie mit der grafischen Oberfläche von `system-config-firewall`. Sie können die konfigurierten Dienste von außen prüfen, indem Sie von der Basismaschine aus Client-Software aufrufen. Verlassen Sie sich nicht auf die Ausgabe von `netstat`, denn die zeigt nur „von innen", welche Ports geöffnet sind. Die einzige sichere Kontrolle ist die „von außen".

Neues in RHEL 7

Als dieses Buch entstand, war RHEL Version 6 in verschiedenen Minor-Releases aktuell, und sie wird noch eine ganze Weile im Markt sein. Ende Dezember 2013, kurz vor Redaktionsschluss dieses Buches, kam eine frühe Beta von RHEL 7 auf den Download-Server bei RedHat, und die zertifizierten Trainer wurden aufgefordert, sich das Ganze einmal anzusehen. Allerdings: In Firmen sind noch viele ältere RHEL-Versionen im Einsatz, selbst frühe RHEL-5-Versionen finden sich noch häufig. Schulungen und Prüfungen finden dagegen immer auf neuestem Material statt. Wie schnell sowohl Unterricht als auch Prüfungen auf reinen RHEL-7-Umgebungen stattfinden werden, bleibt abzuwarten; und es bleibt abzuwarten, ob überhaupt und wie schnell sich tatsächlich Fakten ändern werden, die nicht „rückwärtskompatibel" sind.

17.1 Systemd und seltsame Gerätenamen

Was bringt die RHEL 7 denn nun Neues, was sie von der Generation 6 grundlegend unterscheidet? Das Wichtigste ist sicher der Umstieg auf den *Systemd*, den *System Daemon*.[1] Mindestens zehn Jahre lang versuchte der Markt, den Bootvorgang à la System V abzulösen; die wichtigste Variante war das von Canonical entwickelte und bei Ubuntu zuerst verwendete *Upstart* (vgl. Abschnitt 9.3). Bei RedHat ging man nur zögerlich in diese Richtung. Nun wird Upstart durch Systemd abgelöst – und das, obwohl der Systemd gerade einmal drei Jahre alt ist. Beobachtet man allerdings eine Systemd-getriebene Maschine im Vergleich zu einer, die sich mit System V oder Upstart nach oben müht, versteht man sofort, was zu dieser Entscheidung geführt hat: Systemd ist *schnell*.

Obwohl in der vorgestellten Beta-Version noch vieles nicht so ist, wie die endgültige Version des Produkts sein wird, zeichnet sich bereits eine weitere Veränderung ab, die bisweilen zu Irritationen führt: Die jahrzehntelang gültigen Namen von Netzwerk- und WLAN-Karten wie eth0 oder wlan0 gehören der Vergangenheit an. Wer sich je mit von udev durcheinandergewürfelten Netzwerkkarten herumärgern musste, kann ein Lied davon singen: Die Namen für Netzwerkgeräte waren kaum eindeutiger als die der Festplatten bzw. Partitionen. Aus diesem Grund beschlossen die Entwickler, sogenannte „biosdevnames" zu verwenden.[2] Letzendlich ist die veränderte Benennung dieser Geräte eine weitere Auswirkung der Umstellung auf Systemd.

17.1.1 Netzwerkgeräte

Statt des mehr oder weniger guten bzw. bekannten eth0 erkennt das System, ob die gefundene Karte onboard oder in einem PCI-Slot gesteckt ist. Wenn es das nicht kann, verwendet es die MAC-Adresse im Gerätenamen. Das mag auf den ersten Blick nicht schön sein, aber es löst definitiv das Problem bisweilen vertauschter Karten nach Reboots. Die konnten einem in Firewall-Maschinen schon gewaltig zusetzen.

Nach dem neuen Schema heißt eine Ethernet-Netzwerkkarte mit den ersten beiden Buchstaben en, eine WLAN-Karte wl und eine WAN-Karte wie eine UMTS-Karte beginnt mit ww. Danach unterscheiden sich die Namen darin, ob sie onboard oder in einem PCI-Slot gesteckt sind. Die erste Onboard-Netzwerkkarte wäre demnach eno1, eine gesteckte Netzwerkkarte könnte

---

[1] http://www.heise.de/open/artikel/Das-Init-System-Systemd-Teil-1-1563259.html
[2] http://www.freedesktop.org/wiki/Software/systemd/PredictableNetworkInterfaceNames/

ens3 heißen. Der Anschluss der Karte kann noch weitere zwei Buchstaben bewirken: enp5s0 wäre eine lokale Netzwerkkarte an einem Hotplug-Slot. Diese Karte könnte aber auch — nach ihrer MAC-Adresse benannt — als enx000000000466 auftauchen. Eine WLAN-Karte wäre etwas wie wlp3s0 oder wlx0024d7e31130.[3]

Die gute Nachricht: Ein simples `ifup ens3` startete die virtuelle Netzwerkkarte in der KVM-Installation meiner Teststellung tadellos, die IP-Adresse wurde wie erwartet mit DHCP konfiguriert. Bei der Installation wurde also auch — völlig erwartungsgemäß — eine Datei /etc/sysconfig/network-scripts/ifcfg-ens3 angelegt.

17.1.2 Startskripte und Logdateien

Viel weiter von erwartetem Terrain weg bewegt sich eine Systemd-Installation bei den Startskripten. Zweierlei fällt sofort ins Auge: Das ehemalige Startskript-Verzeichnis /etc/rc.d/init.d ist weitgehend leer. Auch das Kommando chkconfig erzielt nur noch ein mageres Ergebnis. Der Grund: All die Startskripte wurden in *Systemd-Units* umgewandelt.

```
[root@localhost ~]# chkconfig --list

Hinweis: Diese Ausgabe zeigt lediglich SysV-Dienste und beinhaltet keine
         nativen systemd-Dienste. Die SysV-Konfigurationsdaten könnten durch
         die systemd-Konfiguration überschrieben werden.

      Verwenden Sie zum Auflisten von systemd-Diensten 'systemctl
list-unit-files'.
      Verwenden Sie zum Auflisten von Diensten, die auf einem bestimmten Ziel
aktiviert sind,
      'systemctl list-dependencies [Ziel]'.

iprdump         0:Aus   1:Aus   2:Ein   3:Ein   4:Ein   5:Ein   6:Aus
iprinit         0:Aus   1:Aus   2:Ein   3:Ein   4:Ein   5:Ein   6:Aus
iprupdate       0:Aus   1:Aus   2:Ein   3:Ein   4:Ein   5:Ein   6:Aus
netconsole      0:Aus   1:Aus   2:Aus   3:Aus   4:Aus   5:Aus   6:Aus
network         0:Aus   1:Aus   2:Ein   3:Ein   4:Ein   5:Ein   6:Aus
[root@localhost ~]# systemctl list-unit-files
UNIT FILE                            STATE
proc-sys-fs-binfmt_misc.automount    static
...
tmp.mount                            disabled
brandbot.path                        disabled
...
auditd.service                       enabled
autovt@.service                      disabled
avahi-daemon.service                 enabled
```

---

[3] http://cgit.freedesktop.org/systemd/systemd/tree/src/udev/udev-builtin-net_id.c#n20

```
blk-availability.service                       disabled
...
[root@localhost ~]
```

Die Liste der von Systemd verwalteten Einheiten ist lang und unübersichtlich. Auf einer Standard-Installation ohne besondere Eigenschaften waren es 211 Stück; darin enthalten waren sowohl Pfadangaben als auch Dienste-Definitionen (Dateien, die auf .service enden) oder Mount-Anweisungen.

```
[root@localhost ~]# systemctl list-unit-files | wc -l
211
```

Die gute alte Diensteliste bekommt man, wenn man den langen Wust ein- oder zweimal filtert. Die folgende Liste zeigt die eingeschalteten Dienste-Units.

```
[root@localhost ~]# systemctl list-unit-files | grep .service | grep enabled
auditd.service                                 enabled
avahi-daemon.service                           enabled
crond.service                                  enabled
...
firewalld.service                              enabled
getty@.service                                 enabled
...
rsyslog.service                                enabled
sshd.service                                   enabled
syslog.service                                 enabled
systemd-readahead-collect.service              enabled
systemd-readahead-drop.service                 enabled
systemd-readahead-replay.service               enabled
tuned.service                                  enabled
[root@localhost ~]#
```

Ein grep nach disabled würde die existierenden, aber ausgeschalteten Dienste anzeigen. Einen Dienst (wie ehemals mit systemctl) in Gang zu setzen, leistet der Schalter systemctl enable <Dienstename> (das .service könnte man auch weglassen). Wie gehabt, läuft er dann noch nicht, sondern erst, wenn man ihn mit systemctl start <Dienstename> anschubst.

```
[root@localhost ~]# systemctl enable postfix.service
ln -s '/usr/lib/systemd/system/postfix.service'
'/etc/systemd/system/multi-user.target.wants/postfix.service'
[root@localhost ~]# systemctl start postfix.service
[root@localhost ~]# systemctl list-unit-files | grep .service | grep enabled
...
postfix.service                                enabled
...
```

Interessant ist hier zu beobachten, wie das systemctl enable einen symbolischen Link erzeugt, der von /etc/systemd/system/multi-user.target.wants/postfix.service nach /usr/lib/systemd/system/postfix.service zeigt. Die Originale liegen also in /usr/lib/systemd/system/ und werden nach Bedarf in ein Verzeichnis hineinverlinkt. Das birgt Möglichkeiten: Will man z. B. den Inhalt eines bestimmten Targets verändern, kann man dies in /etc/systemd/system/ tun, ohne das Original in /usr/lib/systemd/system/ anfassen zu müssen. Steht in /etc/systemd/system/ statt eines Links eine (angepasste) Datei, beachtet Systemd die Originaldatei in /usr/lib/ nicht mehr. Die veränderte Datei wird so auch später nicht durch Updates zerstört.

Nun die gute Nachricht: Ein service ssh stop bzw. service ssh start tut auch auf RHEL 7 noch genau das, was man erwartet. Es erscheint lediglich eine Meldung mit dem Inhalt, das Kommando werde an systemctl weitergeleitet.

```
[root@localhost ~]# service rsyslog status
Redirecting to /bin/systemctl status  rsyslog.service
rsyslog.service - System Logging Service
   Loaded: loaded (/usr/lib/systemd/system/rsyslog.service; enabled)
   Active: inactive (dead) since Sa 2013-12-28 19:00:36 CET; 4s ago
 Main PID: 491 (code=exited, status=0/SUCCESS)

Dez 28 19:00:36 localhost.localdomain systemd[1]: Stopping System Logging Service...
Dez 28 19:00:36 localhost.localdomain systemd[1]: Stopped System Logging Service.
[root@localhost ~]# service rsyslog start
Redirecting to /bin/systemctl start  rsyslog.service
[root@localhost ~]# service rsyslog status
Redirecting to /bin/systemctl status  rsyslog.service
rsyslog.service - System Logging Service
   Loaded: loaded (/usr/lib/systemd/system/rsyslog.service; enabled)
   Active: active (running) since Sa 2013-12-28 19:01:03 CET; 2s ago
 Main PID: 9570 (rsyslogd)
   CGroup: /system.slice/rsyslog.service
           └─9570 /sbin/rsyslogd -n

Dez 28 19:01:03 localhost.localdomain systemd[1]: Starting System Logging Service...
Dez 28 19:01:03 localhost.localdomain systemd[1]: Started System Logging Service.
[root@localhost ~]#
```

Der Zielrunlevel steht nicht mehr in der Datei /etc/inittab. Diese Datei hatte bei der Upstart-Variante von RHEL 6 ohnehin nur noch Kulissencharakter behalten, jetzt ist die Datei völlig verschwunden. Definiert wird der Ziel-Runlevel durch eine Datei /etc/systemd/system/default.target. Eine .target-Datei fügt mehrere Units zu einer Einheit zusammen und ist so vergleichbar mit der Funktion der Runlevel-Unterverzeichnisse. Die Datei default.target ist ein Link auf eine .target-Datei, die einen Runlevel definiert. Bei der Standard-Installation in einer KVM-wurde z. B. dieser Link auf die Datei /lib/systemd/system/multi-user.target gelegt, deshalb startet das System in den Runlevel 3. Ändert man den Link so, dass er auf /lib/systemd/system/graphical.target zeigt, startet es in den grafischen Runlevel 5.

```
[root@localhost system]# ll default.target
lrwxrwxrwx. 1 root root 37 25. Dez 15:24 default.target ->
/lib/systemd/system/multi-user.target
[root@localhost system]#
```

Ebenfalls ungewohnt ist, dass das „gute alte" Kommando halt bisweilen nicht mehr den Rechner ausschaltet. Hier wirkt stattdessen ein systemctl poweroff.

Richtig irritierend ist allerdings, dass der Syslog-Daemon nicht mehr der einzige ist, der sich um das Logging kümmert. Das macht Systemd jetzt ebenfalls selbst.[4] Zwar können der Journald und das „old-style" Syslogging parallel existieren, aber heute muss man damit rechnen, dass die /var/log/messages bzw. /var/log/dmesg nicht alle Informationen enthalten, die das Log-System über den Journald zur Verfügung stellen würde. Doch wer will, kommt auch mit dem neuen System sehr kompatibel zurecht. Meist waren die verwendeten Kommandos ja doch nur a) tail -f logdatei und b) dmesg | more.

Für tail -f /var/log/messages springt journalctl -f in die Bresche, und der Ersatz für less /var/log/dmesg wäre journalctl -k.

17.2 GRUB 2

Der RedHat Enterprise Linux Server 6 war eine der letzten großen Distributionen, die noch die alte GRUB-Version verwendete. Deren Vorteil ist zwar große Einfachheit, die mächtigere Version aber ist die Version 2. Im Verzeichnis /boot/grub2 liegen zahlreiche Moduldateien, die dem neuen Bootloader weitreichende Fähigkeiten verleihen, nicht nur das Laden des standardmäßig verwendeten XFS-Dateisystemtreibers, den die RHEL 7 Beta-Version verwendet.

Beim Erstkontakt mit GRUB 2 fällt kaum etwas ins Auge. Allerdings: Die bequeme Hintertür mit dem Runlevel single, mit der man mal eben das Root-Passwort ändern konnte (vgl. Abschnitt 9.4), existiert nicht mehr. Der alte Hack init=/bin/bash führt dagegen immer noch zum Ziel.

---

[4] http://www.heise.de/open/meldung/Syslog-Ersatz-Journal-in-Systemd-integriert-1412607.html und als Link aus dieser Datei heraus https://docs.google.com/document/pub?id=1IC9yOXj7j6cdLLxWEBAGRL6wl97tFxgjLUEHIX3MSTs&pli=1 außerdem http://www.freedesktop.org/software/systemd/man/journalctl.html bzw. die Manpage von journalctl

Index

A

ACL 111
    aktivieren 112
    Beispiel 118
    benutzen 113
    Default Mount Options 113
    Defaultrechte 116
    fstab 112
    getfacl 114
    mask 115
    setfacl 114
Anmeldung 227
    LDAP 227
authorized_keys 224
Automounter 232
    Konfigurationsdatei 233

B

Befehlszeile 29
    in grafischen Oberflächen 29
    Terminal 29
Benutzerverwaltung 89
    Alterung verändern 97
    Befehlsoptionen 94
    Benutzer anlegen 92
    Benutzer entsperren 95-96
    Benutzer sperren 95-96
    Benutzer verändern 94
    Benutzerkonten 90
    Grundeinstellungen 95
    Gruppenkonten 90
    LDAP 227
    passwd 90
    Passwort ändern 95
    shadow 90
bg 198
blkid 60
Bootvorgang 155, 165
    BIOS 165
    Bootloader 168
    Diagnose 172
    Diagnosemodus 175
    GRUB beeinflussen 173
    Kernelphase 169
    MBR 166
    Runlevelphase 171
    Systemd 170
    Systeminitialisierungsphase 171
    Upstart 170

C

cfdisk 54, 61, 73
chage 97
chkconfig 155
chmod 101
cron 210
crontab 210
cryptsetup 63, *siehe* LUKS
    luksAddKey 68
    luksClose 65
    luksFormat 64
    luksOpen 64
crypttab 66, 68

D

Dateibaum, *siehe* Partitionen
    Inhalte 50
Dateisystem
    Berechtigungen 99

Index

Dateitypen 100
Device-Mapper 63
df 58, 81
Diagnose 177
    Kernelphase 177
    Runlevelphase 178
    Systeminitialisierungsphase 177
Dienste 147
    aktivieren 153, 155
    drucken 158
    FTP 148
    installieren 148-149, 153
    ista-Regel 151
    Konfigurationsdatei ermitteln 150
    Paket suchen 148, 154
    Reihenfolge 156
    starten und testen 151
    Startskript 156
    Steuerung 155
    Struktur Startskript 157
    Webserver 153
    Zeitserver 158
Dokumentation 21
    Deployment Guide 124
    Installation 21, 26
    Kickstart 26

F

fdisk 54
Festplatten 49
    SATA 49
    USB 49
fg 198
find 41
Firewall 247
fstab 59

G

getent 232
getfacl 114
getsebool 242
grep 38, 63
groupadd 97
groupdel 97
groupmod 97
GRUB 168
    anhalten 173
    Bootvorgang beeinflussen 173
    Kerneloptionen 168
    Konfiguration verändern 173
    Konfigurationsdatei 168
Gruppenverwaltung 97
gunzip 33
gzip 33

H

head 32

I

id 30
ifconfig 184
Installation 19
    Dokumentation 21
    Kickstart 25
    Medium 19
    Schritte 22
    Serverdienst 148, 153
    Support 19
    Tastaturbelegung 24
    Varianten 22
    Version 20
ip 184
iptables 247
    Chains 248
    FORWARD 248
    INPUT 248
    OUTPUT 248
    Regeln abspeichern 253
    Regeln anzeigen 251
    Regeln schreiben 251

J

jobs 197

K

Kickstart 25-26, *siehe* Installation
    Konfigurator 26
kill 199, 202
known_hosts 220
Kommandos 30
    bg 198
    blkid 60
    cat 32
    cfdisk 54

Index

chage 97
chkconfig 155
chmod 101
crontab 210
cryptsetup 63
df 58
echo 32
egrep 39
fdisk 54
fg 198
find 41
getenforce 243
getent 232
getfacl 114
getsebool 242
grep 35, 38
groupadd 97
groupdel 97
groupmod 97
gunzip 33
gzip 33
head 32
id 30
ifconfig 184
ip 184
iptables 251
jobs 197
kill 199, 202
ls 31
lsmod 215
mkdir 37
mkfs 57
mkswap 61
modinfo 216
modprobe 215
mount 58
nice 204
ntpdate 162
ntpq 161
passwd 95
ps 200
pstree 201
pwd 30
renice 205
resize2fs 83
restorecon 241
route 184

rpm 138
semanage 240
setenforce 243
setfacl 114
setsebool 242
showmount 234
sort 33
ssh 220
ssh-copy-id 224
ssh-keygen 222
swapoff 61
swapon 61
sysctl 216
system-config-authentication 231
system-config-firewall 251
top 205
touch 37
umask 105
uname 31
useradd 92
usermod 94
Kurse 12
    Lehrfilme 16
    RH124 12
    RH124VT 12
    RH134 12
    RII134VT 12
    RH199 12
    RH199VT 12
    RH200 12
    RH254 12
    RH254VT 12
    RH255 12
    RH290 12
    RH299 12
    RH299VT 12
    RH300 12
    ROLE 17
    Virtuelle 14

L

LDAP 227
    Client einrichten 230
    Dateien 229
    Heimatverzeichnis 232
    sssd 231
    testen 232

Logical Volume Manager, *siehe* LVM
logrotate 209
ls 31
lsmod 215
LUKS 63
    crypttab 66
    Keyslots 68
lvcreate 79
lvextend 81
LVM 71
    Logical Volumes 78
    lvcreate 79
    lvextend 81
    lvreduce 82
    lvscan 78
    Partitionstyp 73
    Physical Volumes 72-73
    pvcreate 75
    pvs 75, 77
    pvscan 75
    Snapshot erzeugen 86
    Snapshots 85
    vgcreate 76
    vgs 77
    Volume Groups 76
lvreduce 82
lvscan 78

M

Master Boot Record 166
mkfs 57
mkfs.ext4 57
mkswap 61
modinfo 216
modprobe 215
Module 213
    entladen 215
    geladene anzeigen 213
    Information 216
    laden 215
mount 58

N

Netzwerk 183
    APIPA 187
    Auto-IP 187
    Device-Konfigurationsdatei 191
    Dienst neu starten 187
    einzelnes Device neu starten 187
    ifcfg-Dateien 191
    ifconfig 184-185
    ifdown 187
    ifup 187
    Interfaces initialisieren 187
    ip 184
    IP-Adresse ändern 184
    IP-Adresse anzeigen 184-185
    IP-Adresse löschen 184
    Karte abschalten 188
    NetworkManager 183, 188
    neu starten 187
    Rechnernamen festlegen 195
    route 184
    Routen ändern 187
    statisch konfigurieren 191
    statische Routen setzen 194
    Zeroconf 187
NFS 232
nice 204
ntpdate 162
ntpq 161

P

Paketmanager
    deinstallieren 128
    fremde rpms abfragen 143
    fremde rpms installieren 144
    installieren 128
    installieren mit rpm 139
    Pakete abfragen 140
    Pakete downgraden 133
    Paketquellen aktualisieren 137
    Paketquellen einrichten 133-134
    Paketquellen erzeugen 136
    Paketquellen verifizieren 135
    Paketversionen einfrieren 133
    RedHat Paketmanager 138
    Repository 134
    Updates einspielen 133
    Updates suchen 132
    zusätzliche Paketquellen 144
Paketverwaltung 121
    Gruppeninstallation 129
    PackageKit 123

yum 121
Palimpsest 52
Partitionen 47
    aufteilen 50
    Bezeichnung 48
    Dateibaum 50
    erweiterte 47
    primäre 47
    unter DOS 48
    Verwaltung 52
PartitionsID 73
passwd 95
proc 216
Prozesse 197
    jobs 197
    kill 199, 202
    nice 204
    Priorität 204
    ps 200
    pstree 201
Prüfungen 12
    EX200 12
    EX300 12
    Kiosk 17
    RedHat Webseite 14
    RHCA 12, 14
    RHCDS 12, 14
    RHCE 12
    RHCSA 12
    RHCSS 12, 14
ps 200
pstree 201
pvcreate 75
pvs 75
pvscan 75
pwd 30

R

Rechteverwaltung 99
    ACL 111
    ACL benutzen 113
    chmod 101
    Gruppenverzeichnis 109
    Konzept 100
    Löschschutz 111
    Oktalzahlen 103
    SGID 106, 109

Sticky Bit 106, 111
SUID 106
ugo-Schreibweise 102
umask 105
Release-Nummer 31
renice 205
resize2fs 83
RHCA, *siehe* Prüfungen
RHCDS, *siehe* Prüfungen
RHCE, *siehe* Prüfungen
RHCSA, *siehe* Prüfungen
RHCSS, *siehe* Prüfungen
Rootpasswort zurücksetzen 173
route 184
rpm 121, 138
    Abhängigkeiten abfragen 140
    Changelog abfragen 140
    Dateiliste abfragen 140
    Einrichtungsskripte abfragen 140
    Optionen 139
    Paket aus Datei ermitteln 140
    Paketinformationen abfragen 140
    rpm-Dateien abfragen 143
rsyslog 207
Runlevels 171

S

Secure Shell 219
    grafische Programme 222
    Key Fingerprint 220
    known_hosts 220
    Kompatibilität 219
    Schlüssel übermitteln 224
    Schlüsselpaar 222
    Schlüsselpaar erstellen 223
    ssh-copy-id 224
    transparente Shell 225
SELinux 237
    aktivieren 243
    Booleans 242
    Dateikontext 240
    Konfigurationsdatei 243
    Kontexte 238
    Kontexte anzeigen 238
    Mandatory Access Control 238
    Ports 240
    Verwaltungstool 240

semanage 240
setfacl 114
setsebool 242
Shell 31
 Ausgabeumleitung 32, 35
 Eingabeersetzung 32
 HERE-Dokument 33
 Pipes 36
 Regular Expressions 37, 39
 STDERR 31, 34
 STDERR umlenken 35
 STDIN 31
 STDOUT 31
Single-User-Modus 178
ssh 220
ssh-copy-id 224
ssh-keygen 222
Startskripte 155
Storage 47
SUID 106
Support, *siehe* Installation
Swap-Bereich 51, 61
swapon 61
Syslog-Server 207
SystemV 155

T

Tastaturbelegung 24
Terminal, *siehe* Befehlszeile
top 205
Troubleshooting 172
 /bin/bash-Hack 179
 Kernelphase 177
 Root-Passwort zurücksetzen 178
 Runlevelphase 178
 Single-User-Modus 178
 Systeminitialisierungsphase 177
 textorientiert booten 173
 Ziel-Runlevel ändern 172

U

umask 105
uname 31
useradd 92
usermod 94
UUID 60

V

Version, *siehe* Installation
vgcreate 76
vgs 77
vi 43
 Befehlszeilenkommandos 45
 Kommandos 44
vim 43

W

Wechseln auf Text-Logins 177

Y

yum 121, 124
 .repo-files 134, 137
 check-update 132
 createrepo 136
 Dokumentation 124
 downgrade 133
 gpgcheck 135
 groupinfo 131
 groupinstall 131
 grouplist 130
 info 129
 Installationskandidaten auflisten 127, 149
 Konfiguration 133
 Konfigurationsdateien 122
 localinstall 128
 manpages 136
 Optionen 124
 Pakete entfernen 128
 Pakete installieren 128, 149
 Paketgruppen 129
 Paketnamen ermitteln 127
 pinning 133
 Plugins 141
 repolist 137
 software suchen 126, 148, 154
 update 133
 Verify Plugin 142

Z

Zeitserver 158
 aktivieren 162
 Konfiguration 161
 Test 161